Kaffeeduft und Brandgeruch
Beirut erzählt

Ein Lesebuch

Herausgegeben von
Stefan Weidner

Suhrkamp

Die Herausgabe dieses Buches und die Übersetzungen wurden
vom Kulturkreis der deutschen Wirtschaft
im Bundesverband der Deutschen Industrie e. V., Berlin,
angeregt und gefördert.

Umschlagfoto:
Laurent Abad, aus: »De ma fenêtre sans maison«,
Fondation Nadia Tuéni

suhrkamp taschenbuch 3366
Erste Auflage 2002
Originalausgabe
© der deutschen Ausgabe
Suhrkamp Verlag Frankfurt am Main 2002
Suhrkamp Taschenbuch Verlag
Alle Rechte vorbehalten, insbesondere das
des öffentlichen Vortrags, der Übertragung
durch Rundfunk und Fernsehen
sowie der Übersetzung, auch einzelner Teile.
Kein Teil des Werkes darf in irgendeiner Form
(durch Fotografie, Mikrofilm oder andere Verfahren)
ohne schriftliche Genehmigung des Verlages reproduziert
oder unter Verwendung elektronischer Systeme
verarbeitet, vervielfältigt oder verbreitet werden.
Satz: Hümmer GmbH, Waldbüttelbrunn
Druck: Nomos Verlagsgesellschaft, Baden-Baden
Printed in Germany
Umschlag nach Entwürfen von
Willy Fleckhaus und Rolf Staudt

1 2 3 4 5 6 – 07 06 05 04 03 02

Inhalt

Vor dem Bürgerkrieg

Im Bürgerkrieg

Nach dem Bürgerkrieg

Anhang

Vor dem Bürgerkrieg

Taufik Jussuf Awwad

Der lahme Junge

> *»Jeder Krüppel ist ein Riese.«*
> Hadith*

Er hieß Khalil. Doch die Leute kannten ihn nicht unter diesem Namen. Sie nannten ihn den Lahmen, so daß er seinen wirklichen Namen beinahe selbst vergessen hatte.

Keiner wußte, wer sein Vater und seine Mutter waren und wo er seine Bleibe hatte. Er war ein Niemand, ein Bettler unter Millionen anderen auf der Welt, vom Leben ausgespieen, wie ein Passant auf den Gehsteig spuckt, den Auswurf breit tritt und seinen Weg fortsetzt.

Er war dreizehn, sein Gesicht war fleckig von verkrustetem Staub und faltig von Erniedrigung. Den ganzen Tag und einen Großteil der Nacht schleppte er sich mit seinem lahmen Bein von einem Ort zum anderen. Das rechte Bein war im Knie nach hinten verdreht; er trat zuerst mit dem großen Zeh auf. Der Zeh war klobig und zerschürft vom Gang über den Schotter, und in seinen Schrunden nistete der Schlamm vom letzten Winter.

Immer wenn er zu einem Schritt ausholte, wurde sein Kopf durch das Hinken so heftig nach vorn geworfen, als würde er aus den Schultern gerissen. Aber er war gezwungen, durch die Straßen zu wandern, von Gasse zu Gasse, von Laden zu Laden, von Mann zu Mann, von Frau zu Frau, und er hielt seine Hand hin und setzte sein klägliches Lächeln auf.

Jeder seiner bettelnden Kameraden, ob klein oder groß, hatte einen Spruch, den er immer wieder für die wohltätigen Spender hersagte. Sie flehten zu Gott, ihnen ein langes

---

* Überlieferter Ausspruch des Propheten Mohammed

9

Leben zu schenken, ihre Gesundheit zu erhalten, sie zu entschädigen, der Frau einen Knaben, dem Mädchen einen Bräutigam zu bescheren und es ihnen mit allem Guten im Jenseits zu vergelten. Unaufhörlich schwatzend, hefteten sie sich an die Wohltätigen, und nichts außer einem Piaster vermochte sie wieder zu lösen.

Nur er verstand sich nicht aufs Schwatzen. Er blieb schweigsam, als sei er stumm. Ohne sein trauriges Lächeln, ohne seine Augen, die in tausendundeinem Rätsel von einer geraubten Kindheit sprachen, ohne seine ausgestreckte Hand, die welk wie ein Herbstblatt zitterte, ohne all dies hätten ihn die Leute wohl für ein Standbild gehalten.

Doch die Menschen mögen Geschwätz, mögen Segenswünsche. Sie gewähren das Almosen nur für einen Gegenwert, der genau berechnet und abgezählt ist. Die Lippen des Lahmen aber bewegten sich weder zu Wünschen noch Bitten, gerade so als wohne in seinem Herzen der Glaube, daß ihm von den Leuten die Armensteuer zustehe. Sein krummes Bein nachschleifend, hielt er jemandem seine Handfläche hin, danach vielleicht noch einem anderen. Wenn er einen oder einen halben Piaster erhielt, betrachtete er ihn, drehte ihn hin und her, dann steckte er ihn in die Tasche seines schmutzigen, geflickten Gewandes und humpelte weiter.

Im Viertel Furn El Chebbak, für Khalil eine Viertelstunde Hinkemarsch entfernt, befand sich eine elende Hütte, deren Wände aus Brettern von Petroleumkisten bestanden. Die Firmenmarken in Rot, Blau und Schwarz waren noch eingeprägt, manche vollständig erhalten, andere durch die Jahre zu Dreivierteln ausgelöscht. Die Hütte hatte ein Dach aus Petroleumkanistern, und das Blech stimmte ein Hohngelächter an, sobald der Wind aufkam. Durch die Ritzen rann der Regen und verwandelte die Hütte im Winter in einen Morast.

Diese Regentropfen waren alles, womit der Himmel die beiden Bewohner der Hütte bedachte. Denn der Lahme wohnte nicht allein darin, sondern unter dem Schutz von Onkel Ibrahim. Dieser war Bettler im Ruhestand, zwischen fünfzig und fünfundfünfzig Jahren alt, ein Krüppel mit gebrochenem Rücken, nach links verschobenem Kinn, vorstehenden Zähnen – ein Haufen Lumpen und kaputter Knochen, hingeworfen in einen Winkel der Hütte.

Die Nacht hatte sich herabgesenkt. Die Straße nach Furn El Chebbak war leer, abgesehen von vereinzelten Straßenbahnen, in denen die wenigen Fahrgäste vor sich hin dösten. Funkensprühend und schmerzlich aufkreischend, sausten sie über die Schienen. Der Lahme lief am Straßenrand, froh über den Staubteppich, der sein verkrüppeltes Bein nicht drückte, wenn die volle Last seines Körpers darauf ruhte. Je weiter er vorankam, desto heftiger schlug sein Herz, denn Onkel Ibrahim war ein harter Mann, der keine Gnade kannte; jeden Abend mußte ihm der Lahme fünfzig Piaster aushändigen. Der Junge zählte die Piaster, die er tagsüber gesammelt hatte. Es waren nur siebenundzwanzig, und seine Furcht wuchs, ja er zitterte vor Angst.

Der Lahme mochte sich mit dem Tagesertrag nicht abfinden, obwohl er ihn schon mehr als zehnmal zusammengerechnet hatte. Sobald er unter der elektrischen Lampe anlangte, die an der letzten Haltestelle der Straßenbahn hing, holte er die Piaster aus seiner Tasche und begann, sie abermals zu zählen. Es blieben siebenundzwanzig, mehr wurde es nicht! Mit den Augen zwinkernd, denn ihm war zum Heulen zumute, steckte er sie wieder ein und humpelte langsam weiter, als sei er unschlüssig.

Irgendwann mußte er doch ankommen. Onkel Ibrahim empfing ihn, wie gewohnt, hinter der trüben Öllampe, deren Schatten über die Wände der Hütte schwankten.

»Hierher!« befahl er. »Gib mir die Einnahmen.«

Onkel Ibrahim hockte in der Ecke auf seiner Matratze, als

wäre er daran festgenagelt. Er konnte sich nur mit den Händen fortbewegen, sie dienten ihm zugleich als Beine. Der Lahme nahm die Lampe, trug sie hinüber und kniete sich vor die Matratze. Er begann die Piaster abzuzählen, einen nach dem anderen, suchte tief in seiner Tasche herum und schüttelte sie aus, um Onkel Ibrahims Zorn aufzuhalten. Aber Onkel Ibrahim belauerte jede Bewegung des Jungen. Mit einem wütenden Blick aus seinen geröteten, entzündeten Augen schrie er ihn an:

»Siebenundzwanzig Piaster vom Anfang bis zum Ende des Tages! Du spielst wohl die ganze Zeit, verfluchtes Hinkebein. Das macht dreiundzwanzig Hiebe. Eine genaue Rechnung.«

Er zog eine Grimasse, rückte sein Kinn noch weiter nach links, als Gott es ohnehin verschoben hatte, und wartete. Der Lahme wußte, was er in diesem Fall zu tun hatte: jeder Piaster, der von fünfzig fehlte, bedeutete einen Schlag. Der Knüppel hing an der Wand. Er erhob sich aus seiner knienden Stellung, ging zur Wand und holte den Stock. Er reichte ihn Onkel Ibrahim und blieb wie mit gebundenen Händen vor ihm stehen. Der Henker hob seinen dicken schwarzen Knüppel und versetzte dem Lahmen Schläge nach einem System: einen Schlag auf die rechte Schulter, einen zweiten auf die linke, noch einen auf das Gesäß, einen vierten und fünften auf das verkrüppelte Bein. Der Lahme zählte die Hiebe mit lauter Stimme: eins, zwei, drei ... fünf ... neun ... Er würgte einen Aufschrei hinunter. Wenn er schrie, verdoppelte sich die Strafe. Tränen rannen ihm über die Wangen. Seine Wangen wurden faltig, seine Augen verschwanden hinter den eingegrabenen Bildern des Schmerzes in seinem Gesicht, sein Mund war wie ausgeschüttet, und das Blut brodelte in seinen Halsadern, nahe daran, sie zu zerreißen.

Und er war erst beim zehnten Schlag der Abrechnung!

Vergeblich hatte er seinen Onkel zu überzeugen versucht,

daß die Leute kein Geld gaben. Vergeblich hatte er ihm beteuert, daß sie ihm nur Brotkanten reichten ... Onkel Ibrahim antwortete darauf:

»Wer dir einen Brotfladen gibt, dem wirfst du ihn ins Gesicht!«

Eines Tages kehrte der Lahme, von der Straße verjagt, mit einer ungeheuren Neuigkeit in die Hütte zurück: Die Regierung hat ein Gesetz erlassen, das die Bettelei verbietet! Ein Polizist hatte ihn erwischt und ihm einen Peitschenhieb auf den Hintern versetzt. Nicht der Schlag schmerzte ihn, von Onkel Ibrahims Knüppel war er härtere gewöhnt, aber der Schmerz traf ihn in der Seele.

Verboten! Verboten, die Hände auszustrecken, jetzt und künftig! Verboten, an Türen zu klopfen, Passanten anzuhalten und ihnen ein langes Leben zu wünschen.

Warum nur?

Eine gewaltige Frage, die sich im Gesicht des kleinen Krüppels abzeichnete und auf die er keine Antwort kannte. Er wußte nur eines von diesem Leben – daß er jeden Abend fünfzig Piaster zurückbringen mußte, um sie Onkel Ibrahim auszuhändigen. Mit dieser Art Leben war er aufgewachsen, und trotz der Qual, die er litt, wünschte er, daß alles so bliebe wie bisher. Aber es wollte eben nicht so bleiben. Da kehrte er nun mit zwei Piastern zur Hütte zurück. Er war auf dem Weg zu achtundvierzig Stockschlägen, die ihm die Haut abziehen würden ... und morgen, und übermorgen wären es fünfzig! Jeden Tag fünfzig Hiebe! Bei Gott, das war zuviel.

Dieses Mal setzte sich der Lahme weinend und schluchzend an den Straßenrand. Die Leute eilten vorüber, zu Fuß, in Autos und Straßenbahnen, keiner beachtete ihn oder hörte sein Klagen ... ein Katzenkadaver oder eine Zitronenschale!

Aber Onkel Ibrahim wußte über alles Bescheid. Als der

Junge in die Hütte zurückkehrte, erließ er ihm die achtundvierzig Hiebe. Wie groß war sein Erstaunen, als er ihn an sich zog, seinen Kopf ergriff und seine Stirn mit dem Schnauzer streifte ... Nicht genug damit, er servierte ihm eigenhändig sein Abendbrot: eine Dose Sardinen – für ihn ganz allein – und dazu einen Brotfladen! Danach klopfte er ihm auf die Schulter und sagte:

»Von heute an wirst du Händler, wie es die Regierung wünscht.«

Dabei lachte er schallend. Der Lahme verstand nichts, war nur überrascht und froh, daß der Knüppel an seinem Platz hängen blieb. Er wagte nicht hinzuschauen, wandte sogar das Gesicht ab, um Onkel Ibrahim nicht daran zu erinnern, daß er dort hing!

So wurde der Lahme zum Händler. Onkel Ibrahim brachte ihm alles bei. Er besorgte ihm einen Bauchladen, verwies ihn dann an ein Süßwarengeschäft im Nasra-Viertel und trug ihm auf, dort jeden Morgen seinen Kasten mit Kuchenstücken zu füllen und als Händler in der Stadt umherzuziehen.

Der Kasten faßte vier Dutzend: achtundvierzig Stück. Er kaufte sie für anderthalb Piaster und verkaufte sie für zweieinhalb.

Ganz am Anfang fand der Lahme Gefallen an seiner neuen Lebensweise. Den Bauchladen an der Hüfte, den Gurt aus glänzendem Leder um den Nacken, begann er durch die Straßen zu streifen, indem er mit seiner dünnen Stimme ausrief: »Kuchen! Kuchen!«

Onkel Ibrahim hatte ihm jedoch eingeschärft, er müsse alle achtundvierzig Stück absetzen. Als der halbe Tag herum war und der Lahme sah, daß er nur sieben verkauft hatte, stellte er seinen Kasten auf den Gehsteig der Maarad-Straße; wieder war ihm zum Heulen zumute. Was würde Onkel Ibrahim sagen, wenn etwas von den Kuchen übrigbliebe? Bedeutete jedes restliche Stück einen Hieb? Wär' es nur so! Wenn früher ein Piaster fehlte, setzte es einen Hieb. Doch jedes Stück kostete anderthalb Piaster ... vorausgesetzt, daß Onkel Ibrahim nach dem Einkaufspreis abrechnete. Wenn er aber nach dem Verkaufspreis ginge?

Das Schicksal hielt jedoch für den Lahmen – des Lebens Auswurf auf dem Gehsteig – noch Schlimmeres bereit, als er erwartete. Als er sich bei einbrechender Dunkelheit bereit machte, zur Hütte zurückzukehren, näherten sich auf dem einsamen Weg hinter der Schule der Lazaristen drei Jungen, der größte von ihnen in seinem Alter. Kaum sah er sie auf sich zukommen, zitterte er unter der Eingebung, daß sie ihm Böses wollten. Sie grölten und fuchtelten mit ihren Händen in der Luft herum, und ihr Anführer mit dem langen Hemd schnaubte durch die Nase wie ein Tier.

Der Lahme stützte sich auf sein gesundes Bein, drehte die Vorderseite seines Kastens gegen die Schulmauer und wartete. Der Anführer ging voraus und schaute sich nach rechts und links um. Nachdem er sich überzeugt hatte, daß niemand ihn beobachtete, versetzte er dem kleinen Händler einen Schlag ins Gesicht, daß ihm die Sinne schwanden. Zu dritt fielen sie über den Kasten her, plünderten das meiste, was darin war, und nahmen Reißaus. Sie verschlangen die Süßigkeiten und wollten sich vor Lachen ausschütten.

Als der Lahme am Abend in die Hütte zurückkehrte, empfing er seinen Lohn mit vierunddreißig Hieben: eine genaue Abrechnung nach dem Verkaufspreis ... wie es ihm sein Herz unterwegs eingegeben hatte.

Die Welt wurde schwarz vor seinen Augen, denn jeden Tag wiederholte sich die gleiche Geschichte. Es gab so viele verwahrloste Straßenjungen in Beirut. Sie kämpften sogar mit einem Hund um seinen Knochen, wie erst, wenn es um süße Kuchenstücke ging! ... Kaum erblickte er sie von ferne, ergriff er die Flucht. Was war das für ein Galopp mit seinem verkrüppelten Bein! Sein Kopf ruckte wild über der Brust, der Bauchladen tanzte auf seiner Hüfte, die Süßigkeiten purzelten durcheinander, sie zerbrachen, verschmierten und waren nur noch Matsch.

Eines Tages umzingelten ihn die bösen Jungen im Viertel al-Karawija. Sie zogen ihn an den Haaren. Einer von ihnen packte sein Bein – gerade das –, hämmerte mit einem Stein darauf und verhöhnte ihn:

»Hinkebein! Hinkebein!«

Plötzlich brüllte jemand drohend dazwischen, und sie stoben auseinander, jeder in eine andere Richtung. Der Lahme hob sein Gesicht aus dem Staub, um seinen Kasten zu prüfen. Vor ihm stand der Konditor Karim, der Besitzer des Geschäfts, bei dem er immer morgens seine Ware besorgte. Er fühlte, wie ihm das Herz aufging, wischte seine Tränen ab und klopfte sich den Staub von den Kleidern.

»Jeden Tag sind sie hinter mir her«, klagte er, »sie verhauen mich und essen mir die Süßigkeiten weg.«

Er langte nach dem Kasten und las die Kuchen vom Boden auf. Sie lagen hier und da verstreut und waren mit einer Schmutzschicht überzogen. Die Augenlider zusammenkneifend, sagte Karim:

»Laß sie liegen, ich gebe dir neue.«

Der Lahme hob die Augen zu ihm, als wolle er fragen: Aber der Preis?

»Steh auf«, sagte Karim. »Sei unbesorgt. Ich gebe dir vier volle Dutzend und nehme keinen Piaster dafür. Ich werde dir beibringen, wie du diese Halunken besiegst.«

Karim gehörte zu den berühmten Haudegen des Viertels – es hieß, er habe drei Tote am Hals –, und die Kinder des Viertels überlieferten seine Geschichten. Sie erwiesen ihm Respekt und holten sich im Unglück bei ihm Kraft und Mut.

Obwohl er bereits in vorgerücktem Alter war – fünfzig Jahre oder mehr –, besaß er noch immer ein von Lebenskraft gerötetes Gesicht, tapfer glänzende Augen und einen elegant und stolz gezwirbelten Schnurrbart. Das Gewerbe des aufrechten Kämpfers hatte er freilich längst aufgegeben und widmete sich nur noch seinem Handel.

Der Lahme humpelte hinter Karim zur Straßenbahn an der Station der Jesuiten. Es war das erste Mal, daß der Lahme in die Bahn einstieg. Beinahe vergaß er sein Unglück über dem Betrachten der Wagensitze, des Schaffners, der zwischen ihnen umherging, und des Fahrscheins, den er für ihn löste. Er fühlte, daß ihn diese Stufe, die er vom Erdboden in die Straßenbahn gestiegen war, von einer Welt in eine andere befördert hatte.

Nachdem Karim bei der Station Nasra ausgestiegen war, führte er den Lahmen an der Hand zum Geschäft und hieß ihn in den hinteren Teil eintreten.

»Du kannst wohl nicht boxen?« fragte er.

»Nein!«

»Ball deine Rechte.«

»Ha!«

Karim faßte nach seiner Hand und drückte sie zusammen.

»Wenn die Jungen noch einmal zu dir kommen«, sagte er, »dann ballst du so die Faust und schlägst zu. Richte den Schlag auf das Kinn, die Nase oder den Magen. Nun box mich, laß mal sehen!«

Der Lahme schaute mit schüchternem Blick zu Karim auf, als wolle er sagen:

»Wie könnte ich Sie denn boxen?«

»Schlag schon, schlag zu und fürchte dich nicht!«

Da ballte der Lahme seine Hand und ging auf ihn los. Doch Karim fing den Hieb mit seiner Pranke ab und meinte:

»Du mußt trainieren. Geh zu dem Sack und boxe ihn!«

Dort lag ein Sack Kohle, und der Lahme begann mit beiden Händen heftig darauf einzuprügeln, bis sie ganz schwarz und kraftlos waren. Da trat Karim zu ihm, klopfte auf seine Schulter und sagte:

»Du kommst jeden Tag her und trainierst. In einer Woche wirst du den größten Halunken auf dem Markt besiegen.«

Dem Lahmen war zumute, als habe ihm ein himmlisches Wunder diesen Retter gesandt. Von nun an ging er bei ihm ein und aus. Morgens, wenn er kam, um seinen Kasten zu füllen, blieb er eine Stunde, machte sich über den Kohlensack her und trainierte mit einer Freude, die sein ganzes Herz erfüllte. Lächelnd blitzten seine Augen im wirbelnden Kohlenstaub.

Es kam wohl vor, daß seine Hände aufgeschürft waren und das Blut an ihnen herunterlief. Doch er beachtete es nicht und boxte weiter, während Karim vor ihm stand und stolz seine Zigarette rauchte.

»Als ich in deinem Alter war, habe ich den allergrößten meiner Kameraden bezwungen, und ganz Nasra sagte von einem Ende zum andern: ›Ah, das ist einer!‹«

Der Lahme sah ihn an, schluckte seinen Speichel und fragte sich: Wann werde ich auch so einer sein?

Trotz des Altersunterschieds wurde die Beziehung zwischen den beiden Freunden immer fester. Aber nie offenbarte der Junge Karim das Geheimnis, das die Tragödie seines Lebens bildete. Er sagte ihm nicht, daß sein Onkel ihn jeden Tag unbarmherzig schlug. Eingeschüchtert von der Knechtschaft, erzählte er vielmehr, wie es ihm sein Onkel aufgetragen hatte, daß er ihn liebevoll wie ein Vater seinen Sohn behandele.

Als ihn Karim nach seinem Vater und seiner Mutter befragte, erklärte er:

»Ich kenne sie nicht. Mein Onkel sagte mir, daß sie mich als kleines Kind verlassen hätten. Sind sie Ihnen bekannt?«

Karim lächelte und antwortete kopfschüttelnd:

»Nein, mein Sohn, sie sind mir nicht bekannt.«

Eines Abends verspätete sich der Lahme auf dem Maarad-Suk. In seinem Kasten lagen noch drei Gebäckstücke. Er ging damit von Gehsteig zu Gehsteig, durch das Gewühl der Menschen, die sich auf dem Markt drängten, und rief: »Kuchen! Kuchen!«

Plötzlich erschienen drei barfüßige Jungen mit zerzaustem Haar und zerschlissenen Hemden, durch deren Löcher die Brust hindurchschaute, und stürmten zu ihm, denn sie hatten ihn erkannt. Er wich zurück an eine Mauer, stützte seinen Rücken dagegen und stellte den Kasten neben sich. Dann krempelte er beide Ärmel hoch, schnaufte durch die Nase und rief ihnen zu:

»Kommt her! Kommt nur näher!«

Die Jungen lachten höhnisch. Was, dieses Hinkebein? Er, den sie jeden Tag ausraubten und sattsam verdroschen, nachdem sie sich an seinen Kuchen gesättigt hatten? Ha! Ha! Ha! Ha! ... Ihr Anführer mit einem Gewand, das zwischen den Schenkeln zerrissen war, näherte sich, langsam, kaltblütig, schon wollte er mit der Hand in den Kasten langen. Aber da ballte der Lahme seine Rechte, packte mit der Linken den Schopf seines Gegners und verpaßte ihm einen Boxschlag auf den Scheitel, daß er vor ihm zu Boden sackte. Sein Kopf schlug noch vor seinen Füßen auf. Nun stürmten die beiden anderen heran. Der Lahme stemmte sein gesundes Bein fest auf das Pflaster des Gehsteigs und nahm sie sich vor. Diesem versetzte er einen Schlag auf die Nase, jenem einen Tritt in die Hoden – wie Karim es ihn gelehrt hatte – und dann noch einmal das Ganze von vorn. Nicht lange, und sie stoben auseinander. Er schaute ihnen nach und konnte es nicht glauben!

Stolz hob er die Nase in die Luft. Eine Minute verharrte er, trunken im Siegestaumel, regungslos, nur das Blut brodelte in seinen Adern und durchströmte seinen Körper von den Haarspitzen bis zu den Fußsohlen. Neues Blut, als habe Gott den Lahmen zum zweitenmal erschaffen.

Er bückte sich zum Bauchladen und nahm ein Stück Kuchen heraus. Dann holte er das zweite und das dritte und verschlang sie, eins nach dem anderen, um sich selbst zu belohnen. Anschließend ging er los und suchte die Jungen, rechts und links, hinten und vorn, um ihnen zu zeigen, wie Rache geübt wird!

Ach, dieser Winter in Beirut! Stundenlang, pausenlos strömte der Regen, als hätte Gott die Schleusen des Himmels geöffnet und vergessen, sie wieder zu schließen!

Der Zeitpunkt für die Rückkehr in die Hütte war bereits verstrichen. Der Lahme kauerte unter der Markise eines Ladens auf dem Märtyrer-Platz und wartete. Die Autos fuhren mit Leuten in warmen Wollsachen vorüber und sandten ihm einen Schlammregen – Beschimpfungen des Reichtums für die Armut! Der Schlamm spritzte über sein Gesicht und besudelte die restlichen Süßigkeiten im Bauchladen.

Schließlich wurde er des Wartens überdrüssig, und seine Seele raunte ihm heimlich zu, er möge doch in die Straßenbahn steigen, die gerade eintraf und an der Station in seiner Nähe hielt. Nur ein einziges Mal war er mitgefahren, damals, als ihn Karim vor den Jungen rettete, die sich gegen ihn verschworen hatten.

Er erhob sich, nahm seinen Kasten und stakste mit seinem verkrüppelten Bein los. Doch dann dachte er wieder an seinen Onkel Ibrahim. Er mußte ihm den genauen Erlös abliefern. Was sollte er ihm sagen, wenn etwas fehlte? Etwa, daß er Straßenbahn gefahren sei? Beinahe mußte der Lahme über sich selbst lachen. Die Bahn fuhr zügig ab, er begleitete sie mit seinem Blick, bis sie in der Kurve verschwand. Sein Körper zitterte vor Kälte, der Schauer überrieselte ihn bis hinunter zu seinen bloßen Füßen. Er betrachtete sie. Der Regen hatte sie auf einer Seite abgespült und auf der anderen kleine Rinnsale gezeichnet.

Die nächste Straßenbahn kam. Der Lahme murmelte

eine Verwünschung gegen die ganze Welt! Den Bauchladen unter den Arm geklemmt, stieg er ein. Aber kaum sah der Schaffner, wie verdreckt er war, versetzte er ihm einen Stoß, und er stürzte auf die Straße. Sein Kopf landete in einer schmutzigen Pfütze, die Brühe floß ihm in Mund und Ohren. Ein Auto raste über seinen Kasten hinweg und zertrümmerte ihn völlig.

Kreischend fuhr die Straßenbahn davon, aufheulend fuhr das Auto weiter. Der Lahme erhob sich, ein Haufen Lumpen und Dreck ... aber er weinte nicht. Er fühlte keinen Schmerz. Mit dem Saum seines Gewandes wischte er sich über das Gesicht, versetzte den Trümmern des Kastens einen Tritt mit seinem verkrüppelten Bein und marschierte los.

Dieses Mal fiel Onkel Ibrahim an dem Lahmen etwas auf, was er nicht kannte. Er geriet außer sich, warf sich mit dem Knüppel auf ihn und prügelte ihn ohne System, wohin er gerade traf, und ohne Abrechnung, weder über Piaster noch Kuchenstücke. Der Lahme zählte die Hiebe nicht, sie ließen sich nicht mehr zählen. Er hielt still unter den Schlägen, verzog keine Miene und vergoß keine Träne, obwohl der Stock sein linkes Auge traf, so daß es zuschwoll und schwer wie ein Stück Blei drückte.

Der Junge gab alles zu: Er sei in die Straßenbahn eingestiegen, ein Auto habe seinen Kasten zertrümmert, er habe drei Stück Kuchen gegessen. Und künftig werde er jeden Tag genausoviel essen, sogar noch mehr! Schließlich zerschlitzte sich Onkel Ibrahim vor Wut das Gewand; am liebsten hätte er dieses verfluchte Hinkebein, wäre er nur dazu imstande gewesen, mit seinen Zähnen zerfleischt.

Onkel Ibrahim fluchte dem Schöpfer, der ihn mit Krankheit geschlagen hatte, während er, beide Hände gegen den Boden gestemmt, auf seinem Hintern durch die Hütte kroch und den Lahmen von einer Seite zur anderen verfolgte, wie eine Katze, die hinter einer kleinen Maus her war. Endlich wurde er müde und streckte sich in seinem Winkel aus ...

Eine Stunde um die andere verging, doch der Lahme konnte kein Auge zutun. Diese Nacht mochte er die Lampe nicht löschen. In ihrem schwachen Schein schaute er sich überall in der Hütte um, als erkunde er sie zum ersten Mal. Irgendwann vernahm er ein Schnarchen und hob den Kopf ... Onkel Ibrahim lag in tiefem Schlaf, das Licht flackerte über den borstigen Augenbrauen, dem dichten Vollbart, der langen Nase, dem schlaffen Schnauzer und dem schiefen Kinn. Er sah, daß sein Mund mit gelösten Lippen offenstand.

Als habe ihre Gelöstheit den Lahmen aktiviert, schob er die Decke beiseite und kniete sich auf sein Lager. Er wollte aufstehen ... wollte flüchten ... ja, er wollte sich auf diese Bestie von Onkel stürzen, mit Boxhieben – wie Karim es ihn gelehrt hatte – und mit dem Knüppel, der da hing. Dem Knüppel, der seit Jahren seine Haut fraß, ohne je satt zu werden! Dieser selbe Knüppel mußte zurückfallen auf den, der ihn sonst immer gegen ihn erhob: auf seinen Hintern, seine Arme, seine Schultern, seinen Scheitel.

Der Lahme richtete sich auf. Plötzlich unterbrach Onkel Ibrahim sein Schnarchen und drehte sich auf die Seite. Der Junge erstarrte wie vom Donner gerührt. Ihm schien, als wisse sein Onkel, was ihm durch den Kopf ging, als werde er gleich die Augen öffnen, als verlasse der Knüppel von allein die Wand und komme zu ihm, in sein Bett ...

»Verfluchtes Hinkebein!«

Verfluchtes Hinkebein! Der Lahme hörte schon den Schrei in seinen Ohren gellen. Sein Entschluß zerbröckelte – er schlüpfte zurück in sein Knechtsgewand – und ließ sich fallen.

Im selben Augenblick fuhr ein gewaltiger Blitz durch die Ritzen und erhellte die ganze Hütte, danach krachten mehrere Donnerschläge, die ihm Kälteschauer über den Leib jagten. Er entschloß sich zu schlafen. Doch plötzlich fiel sein Blick auf einen Indianerkopf – die Marke einer Petroleumfirma – über Onkel Ibrahims Kopf. Das Bild auf einem der

Hüttenbretter war noch neu und so deutlich, als sei es vor zwei Tagen aufgeprägt worden, und die wallenden Federn umgaben diesen Kopf wie eine schreckliche Aureole. Im unsteten Lichtschein der Lampe über dem alten Gerümpel und den Wänden der Hütte starrte der Lahme auf das Bild, dann sagte er sich: wie stark muß dieser Indianer sein!

Gleich darauf erhob er sich von seinem Lager wie eine Maschine, ohne sich zu fürchten oder irgend etwas zu bedenken. Schnurstracks ging er zu dem Knüppel, der über dem Kopf seines Onkels hing, nahm ihn herunter und packte ihn mit festem Griff. Eine Weile beobachtete er, wie Onkel Ibrahims Schnauzer sich auf und ab bewegte und lauschte seinem Schnarchen, das anschwoll und verebbte. Dann bleckte er die Zähne wie ein Tigerjunges, hob den Stock mit beiden Händen in die Höhe und ließ ihn auf Onkel Ibrahims Gesicht niedersausen: einen Schlag auf seinen Schnauzer und einen zweiten und dritten auf die Stirn und das Kinn, noch bevor sein Onkel aufschreien konnte.

Als Onkel Ibrahim zu sich kam, versetzte ihm der Lahme bereits den vierten, fünften und sechsten Schlag … ebenfalls ohne nachzuzählen.

Onkel Ibrahim jaulte unter den prasselnden Hieben wie ein Hund, den der Jäger versehentlich getroffen hat. Er zuckte, wand sich und versuchte sich aufzurappeln, doch vergeblich – er war ein Krüppel.

Kriechend verfolgte er den Lahmen von einer Ecke in die andere, um ihm vielleicht den Stock zu entreißen, doch der Stock verpaßte ihm weiter Schläge – auf die Hand, den Kopf, den Bauch. Sein Geheul wurde immer lauter und vermischte sich mit dem Krachen des Donners draußen und dem Gelächter der Petroleumkanister auf dem Hüttendach in dieser schlimmen Nacht.

Da geschah es, daß der Stock die Lampe traf, als der Lahme ihn gegen Onkel Ibrahim erhob und dabei vor ihm zurückwich. Die Reste ihres beschädigten Glasgehäuses zerbarsten, die Lampe kippte auf das Bett, und ihr Öl lief aus. Mit einem Schlag loderte das Feuer auf und raste als ein greller Schein durch die dunkle Hütte. Der Lahme war in dieser Nacht schneller als der Blitz. Er rannte zur Tür, riß sie auf, und schon war er draußen. Er versuchte sie zu schließen, doch auch Onkel Ibrahim stürzte auf der Flucht vor dem Brand zur Tür und krallte sich, laut um Hilfe schreiend, an der Kante fest, denn die Hütte hatte sich in einen Ofen verwandelt. Der Lahme drückte von einer Seite, sein Onkel von der anderen. Dann beugte sich der Lahme über die beiden gewaltigen Pranken, die sich an die Türkante klammerten, und biß so tief hinein, daß er das Blut schmeckte. Endlich gaben sie nach. Er verschloß die Tür fest mit dem Riegel und zog sich von dem Feuer zurück – die Glut versengte ihn, der Rauch biß in seine Nase.

In der Nähe der Hütte stand ein uralter Paternosterbaum. Er stellte sich darunter, um sich vor dem strömenden Regen zu schützen, und sah zu, wie die Wände der Hütte einknickten, Feuerzungen herausleckten und die Petroleumkanister mit lautem Scheppern übereinanderpurzelten.

Der Lahme spitzte die Ohren, um Onkel Ibrahims Stimme herauszuhören. Plötzlich erhoben sich Schreie wie das Brüllen von Rindern, sie begannen laut ... laut ..., wurden nach und nach schwächer und schwollen wieder zum Gebrüll an, lauter noch als zuvor. Dann krachte mit einemmal die ganze Hütte unter solchem Getöse zusammen, daß der Lahme trotz seines Muts und seiner übermächtigen Rachelust von schrecklicher Angst gepackt wurde.

Da eilte er zur Straße, indem er sich bei jedem Schritt nach hinten und vorn umschaute.

Die Hütte samt dem, der darin gewesen war, hatte sich in Asche verwandelt ... abgesehen von ein paar schwelenden Bränden, die der Regen allmählich löschte.

Die Straße lag menschenleer, nichts regte sich darin als der Schatten des Lahmen unter der elektrischen Lampe an der Haltestelle der Straßenbahn. Ein langer, gerader Schatten. Je weiter der Lahme vorankam, desto länger und gerader wurde er, und das Hinken wich von ihm ..., bis ihm schien, als begänne sein Körper bei seinem verkrüppelten Bein und ende an jenem flimmernden Stern, den die Wolken am Horizont des Himmels freigaben!

Aus dem Arabischen von Regina Karachouli

Fuad Kanaan

Das Püppchen und die Bahn

Was Pater Saman ar-Rawand bei seinem Einsatz als Geist-
licher in der Besserungsanstalt für gefallene Mädchen in
Ras Beirut wohl am beschwerlichsten fiel, war die Fahrt mit
der, wie er sie nannte, ›besessenen‹ Straßenbahn: Am Morgen eines jeden Tages mußte er sie im größten Gedränge
besteigen.

Am liebsten hätte er die Mühe auf sich genommen, zu Fuß
zur Besserungsanstalt zu gehen, wenn nicht die Entfernung
zwischen seinem Kloster, dem Kloster zum Heiligen Josef,
das sich im Osten Beiruts befand, und der Besserungsanstalt
für gefallene Mädchen, die im Westen lag, so groß gewesen
wäre, daß er die Strecke, und zwar den Hinweg wie den
Rückweg, nur in vollgestopften Zügen hinter sich bringen
konnte. Zu Fuß zu gehen, das hätte ihm der Heilige Anto-
nius, der Schutzherr der Mönche, nicht erlaubt, und mit
dem Auto zu fahren, dazu reichten die Almosen nicht, die
die Priester bekamen.

Er hätte durchaus gerne seinen Vorgesetzten zu erkennen gegeben, daß er die ihm auferlegte Aufgabe als äußerst
schwierig empfand, nur leider befürchtete er, daß sie dann
von Zweifeln an der Lauterkeit seines Strebens befallen
würden oder sein Zögern gar als Verweigerung und Zeichen von Ungehorsam ausgelegt hätten, vor allem nachdem
er es bereits abgelehnt hatte, daß ihm bei seiner heiligen
Mission eine Nonne aus dem Kloster der Unbefleckten
Empfängnis beistand, nämlich Schwester Marie-Rose.

»Hat man dich, Pater Saman, nicht mit einer huldvollen
Geste bedacht, als man dich erwählte, gefallene Mädchen
wieder auf den rechten Weg zu bringen? Also befleißige dich
deines Glaubens, der besagt, daß das priesterliche Gelübde

Hingabe, Gehorsam und Selbstverleugnung bedeutet und in unseren Herzen Gottes Auftrag wie folgt geschrieben steht: Wenn Jesus mich ruft, spüre ich keine Angst, und da Jesus mich keusch gemacht hat, brauche ich nichts zu befürchten.«

In Pater Samans Freude über das Vertrauen, das ihm seine Vorgesetzten entgegenbrachten, mischte sich auch ein gewaltiges Maß an Selbstvertrauen. Daß er die Hilfe von Schwester Marie-Rose bei dieser heiligen Mission abgelehnt hatte, lag daran, daß er sich den vertrauten Umgang mit einer Evastochter noch nie erlaubt hatte – eine Evastochter beschmutzte die keusche Susanna, eine Evastochter bringt der Seele den Tod. Eine Seele aber, die gestorben ist, landet im Feuer der ewigen Verdammnis. Wie viele seiner Brüder hatten schon dieses Feuer erfahren müssen, wie viele waren dem Laster in die Arme gefallen! Waren es drei gewesen oder gar vier? Ihr Schutzengel hatte sie verlassen müssen, weil er sich nicht länger imstande sah, ihre Herzen vor Schmutz zu bewahren: Pater Zacharias … wehe dir, Pater Zacharias! Was hatte dich bewogen, den Mädchen der Besserungsanstalt im Beichtstuhl diese peinlichen Fragen zu stellen? Was brachte dich dazu, jedes Mädchen, das bei dir beichtete, aufzufordern, ihren Finger durch das Fenster des Beichtstuhls zu strecken, um angeblich seine Sünden zu erraten? Und Pater Hesekiel … Verderben über dich, Pater Hesekiel! Unaufhörlich hast du dir den Bart geschnitten und den Leib parfümiert, bis alle Scham von dir fiel und Satan dich dazu brachte, Schwester Lucia zu schwängern und sie mit dir im Höllenfeuer schmoren zu lassen. Und du, Pater Bernardos, und du, Pater Genadius, wehe euch! Wehe euch allen, ihr habt uns zum Gespött von Fuad Kanaan gemacht!

Kaum war Pater Saman in die Bahn gestiegen, die ihn in die Besserungsanstalt für gefallene Mädchen in Ras Beirut bringen sollte, ermahnte er sich mit den Worten: Pater

Saman, Pater Saman, richte dein Augenmerk auf deine Tugend, denk an dein Gelübde, hüte dich, es zu brechen! Hüte dich, wie deine Vorgänger in Abgründe zu fallen, deren Tiefe nur der Satan kennt! Die Keuschheit ist es, die dein Ansehen in den Augen deiner Brüder, deiner Vorgesetzten, deines Herrn und seiner Heiligen gefestigt hat. Die Reinheit ist es, die dich dazu befähigt hat, ganz allein in die Besserungsanstalt für gefallene Mädchen zu gehen, damit du die Mädchen wieder auf den rechten Pfad führst und ihre Herzen mit dem Licht Jesu erleuchtest. Deine Umsicht hat dir geboten, bei deiner heiligen Mission auf die Unterstützung von Schwester Marie-Rose zu verzichten. Hüte dich, deine Keuschheit aus einer plötzlichen Laune heraus zu beschmutzen, die einzig und allein den Geschmack des Todes nach sich zieht.

Mit solcherlei Ermahnungen rüstete er sich, wie jeden Tag, wenn der Wecker geklingelt hatte, auch an diesem Morgen. Er pries Gott und bat um seinen Segen, als er aus dem Bett stieg, sich das Gesicht wusch, den Bart kämmte, den Schnurrbart richtete, die Bahn bestieg, mit der Bahn fuhr, die Bahn verließ und schließlich im Beichtstuhl hockte. Letztendlich überließ er sich aber seinem Schutzengel, auf daß er ihn an die Hand nähme und ihn bedächtig auf dem Weg zwischen Kloster und Besserungsanstalt führte, ihn vor allem aber behütete, wenn sich die Bahn quietschend und ächzend näherte, er sich ins Gedränge stürzen und sich Stück für Stück ein Eckchen erobern mußte. War das geschafft, kroch er in sich zusammen, hielt den Kopf schräg gesenkt und murmelte mit geschlossenen Lidern ein Gebet, das aus seinem tiefsten Innern drang: O du, unendlich geliebte Maria! Ich bitte dich, laß in unsere Herzen nicht den Feind unserer Herzen eindringen. O du, Bezwingerin des Bösen und des Todes, lehre uns, die Sünde zu besiegen, denn sie ist es, die die Seele faulen läßt und zum Diener der Hölle macht ...

Erst als Pater Saman die Füße auf den Boden setzen konnte, kam wieder Ruhe über ihn; er zupfte die Kutte zurecht, befühlte die Taschen, prüfte, ob der Schirm da war, rückte, was zwischen seinen Beinen war, an seinen Platz, bündelte den zerzottelten Bart und machte sich zufrieden auf den Weg, entlang den Häusern und umgeben von Vogelgezwitscher und dem Duft der Blumen. Da dankte er seinem Herrn und rühmte die Wunder seiner Natur. Kaum hatte er die Besserungsanstalt erreicht, betrat er schnurstracks die Kapelle, warf sich nieder und sprach das Lobgebet. War das getan, betrat er zügig den Beichtstuhl und wartete im Schutz der Dunkelheit, daß die Sünderinnen, eine nach der anderen, zu ihm strömten.

In dem Maß, wie sich Pater Saman in der Bahn bedrängt und elend fühlte, erfüllte ihn im Beichtstuhl ein wohliges Empfinden. Zufrieden konnte er durch das kleine Guckloch auf all die Wesen schauen, die ihm enthüllten, was ihnen schwer auf der Seele lag, die Rat bei ihm suchten, um wieder zu genesen. Und er, er erbarmte sich ihrer, träufelte Balsam auf ihre Wunden und reinigte sie von ihren Sünden, indem er die Absolution sprach. Es war ihm vergönnt, die Worte des Propheten zu wiederholen: Ich – ich bin der Erlöser von deinen Sünden um meinetwillen, deine Vergehen werde ich nicht mehr nennen. Waren deine Fehler rot wie Karmin, werden sie weiß wie Schnee, und haftete ihnen gerade noch die Niedrigkeit des Wurms an, so werden sie edel wie Wolle.

Zwar schaute er durch die Luke dieses Stuhls auf eine schmutzige Welt, und daran war nicht zu rütteln, doch bot sich ihm trotzdem eine aufregende Vielfalt. Da gab es einsame, verlassene Mädchen, dann wieder durstig gierige. Er bekam Dinge zu hören, die ihn bewegten und verstörten, aber er erhielt auch einen Einblick darin, wie die Mädchen mit Krankheiten umgingen. Er konnte sich nicht genug darüber wundern, wie unwissend sie waren. Wie oft schluchzte er auf, wenn er eitrige und übelriechende Wunden sah:

»Bete, mein Mädchen, und tue Buße.« Und er sagte: »Sprich mir nach: O du, mein Erlöser, vor dir werf ich mich nieder, o Jesus, du mein Meister und Geliebter, weit von mir stoße ich all die verbotene Lust, die dir blutendes Leid bereitet. O du, mein geliebter Retter, nie mehr tue ich angesichts deiner ein Unrecht, nie mehr werde ich deine Liebe verschmähen. Stark und entschlossen will ich sein und mich dir ganz ergeben. Mach, daß ich alle geheimen Bindungen lasse, damit ich nur noch, mit all meinem Sein, mit dir verschmelze und nach deinen Köstlichkeiten lechze.«

Pater Saman trat bei den gefallenen Mädchen so in Erscheinung, wie ihn seine Vorgesetzten, Brüder und Bekannten schon immer kannten – als mustergültiger, sanfter und gütiger Priester, dem nie vor Zorn die Halsader schwoll. Da gab es keinen Hochmut, kein eitles Getue, keine verkniffenen Lippen oder Ängstlichkeit. Der Bart war nicht peinlich genau gestriegelt, das Haar lag nicht in Reih und Glied. Es thronte oben auf dem Schädel, der Form nach einer Null und einer Krone ähnelnd, und der Bart umwogte die rosa Lippen und fiel wallend herab. Die Hand grüßte nur mit den Fingerspitzen, zog sich gleich wieder zurück. Der Blick, kurz auf den Boden gerichtet, stieg gen Himmel auf, und obwohl er seine Augen vor dem Anblick kranker Seelen mit einem Ende der Stola schützte, fiel ein Abglanz seines Lichts in sie hinein. Sünde verabscheute er, machte ihn aber nicht zornig; Schwäche löste Trauer aus, aber nie Härte.

Doch manche Prüfung war schwer zu überstehen, wie die, die eins der Mädchen ihm zumutete. O Gott, hatte es je einen schlimmeren Fehltritt gegeben, als den, von dem das Mädchen berichtete. Kaum daß es zu sprechen begonnen hatte, fühlten sich Pater Samans Ohren dermaßen beleidigt, daß er sich nicht zu beherrschen vermochte und die Stola von den Augen nahm, um einen verstohlenen und forschenden Blick auf das Gesicht des Mädchens zu werfen – zu ungeheuerlich war das, was er hörte.

Ach, Pater Saman, von vielen Sünden hast du schon gehört, aber das, nein – das hat es noch nie gegeben. Pfui, pfui! Was haben unsere Unterweisungen gefruchtet, wo sind unsere Lehren geblieben? Ohnmächtig und schwach stehen wir dem Bemühen entgegen, in den Leibern unserer Töchter die Flamme der Lust zu löschen, und so schreiten sie leider, wie dieses junge Ding, auf dem Weg voran, der sie mitten ins Feuer führt.

Das Mädchen erzählte ihm, daß es jeden Tag den Weg zwischen seinem Zuhause und der Hemdenfabrik machte, hin und zurück, morgens und abends, und immer zu der Zeit, wenn das Gedränge in der Bahn am schlimmsten war. »Also zu der Zeit«, sagte Pater Saman, »da bei den Fahrgästen der Hang zur Verderbtheit und die Niedrigkeit der Gedanken ein beunruhigendes Ausmaß annehmen.« An dieser Stelle hatte er die Stola gelüpft und sich das Mädchen kurz angesehen: ein Kind, ein Püppchen – der Ausdruck gefiel ihm, auch wenn die Augen des Mädchens etwas Verworfenes hatten.

Es gäbe in der Bahn genügend Männer, erzählte das Mädchen, und da brauche es sich nur auszusuchen, ob es sich an diesen oder an jenen drücke. Pater Saman blickte es prüfend an: Ja, eine Puppe, aber ihr Gesicht hatte etwas von einer bösartigen Katze. Es sollte noch schlimmer kommen. Wenn es gemerkt habe, fuhr das Mädchen fort, daß der Mann Lust verspüre, würde es ihn machen lassen. Pater Saman überlief ein Schauder, er rückte mit Ohren, Bart, Augen, Lippen näher heran und fragte: »Was läßt du ihn machen?« Es würde bei dem, was der Mann täte, ganz ruhig und entspannt bleiben. Dann würde es aus der Bahn springen und weiterlaufen und mit dem Geld, das es ihm abgenommen hatte, verschwinden.

Eine große Sünde! Zu Recht brachte sie das Püppchen in die Besserungsanstalt, wie aber, Pater Saman, ist diese Sünde deiner Meinung nach zu bewerten? Ist es eine Sünde, die doppelt schwer wiegt, oder sind es zwei Sünden, nämlich die »sechste« und Diebstahl? Sagt das nicht die theologische Lehre? Da ist zunächst die »sechste«: Das Ergötzen des Körpers an der Lust am Unbekannten, die Einbildung des Körpers, etwas zu besitzen, das ihm nicht gehört. In diesem Fall, im Falle der Bahn, handelt es sich um die Aneignung eines Körpers, für den es kein Entrinnen und Entkommen gibt und der sich deshalb gezwungenermaßen in die Situation schicken muß. Dann ist da noch die zweite Sünde – der Diebstahl, begangen an dem Mann, mit dem es die sechste Sünde getrieben hat.

Beides auf einmal! Das war tatsächlich eine völlig neue, unglaubliche Sünde. Ach, Pater Saman, nie zuvor hast du ähnliches gehört. Was hättest du, Leopold Kostoltufu, der du zu deiner Zeit ein Herold im Beichtstuhl warst, diesem gefallenen Püppchen gesagt, wenn es zu dir gekommen wäre und dich nach dem Hafen der Erlösung gefragt hätte? Womit hättest du es auf den richtigen Weg gebracht? Hättest du außer Maria Magdalena noch einen anderen Leuchtturm gekannt, der diesem Püppchen den Weg hätte zeigen können? Hättest du gesagt: Bete, meine Tochter, und bereue deine Sünden ebenso stark wie Maria Magdalena, denn auch sie war eine gefallene Frau und hat die Heiligkeit der Liebe entweiht und sich ins Maul der Lust gestürzt. Oder hättest du gesagt: Als Jesus sah, wie tief Magdalena bereute, da konnte er nicht anders, als ihr die Essenz des Lebens zurückzugeben. Schwer beladen war sie gekommen, und befreit zog sie von dannen. Über seinen Füßen hat sie den Krug der Güte geleert, und er hat ihr Herz mit der Gunst seiner Gnade erfüllt. Sie hat viel geliebt, und er – er hat viel verziehen. Sie war den Weg des Feuers gegangen, er aber nahm sie mit auf den Weg des Himmels.

Doch ach, Pater Saman, zweimal am Tag und öfter befindest auch du dich auf dem Weg des Feuers. Wer gibt dir die Garantie, daß du nicht versucht bist, dich am Feuer zu wärmen? So viele Frauen besteigen die Bahn und finden keinen Platz, da kann es schon sein, daß eine von ihnen dir nahe kommt, sich an dich drängt und ihr Körper deine Kutte berührt. Siehst du nicht täglich Dutzende von solchen Püppchen, die sich an die Männer schmiegen und sich dem ruchlosen Verderben hingeben? Sieh dich nur um, schau hin: Da der junge Mann, er läßt seine Hand im Rhythmus der Bahn schütteln und wackeln, um auf diese Weise in die Nähe der Schamgegend der Frau zu kommen, die dicht bei ihm steht. Verhülle deinen Blick, Pater Saman, verhülle ihn, denn solch eine Sünde trübt dir sonst das Augenlicht. Erquicke deine Seele mit dem Balsam der Liebe Jesu, der dem tobenden Sturm Einhalt gebot, und siehe da, er schwieg. Laß Jesu die Wogen deines Herzens beschwichtigen, auf daß es wieder zur Ruhe kommt und die Finsternis deiner Ängste verfliegt. Dort die Frau, die auf der Kante vom Platz sitzt, und neben ihr steht ein Mann, der ihr vor lauter Drücken fast den Arm bricht. O du, Maria, allerreinste Jungfrau, du meine erhabene Taube mit goldenen Flügeln, errette mich vor den zahlreichen Lastern, die die Welt überschwemmen ... Sieh nur, wie dieser alte Mann unverhohlen die Schülerin, die unbefangen dasteht, anstarrt – o Jesus, mein Herz pocht und bebt, und meine Kräfte drohen mir zu schwinden, ja selbst mein Augenlicht scheint zu versiegen ...

Aber gab mir der Herr nicht das Licht, damit ich mir sein Werk und seine Geschöpfe betrachte? Wie könnte ich mich also weigern, den Herrn hier auf der Erde und in seinen Menschen zu erkennen? Wie sollte ich den Blick von den Männern und Frauen in der Bahn abwenden, wenn sie doch alle im Zug des Lebens sitzen? Muß ich sie mir nicht alle anschauen, gründlich betrachten und an ihrer Fahrt durch das Leben teilhaben? Und ich selbst – was stelle ich dar in diesem Zug des Lebens, im Zug der Menschen? Bin ich nicht aus dem gleichen Lehm wie sie gemacht? Bin ich nicht von der gleichen Beschaffenheit wie dieses Püppchen, das zu mir beichten kam? Menschen sind wir, sprach er, wir alle sind Menschen, und keiner ist über den andern gestellt.

Ein angenehmer Duft drang zu ihm. Er sah sich um: eine Frau! Ob sie wohl auch solch ein Püppchen war? Schnell drehte er ihr wieder den Rücken zu. O ja, ich zeige der Sünde den Rücken, ich trage den Sieg über die Sünde davon … Er fühlte sich befreit, denn als Sünde zählt etwas erst dann, wenn man daran Gefallen hat und es zuläßt. War es nicht das, was Jesus sagte, als er den Menschen predigte: Nichts, was dem Menschen fern liegt, kann ihn, sollte es über ihn kommen, beschmutzen. Nur das, was aus dem Innern des Menschen kommt, macht ihn schmutzig. Aus dem Innern, aus den Herzen der Menschen, drängen die schlechten Gedanken hervor.

Aber solange du nichts tust, Pater Saman, dich auf deinem Platz in der Bahn nicht rührst, läßt du es zu, daß sich die Sünde anschleicht, bis an deinen Platz, und das macht, daß sie über dich triumphiert, selbst wenn du sie nicht gewollt, nicht beabsichtigt, nicht gerufen hast. Du meinst, du widersetzt dich der Sünde? Ja, wie denn? Indem du ihr einfach den Rücken zudrehst, wie grad eben? Wenn du jeder Frau, jedem Mädchen, jedem Püppchen, das das Alter der Sünde hat, den Rücken zudrehst, bist du es, der eine Sünde begeht, denn du bist derjenige, der sich abgewendet hat. Du bist es, der gesündigt hat, und sei es gegen deinen Willen, denn du greifst nach dem einfachsten Mittel, sobald ein Püppchen hinter dir steht, deine Kutte streift und sein Geruch zu dir dringt. Aber mit welcher Waffe kämpfst du gegen die Flut der Sünde an, die sich im Zug des Lebens – wieder ein Ausdruck, der Pater Saman gefiel – überall zeigt? Mit welchem Rosenkranz, welchem Gebet, welchem Psalm trittst du gegen sie an, wenn sie dein Blut befällt und sich in dein Fleisch bohrt? Welcher Heilige, welcher fromme Josef, welcher Kostoltufu, welcher Saman ar-Rawand würde

34

nicht erschauern, wenn sich eine Frau im Zug eine halbe Stunde lang an ihn schmiegt?

Das Gedränge war unerträglich geworden!

Ihm schien, daß das Püppchen in ihn eindringe. Er richtete sich senkrecht auf. Der Atem des Püppchens kroch in jeden Wirbel seines Rückens, sein Körper mußte sich greifbar nahe befinden. Warum versuchte er nicht, das Mädchen aus den Augenwinkeln zu entdecken? Nein, nein, nein, er wollte die Sünde nicht sehen, wollte sich nicht verführen lassen, wollte nicht, daß die Sünde aus ihm, aus seinem Innern, hervorkröche ... Er flüchtete sich zu seinem Brevier, stichelte mit dem Finger die Fürbitten entlang, murmelte Gebet um Gebet, klammerte sich daran, als hielte er das rettende Seil in den Händen: »O Herr, wenn unter deinen Augen die Sünde geschieht, wer kann ihr dann noch trotzen?«

Es blieb ihm nichts anderes übrig, als regungslos auszuhalten, mit abgewandtem Rücken, genau so, wie das Püppchen es geschildert hatte, und die Bahn, ihr Gedränge und Gezuckel, machten, daß die Sünde in seinem Blut Wellen schlug und er den Gnadenstoß erhielt.

Mitten in der höchsten Erregung rief laut klagend seine innere Stimme: »Eli, Eli, lama schabaktani?«, was heißt: »Mein Gott, mein Gott, warum hast du mich verlassen?«[*]

Als er sich umdrehte, um vor dem Antlitz seines Herrn zu bekennen: »O Herr, wegen dieses Püppchens habe ich dich verlassen!«, tauchte hinter ihm das Gesicht einer alten Frau auf – da sprang er aus der Bahn.

Als Pater Saman an diesem Tag in sein Kloster flüchtete, dem Kloster des Heiligen Josef im Osten Beiruts, stürzte er auf der Stelle in seine Zelle, weil seine Seele unter der

---

[*] Die Worte Jesu am Kreuz vor seinem Tod.

Schande zusammenbrach. Er sank nieder vor dem gekreuzigten Jesus, der mit breit ausgestreckten Armen über seinem Bett hing. Er schaute auf die sieben Wunden, auf Trost für sein zerbrochenes Herz hoffend, und mit den Worten Davids flehte er zu Jesus, ihn von seiner Mission zu entbinden: »Und ich bat den Herrn, fortan mein Leben in seinem Haus verbringen zu dürfen, um mich am Tag des Unheils in seinem Schatten zu bergen, daß er mir den Schutz seines Zeltes gibt, mich auf einen Felsen hebt.«

Da antwortete ihm Jesus: »Sollte es dir entgangen sein, Pater Saman, daß diese Mission nicht zu den Aufgaben des niederen Lebens gehört, aus der du dich ganz nach Belieben entlassen kannst, sondern daß sie der Auftrag Gottes ist, seiner Kirche zu dienen.«

»Vergib mir, Herr, vergib mir! Beuge dich über meine Schwäche und schenke mir reine Gedanken, die frei von allem Schmutz sind.«

Da beugte sich Jesus hernieder, tätschelte ihm die Schulter und flüsterte ihm mitten ins Herz hinein: »Hast du mich nicht, Pater Saman, die prophetischen Worte sprechen hören: ›Nicht ihr habt mich erwählt, sondern ich habe euch erwählt, auf daß ihr euch eilends aufmacht und mit Früchten kommt, die ihr mehren sollt.‹ Damit du aufbrichst und mit Früchten zurückkehrst, die du mehrst, habe ich dich erwählt und dich ernannt, und ich habe für dich das beste meiner Schafe berufen, nämlich Schwester Marie-Rose, auf daß sie dir bei der Erfüllung deiner Mission hilft.«

So wie Saman der Kairuaner Jesus beim Tragen des Kreuzes half, so unterstützte Schwester Marie-Rose Pater Saman ar-Rawand beim Ertragen der Bahnfahrt, und zwar auf dem Hin- und auf dem Rückweg.

Und wie Jesus es sich gefallen ließ, daß ihm Veronika das gepeinigte Gesicht mit ihrem barmherzigen Tuch wischte,

36

war es Pater Saman zufrieden, daß Schwester Marie-Rose ihn von seiner Drangsal befreite und unter ihren Schutz nahm, wann immer der Zug sie beide ins Rütteln und Schütteln brachte.

Da stieg dann ein Seufzer auf und drang von ihrem Herzen zu dem seinen: »Um deiner Schmerzen willen, o Jesu!«

Aus dem Arabischen von Doris Kilias

Bilqis al-Humani

Das Lidjdja-Viertel

I

Der Vater, der auf dem glitschigen Platz vor dem Haus Holz spaltete, stieß Flüche aus. Die Mutter lief indessen schweigend im großen Haus umher, das nach Art der älteren Häuser auf den Dörfern aus einem einzigen sehr geräumigen Zimmer mit drei abzweigenden Bogengängen bestand.

Auf der Bank neben der Mauer hockte Fattum und schluchzte kaum hörbar vor sich hin. Fattum war gestern abend im Alter von 14 Jahren mit ihrem Vetter mütterlicherseits verheiratet worden.

An ihrer Hochzeit war nichts Aufregendes gewesen. Eine Verwandte hatte ihr den Körper gewaschen und flüchtig darauf gesehen, daß nirgendwo mehr ein Härchen oder Fläumchen war, das man wie üblich mit dickem Zuckersirup hätte entfernen müssen. Dann hatte sie sie gemeinsam mit anderen Frauen ins Haus ihres Oheims gebracht. Gleich darauf schickten sie ihr den jungen Bräutigam herein und schlossen ruhig die Tür hinter den beiden.

In dieser Nacht hatte die Mutter kein Auge zugemacht, denn sie dachte an ihre hübsche bräutliche Tochter, die erst vor wenigen Monaten die körperliche Reife erreicht hatte, und ihre ungewisse Zukunft mit ihrem Vetter, einem jungen Mann mit üblem Charakter. Da aber kehrte bei Sonnenaufgang Fattum plötzlich ins Haus zurück, weinte und erklärte, sie wolle ihren Bräutigam nicht und auch nicht wieder ins Haus ihres Oheims zurückgehen.

Erstaunt hörte die Mutter, das Gesicht in die Hand gestützt, wie die Tochter das begründete: Ihre Tante, die Mutter des Bräutigams, hätte ihnen am Morgen den traditionellen »Glückshappen« gebracht, wie üblich Hühnchen, aber sie brachte es in Öl gebraten statt in Butterschmalz.

Die Mutter wußte nicht, ob sie über diese Gemeinheit der Tante lachen oder eher traurig sein sollte.

Währenddessen schimpfte der Vater laut über die Tochter und ihre Mutter, die sie so verwöhnt und zu dieser Aufsässigkeit erzogen hatte. Während Mutter und Tochter miteinander sprachen, war er mit einem Stoß Brennholz im Arm ins Haus gekommen. Nun stand er da und hörte sich an, was seine Tochter veranlaßt hatte, am Morgen nach der Hochzeit das eheliche Heim wieder zu verlassen.

Seine Stimme bebte, als er androhte, das Bündel Holz auf ihrem Rücken zu zerschlagen, ein Stück nach dem anderen, wenn sie weiter so schrecklich halsstarrig blieb: »Meine Töchter verlassen das Haus ihres Mannes nicht bis zu ihrem Tod.«

Aber Fattum weigerte sich, dahin zurückzugehen, woher sie gekommen war. Sie hockte mit ihrem zarten Körper weinend auf der Bank und rief sich die Erinnerungen an den gestrigen Abend ins Gedächtnis.

Ihr kleines Herz war voll von Kummer. Ihr Vater hatte sich geweigert, ihre Hochzeit zu feiern und ihr ein Fest auszurichten, bei dem die jungen Männer den Rundtanz Dabka tanzten und Getränke und Süßigkeiten ausgeteilt wurden, so wie das bei Chaddudsch vor zwei Wochen gewesen war. Als Grund gab er an, daß der Sohn seines Oheims erst vor zwei Monaten gestorben war und es taktlos wäre, die Hochzeit in der Familie richtig zu feiern. Aber was hatte denn Fattum Schlimmes getan, daß sie an ihrem Hochzeitsabend keine richtige fröhliche Feier haben durfte, nur weil der Sohn des Oheims ihres Vaters gerade gestorben war?

Ihre Gedanken gingen zu ihrem Bräutigam. Trotz seines blonden Haars und seiner blauen Augen hatte sie ihn nie sympathisch gefunden. Er war immer hart und unfreundlich zu ihr gewesen und hatte sie für sich angestellt, jedesmal, wenn er von seiner Arbeit in Beirut zurückkam. Ja, er hatte sie beschimpft und wegen ihres großen, schlanken Körpers verspottet. Meistens nannte er sie »Hopfenstange«, und das empörte sie aufs äußerste.

Auch gestern abend war er nicht gerade liebenswürdig zu ihr gewesen, obwohl er doch ihr Bräutigam geworden war. Dabei hatte ihr Chaddudsch heimlich verraten, daß ein junger Mann seiner Braut sogar die Füße küßt, wenn er ein Bräutigam wird, einer, der seine Braut liebt. Aber Abdo, Fattums Bräutigam, hatte ihr weder die Füße noch die Hände geküßt. Er stellte sich vor ihr auf, benahm sich wie ein Tier und sagte kein einziges zärtliches Wort. Als ob das nicht reichte, kam dann noch ihre Tante und brachte ihnen am Morgen den »Glückshappen«, ein gebratenes Hühnchen, aber mit Öl zubereitet statt mit Butterschmalz, so daß sich am nächsten Tag ihre Freundinnen über sie lustig machen würden. Chaddudschs Schwiegermutter dagegen hatte ihr zu dem in Butterschmalz gebratenen Hühnchen Reis gebracht, der mit Pfeffer gewürzt war, dazu Joghurt und einen kostbaren Apfel.

Ihre Tränen flossen heiß und reichlich. Sie schluchzte jetzt hörbar. Da trat ihre Mutter zu ihr heraus, nahm sie am Arm und flüsterte ihr beschwörend zu, sie solle ins Haus kommen, bevor ihr Vater hörte, daß sie weinte. Der Lehmboden war noch feucht vom nächtlichen Tau, den die Sonne bisher nicht getrocknet hatte. Die Feuchtigkeit würde ihrer Gesundheit schaden. Aber Fattum schüttelte heftig die Schultern, weinte noch mehr und jammerte mehrmals laut auf, diesmal ohne jeden Versuch, es verbergen zu wollen. Das veranlaßte ihren Vater, wütend aus dem Haus zu kommen, mit einem dicken Stück Holz in der Hand und dem lauten Schwur, daß er es auf ihrem Rücken zerschlagen würde.

Die Mutter war ratlos und bekam es mit der Angst. Sie stand zwischen ihrer Tochter und ihrem Mann und wußte nicht, was sie tun sollte. Um zu verhindern, daß er seine

Drohung wahr machte, streckte sie die Hand aus und griff nach dem Stück Holz. Rasch flüsterte sie ihm zu: »Ich bitte dich, Hadsch, hab etwas Geduld! Überlaß das Mädchen mir! Die Leute müssen uns doch nicht hören!«

Sie drehte sich um und schaute in eine Richtung, aus der die Stimmen mehrerer Frauen zu hören waren, die auf das Haus zukamen. Gleich darauf waren ihre weiten Umhänge hinter der eingefallenen Mauer neben dem Haus zu sehen. Sie stiegen eine nach der anderen darüber, wobei ein großer Stein herabfiel, der aber keine von ihnen verletzte.

Die rauhe Stimme der Tante tobte vor Wut über die Mädchen von heute, ihre Aufsässigkeit und Unverschämtheit, ihren fehlenden Respekt vor allem und jedem: »O meine Schwester, was waren das damals noch für Zeiten, als ein Mädchen seinen Mund nur zum Essen brauchte, nicht zum Reden!«

Eine der anderen schüttelte langsam den Kopf und jammerte und flehte: »Das ist der Weltuntergang, meine Schwester! O Herr der Zeiten, komm doch und schaff endlich Recht!«

Sie blieben gemeinsam eine Weile stehen und streiften die Bank vor dem Haus mit abfälligen Blicken. Die Tante wurde laut, als sie Fattums Familie erblickte. Sie verschränkte die Hände ineinander und rief unter Tränen: »Was für eine Schande für mich! Was für eine Schande, mit so einem Mädchen von heute! Das hätte ich von der Tochter meines Bruders nie erwartet! Wie steh' ich jetzt bloß da vor den Leuten im Ort!«

Sie schneuzte sich mit zwei Fingern die Nase, streifte die Finger an der Seite ab, wischte sich die tränennassen Augen mit einem Zipfel ihres Überwurfs, während die anderen Frauen saugend die Lippen bewegten und ihr heuchlerisch gut zusprachen.

Dann kehrten sie gemeinsam dahin zurück, woher sie gekommen waren, nachdem sie etwa eine halbe Stunde auf der

Bank verbracht hatten, während der sie redeten und schimpfend zwischen den glücklichen früheren Zeiten voller Gehorsam und Schamgefühl bei den jungen Mädchen und der heutigen verglichen, in der die Mädchen anormal und immer unverschämter geworden wären.

Als sie zurückgingen, befand sich auch Fattum unter ihnen. Sie hielt den Kopf gesenkt, während ihr Vater hinter ihnen her brüllte: »Sieh, Schwester! Das ist nicht meine Tochter! Das ist jetzt deine Tochter, deine! Prügele sie windelweich, aber laß sie am Leben!«

Abdo war ein junger Mann von etwa zweiundzwanzig Jahren, hochgewachsen, mit blauen Augen und sichtlich eingebildet. Er arbeitete in Beirut als Lastträger. Aber er war kein redlicher junger Mann. Mehr als einmal hatten einige seiner Kollegen seiner Mutter zugeflüstert, daß er tränke. Ja, einmal hatte einer sogar geschworen, daß er ihn mit eigenen Augen vom Strich hätte kommen sehen.

Von seinem Lohn gab er seiner Mutter nur selten etwas ab. Sie war eine verarmte Witwe, die ihn und seinen Bruder As'ad seit dem Tod ihres Mannes vor mehr als zehn Jahren mühevoll großgezogen hatte.

So hatte Umm Abdo, Abdos Mutter, ihren Bruder, den Hadsch Abd al-Muchsin, wegen der Heirat ihres Sohnes angesprochen und sich dabei die Tränen abgewischt: »Brüderchen, der Junge muß heiraten. Vielleicht wird er ja vernünftig, wenn er sieht, daß er Frau und Kinder hat. Du weißt, daß ich schon seit längerem an Fattum gedacht habe. Gott schütze sie, sie wird dann eine Braut, und erst die Heirat ist doch der richtige Schutz für ein Mädchen.«

Sie lächelte und schaute über die Bank, dorthin, wo Fattum mit sichtlicher Sorgfalt die Wäsche über den Zaun und die Leine breitete, die zwischen zwei Feigenbäumen hinter dem Haus gespannt war.

Fattum war ein großes Mädchen von schlanker Figur, mit

einem hübschen Gesicht und Wangen wie blühenden Rosen. Die Tante liebte sie von klein auf und hatte immer laut
verkündet, daß sie einmal die Frau ihres Sohnes Abdo
würde. Das Wohlgefallen der Tante an ihr nahm zu, als sie
heranwuchs, und zwar nicht wegen ihrer blühenden Frische
und ihrer hochgewachsenen Gestalt, sondern weil sie sah,
wie geschickt und stark sie trotz ihrer Schlankheit war. Die
meisten Frauen hätten sicher nicht die Kraft besessen, die
ganze Wäsche, die sie jetzt gewaschen hatte, allein zu bewäl-
tigen. Die Last Brennholz, die sie aus dem Wald herange-
schleppt hatte, wäre für viele ihrer Altersgefährtinnen ein
Grund gewesen, stolz zu sein. Außerdem war sie geschickt,
gewandt in Rede und Antwort, kurz, alles an Fattum sprach
dafür, daß sie eine gute Schwiegertochter und fähige Hausfrau sein würde. Ihre Magerkeit war kein Problem. Natürlich würde ihr Körper voller werden, wenn sie verheiratet
war und erst einmal begann, Kinder in die Welt zu setzen.

Hadsch Abd al-Muchsin nahm seine Schwester freundlich auf, als sie von ihm seine Tochter für ihren Sohn erbat.
Schließlich, wer stand ihm näher als seine Schwester und
deren Sohn!?

Abdo hatte keine Einwände gegen die Heirat. Nicht aus
Liebe zu Fattum, denn er hatte auch nicht einen Tag an sie
als weibliches Wesen gedacht. Nur, weil er jegliche Art von
Verantwortung geringschätzte. Eine Ehe bestand in seinen
Augen in einem Heim, in dem er die letzten Stunden der
Nacht verbrachte und immer jemanden fand, der ihn be-
diente und für ihn arbeitete, ohne Lohn zu verlangen.

Fattums Eltern gaben ihrer Tochter als Aussteuer eine
Matratze, eine Decke und einige Kupferplatten und einen
Beutel mit dem üblichen Vorrat an Lebensmitteln wie Lin-
sen, Burghul, Kischk und einiges andere mit, zusammen mit
zwei Krügen, einer voll Tomatenmus, der andere mit Fei-
genmarmelade.

Eines Morgens bei Tagesanbruch trugen Fattum, ihre

Schwiegermutter, ihre Mutter und einige Nachbarinnen diese Dinge auf dem Kopf zu einer vier Kilometer entfernten Ortschaft, von der ein Postbus nach Beirut ging, denn der unwegsame Pfad, der von ihrem Dorf aus dahin führte, war allenfalls für einen Menschen mit Lasttier begehbar.

2

Damals, am Ende des Ersten Weltkriegs, waren es meistens arme Bauern aus dem Süden, die nach Beirut gingen und sich dort in den schlechtesten und ärmsten Stadtvierteln niederließen. Das wichtigste dieser Viertel, das ihnen fast schicksalhaft bestimmt zu sein schien, war das Lidjdja-Viertel, in das man vom Moussaitbé-Viertel gelangte. Dieses Viertel bestand aus krummen, schmutzigen, ungepflasterten Gassen, die meisten so eng, daß kein Auto hindurchkam, mit offenen Abflußgräben, zu deren Seiten alte, verfallene Häuser standen.

Am Eingang einer solchen Gasse entließ der Postbus Fattum und ihre Schwiegermutter. Schmutzige kleine Kinder mit blassen Gesichtern liefen auf sie zu und freuten sich über den Postbus und seine Insassen. Während der Bus um die nächste Ecke verschwand, blieb Fattum neben ihrem Gepäck stehen, das am Straßenrand aufgereiht war, und ihre Tante ging in die Gasse, um Nachbarinnen zu bitten, ihnen tragen zu helfen.

Fattum trug die übliche Mala'a. Sie bestand aus einem schwarzen kunstseidenen Rock mit einem ebenfalls schwarzen Umhang darüber, der den Kopf bedeckte und bis zur Taille reichte. Auf dem Kopf diente er zur Befestigung des großen Schleiers, den sie etwas angehoben und dessen Zipfel sie unter dem Kinn zusammengebunden hatte. So waren Haar und Nacken verhüllt.

Sie blickte sich um. Dies endlich war also Beirut, das sie sich so lange in ihren Träumen vorgestellt, die Stadt, über die sie mit ihren Altersgefährtinnen im Dorf gesprochen hatte. Von heute an würde sie hier leben, tagein, tagaus. Ihr klopfte das Herz bei dem bloßen Gedanken daran. Die Häuser erschienen ihr stattlich, prachtvoll und die bescheidene Kneipe dort nahebei fremdartig und schön. Ihre Gedanken gingen zurück zu Hadsch Awades Kneipe im Dorf. War das ein Unterschied! Der aufregende Lärm und die neuen Autos in vielen Farben, die ununterbrochen und blitzschnell an ihr vorüberfuhren, erregten ihre Bewunderung.

Das war sie also, die Stadt, und Fattum zählte von diesem Augenblick an zu ihren Bewohnern.

Ihre Tante kam zurück, gefolgt von zwei jungen Männern und einem kleinen Mädchen, und riß sie schnell aus ihren Gedanken.

Die beiden jungen Männer verhielten sich nicht gerade respektvoll ihr gegenüber. Der eine musterte sie so scharf, als er sich herunterbeugte, um den Sack mit den Kupferplatten aufzunehmen, daß sie errötete, vor Scham das Gesicht abwandte und sich den Schleier über die Seite des Gesichts zog, die ihm zugewandt war.

Das Haus, in dem Fattum würde leben müssen, unterschied sich nicht von den meisten anderen Häusern in diesem Viertel oder irgendeiner anderen Gegend, in der die ärmeren Schichten üblicherweise lebten. Es bestand aus einer großen Halle, genannt »die Wohnstätte«, von der mehrere Räume abgingen, und in jedem dieser Räume lebte eine ganze Familie. »Die Wohnstätte«, also die Halle, wurde gewöhnlich als Schlafplatz an Arbeiter vermietet, deren Familien nicht in der Hauptstadt lebten.

Fattums Raum war eigentlich gar kein richtiges Zimmer, sondern ein Stück der Halle, das durch eine Holzwand abgetrennt war, die aber nicht einmal bis nach oben zur Decke reichte. Dadurch war ein Raum von allenfalls vier mal drei Metern Fläche entstanden. Er hatte ein einziges Fenster, das auf den Hof hinausging, der das Haus von drei Seiten umgab. Dort gab es nichts als Wäscheleinen und einen großen Stall für die Hühner der Hausbesitzerin. Man sprach von ihm bildlich als »dem Gärtchen«.

Die Einrichtung des Raums bestand aus einem gebrauchten Fliegenschrank, dessen grober blauer Farbanstrich erneuert worden war, gleich links neben dem Eingang. An der Wand daneben war ein breites Holzbrett befestigt, auf dem eine Petroleumlampe stand. Denn dies war eins von vielen Häusern im Viertel, in denen es noch kein elektrisches Licht gab. Rechts neben dem Eingang war ein niedriger Podest, der sich etwa einen Zoll über dem Boden erhob. Darauf befand sich die Matratze, denn die Bewohner des Hauses schliefen gewöhnlich nicht in Betten. Auf dem Boden lag eine saubere Matte, auf der, an der Wand entlang, längliche, mit Maisstroh gefüllte Kissen aufgereiht waren. Ihr leuchtendes Blau und Gelb verlieh diesem ärmlichen Zimmer Leben.

Den Inhalt der Vorratsbeutel im Fliegenschrank und auf dem Wandbrett zu verstauen dauerte nicht lange, denn die beiden Frauen hatten Hilfe von den Nachbarinnen, die schnell mit ihren Kindern das Zimmer füllten, um die Jungverheiratete willkommen zu heißen. Die beiden großen Beutel mit Burghul, die nicht mehr in den Fliegenschrank paßten, wurden auf das Holzbrett in der Ecke gelegt. Die traditionelle, leuchtend bunte Blechkiste, in der die neuen Kleider der Braut und die Tücher waren, das Parfüm und die Duftseife, die üblichen Geschenke des Bräutigams an die Braut, stellte Fattum auf den Boden des Raums, gegenüber dem Matratzenpodest, denn sie sollten Besuchern zuerst ins Auge fallen.

Bei Sonnenuntergang kehrten die Männer nach und nach von ihrer Arbeit nach Hause zurück, und es wurde munter im Haus. Männerstimmen waren zu hören, lachend, rufend, manchmal auch häßliche Schimpfreden ausstoßend.

Abdo kam mit zwei Kollegen. Kaum hatte er die Gasse betreten, als er hörte, daß seine Mutter mit seiner Braut eingetroffen war, die er seit der Hochzeitsnacht nicht mehr gesehen hatte.

»Guten Abend! Es geht euch hoffentlich gut!« sagte Abdo gedehnt und lachend zu seiner Mutter gewandt, während er Fattum unter seinen Wimpern hervor so anschaute, daß sie nicht wußte, ob er sie wirklich willkommen hieß oder sich nicht eher über sie lustig machte. Aber sie erwiderte den Gruß mit kaum hörbarer Stimme und schaute dabei zu Boden.

Seine Mutter dagegen erhob sich, um ihn auf die Wangen zu küssen, und forderte ihn zärtlich auf: »Nimm deinen Pyjama und leg deine Arbeitskleidung ab, mein allerliebstes Herz!«

Er ging ins Bad, um sich zu waschen, und zog seinen neuen, gestreiften Pyjama an. Dann kam er in sein Zimmer zurück, wo bereits einige Nachbarn saßen und sich mit seiner Mutter unterhielten, während Fattum am anderen Ende des Zimmers auf dem Boden kniete, ihnen den Rücken zukehrte und Tee zubereitete.

Fattum mochte ihre Nachbarn, auch wenn ihr Muchsina, die dicke, energische Hausbesitzerin nicht so sympathisch war. Umm Amin dagegen, die ihr Zimmer unmittelbar neben ihrem Raum hatte, die liebte Fattum, der vertraute sie sich vom ersten Augenblick an.

Umm Amin war nicht mehr jung, sondern eine reife Frau, in allem erfahren. Sie hatte sechs Söhne und eine Tochter. Sie fühlte sich vom ersten Tag an, da Fattum in dieses Haus gezogen war, für sie verantwortlich. Es war Liebe auf den ersten Blick, wie sie sagte. Der Grund für diese Liebe war, so erklärte sie, daß Fattum sie sehr an ihre Tochter Haniyye erinnerte, die etwa im selben Alter war. Haniyye war von ihren Großeltern auf dem Dorf großgezogen worden, die sie dann nicht wieder hergeben wollten.

Umm Amin nahm sie in ihren Raum mit und erzählte ihr von den Nachbarn und den Arbeitern, die im Haus schliefen. Über die Hausbesitzerin Muchsina sagte sie: »Es stimmt, sie ist kräftig, und sie spricht lauter als jeder Mann. Sie fürchtet sich vor niemandem, und sie schämt sich auch vor niemandem. Aber sie hat ein gutes Herz, und wer sie einmal richtig kennt, der kann ihr nicht böse sein.«

Dann zeigte sie ihr voller Stolz ihre sechs Söhne, die mit ihren großen schwarzen Augen und ihrer braunen Haut alle nach ihrer Mutter kamen.

Aber ihre Tochter Haniyye, die auf dem Dorf lebte: »Bei Gott! Die sieht aus wie eine Europäerin. Gott schütze sie! Ist sie nicht so groß und hübsch wie Fattum, nur daß sie leider keine blauen Augen hat?«

Das sagte Umm Amin zu Hadiyye, während sie Fattum lächelnd von der Seite anschaute.

Hadiyye war die Nachbarin, deren Zimmer neben dem von Umm Amin lag. Sie war eine kleingewachsene Frau mit weißer Haut und vielen Sommersprossen im Gesicht. Als sie weggegangen war, sagte Umm Amin zu Fattum: »Die Arme! Sie hat nur drei Töchter und war schon seit vier Jahren nicht mehr schwanger.« Sie fuhr leiser fort: »Behalt's für dich, aber ihr Mann will einen Sohn ... du weißt Bescheid. Töchter sind eben keine Stammhalter!«

Umm Husseins Zimmer lag neben dem von Hadiyye, und zwischen diesem und dem von Muchsina befanden sich das Bad und die Toilette. Es war im Vergleich zu den anderen Zimmern klein, aber es reichte für die kleine Familie, die nur aus der Mutter und dem Baby Hussein bestand. Ihr Mann kam nur zum Wochenende und verbrachte dann die Nacht vom Sonnabend bis zum Sonntagmorgen bei ihr. Er hatte noch eine zweite Frau, die ihm Söhne und Töchter geboren hatte. Aber Umm Hussein war zufrieden mit ihrem Los und dachte nicht daran, bei ihrem Mann darauf zu bestehen – wozu die Nachbarinnen sie bringen wollten –, daß ihr

48

jede zweite Nacht zustand. Sie war friedfertig und genügsam, wie sie auch nicht mehr ganz jung war, nämlich über dreißig, und vor ihrer jetzigen Ehe war sie schon einmal verheiratet, dann aber verwitwet gewesen.

Umm Hussein war sehr groß, von schlankem Wuchs und dunkler Hautfarbe, sie schmeichelte gern und oft. Allerdings beschäftigte sie sich viel mit sich selbst und mochte nicht so viel Umgang mit anderen und das ganze Gerede, das sich meist daraus ergab.

Nach und nach stellte sich Fattum auf die neue Umgebung ein und wurde vertrauter mit ihren Nachbarinnen. Diese zögerten nicht, ihr zu helfen, und waren schnell zur Stelle, wenn sie sich unsicher fühlte. Umm Amin brachte ihr das Kochen bei, denn sie hatte nicht einmal gewußt, wie man Eier brät. Sie zeigte ihr dann auch, wie sie den rauhen Zementboden wischen mußte. Jeden Morgen ging sie mit ihr zum ziemlich weit entfernten Nuriyye- oder auch zum Hisbe-Suk für die Einkäufe zum Abendessen. Denn diese Mahlzeit erforderte die besondere Sorgfalt der Hausfrauen, war sie doch die einzige, die die Männer zusammen mit ihren Familien einnahmen, nachdem sie abends von der Arbeit nach Hause gekommen waren.

Schon nach wenigen Monaten war Fattum eine gute Hausfrau geworden, die sich um ihr kleines Heim kümmerte, zum Suk ging und um die Preise für den täglichen Bedarf feilschte, damit der Händler ihr die Waren um einen halben Piaster billiger überließ. Sie verstand sich darauf, die Abendmahlzeit für ihren Mann zuzubereiten und für ihn zu sorgen, aber auch ihre Pflicht im Haus zu erfüllen, nämlich jeden fünften Tag, wenn sie an der Reihe war, den Fußboden zu wischen und das Bad zu reinigen.

Die Tage vergingen und brachten ihr immer wieder Neues, Aufregendes. Ihre schönste Unterhaltung war, sich hinter das Haus in die äußerste Ecke des Gärtchens zu stellen, auf die das Hinterfenster einer Wohnung weiter oben schaute. Es war aber nicht etwa die Schönheit dieses Fensters, die Fattums Interesse erregte, sondern es waren die Lieder und die Musik, die sie von dort hörte. Umm Amin erklärte ihr, daß das von einem Radio kam, das auf einem Brett etwas oberhalb des Fensters stand. Fattum hatte noch nie in ihrem Leben von einem Ding gehört, das Radio hieß. Was sie kannte, war »die Sängerin« mit dem großen Trichter, die der Sohn von Hadsch Awade ins Dorf gebracht hatte und bei dem sich jeden Abend die jungen Männer und Mädchen sammelten, um hingerissen, ja verzaubert der Musik und den Liedern zuzuhören. Aber »die Sängerin« sprach weder, noch rezitierte sie den Koran wie dieses Radio.

Fattum verbrachte lange Stunden damit, ernsthaft dem fremdartigen Gesang zuzuhören, der den Liedern auf dem Dorf so gar nicht ähnlich war, und versuchte in ihrer Phantasie, dem Radio ein Äußeres zu geben, das dem des Grammophons auf dem Dorf nahezu glich. Aber der Sohn von Umm Amin sagte ihr, er habe es einmal gesehen. Das Radio sehe aus wie ein Kasten mit einem Fenster, das von einem Netz bedeckt sei. Daraus käme die Stimme.

Ihr war völlig unbegreiflich, wie ein totes Ding singen und sprechen konnte. In ihrer Phantasie tanzten Bilder winziger fingergroßer Zwerge, die im Innern dieses Kastens wohnten, sangen, sprachen und den Koran rezitierten.

3

Fattum schaute ihrem Mann zu, wie er morgens aufstand, seine Arbeitskleidung anzog, einen eingerollten Brotfladen mit Thymianpaste mit zwei hauchdünnen, knusprigen Brotfladen vom Blech umwickelte und dies dann mit einer Tasse schwarzen Tees zu sich nahm. Er sah, daß sie nicht mehr schlief, aber er sprach kein Wort mit ihr. Sie hätte sich gewünscht, daß er von ihr verlangte, daß sie ihm den Tee bereitete und sich zu ihm setzte, um ihm beim Frühstück

Gesellschaft zu leisten, wie es der Mann von Hadiyye tat, auch der von Umm Amin. Kummer und Bitterkeit erfüllten sie. Sie war sich der Tatsache bewußt, daß ihr Mann sie nicht liebte. Nicht ein einziges Mal hatte er sich mit ihr zusammengesetzt, seitdem sie verheiratet waren. Es war auch noch nie vorgekommen, daß sie an einem Sonntag mit ihm aus dem Haus gegangen wäre, um jemanden zu besuchen oder um spazierenzugehen, wie das nahezu alle ihre Nachbarinnen mit ihren Ehemännern taten. Er ging immer nur frühmorgens zur Arbeit, nachdem er allein gefrühstückt hatte, und kam nachmittags zurück, um sich umzuziehen und sein Abendbrot zu sich zu nehmen. Dann ging er noch einmal aus dem Haus, sie wußte nicht, wohin, und kehrte erst zurück, wenn sie schon schlief.

Umm Amin hatte ihr gestern gesagt: »Ach, meine arme kleine Fattum. Das hast du nicht verdient! Schade um dich mit diesem Mann!«

Abdo wettete jeden Sonntag beim Pferderennen, aber es war noch nie vorgekommen, daß er ihr gesagt hätte, ob er gewonnen oder verloren hatte.

Sie schaute ihn von der Seite an, drehte sich auf die andere Seite und zog die Decke über sich, aber Abdo steckte gerade seine Füße in die riesigen Gummischuhe und schenkte dieser Bewegung keine Beachtung.

Fattum wußte nicht, wie sie ihm beibringen sollte, daß sie ein Kind erwartete. Sie hatte das schon ein paarmal versucht, nachdem sie sich ihrer Schwangerschaft sicher war. Aber die Kälte, die sie an ihm beobachtete, die Tatsache, daß er sie überhaupt nicht dazu ermutigte, mit ihm über irgend etwas zu sprechen, stießen sie vor den Kopf. So zog sie sich scheu zurück und wußte nicht, wie sie es anfangen sollte, mit ihm darüber zu reden.

Schließlich ging Abdo weg, nachdem er ihr noch wie gewöhnlich eine Viertel-Pfund-Münze für das Abendbrot hingeworfen hatte. Sie streckte die Hand nicht danach aus, sondern heftete ihre Blicke auf die Wand vor sich, und Tränen stiegen in ihr auf.

In Fattums Raum drängten sich ihre Nachbarinnen und redeten und lachten laut. Eine ging hin und her und servierte allen Tee. Es war kurz vor Sonnenaufgang. Auf dem Boden lag eine Matratze und auf dieser Fattum, blaß und mühsam lächelnd. Neben ihr sah man ein kleines, verhülltes Bündel.

Fattum hatte sehr früh am Morgen einen Jungen geboren, nachdem sie die ganze Nacht unter schmerzhaften Wehen gelitten hatte. Umm Amin stieß einen lauten langen Freudentriller aus, als sie das Neugeborene aus den Händen der Hebamme nahm, ein großes Kind mit rötlicher Hautfarbe. Die Frauen um sie herum bereiteten indessen das heiße Anisgetränk für Fattum vor und den Tee für sich selbst.

Ihr Mann war dreimal fortgegangen, um die Hebamme zu holen, aber er hatte sie beim ersten und beim zweiten Mal nicht angetroffen und hatte ihr seinen Namen und seine Adresse dagelassen. Beim dritten Mal sagte ihm ihr Sohn, der zu ihm herauskam, daß seine Mutter zweimal dagewesen, aber wieder weggegangen sei.

Abdo kam zurück und schimpfte auf die Frauen, verfluchte sie und die Ehe und alle, die heirateten. Jetzt brach schon die Morgendämmerung an, und er hatte auch nicht eine Stunde geschlafen. Als er nach Hause zurückkam, stand die Tür offen, und er sah im Zimmer einige Frauen und Lampenlicht.

Er klopfte an die Tür und blieb zögernd draußen stehen. Umm Amin öffnete die Tür ganz weit und begrüßte ihn mit einem breiten Lächeln: »Ich gratuliere, Brüderchen! Du hast einen Jungen, schön wie ein Lämmchen! So Gott will, wird er dir zur Ehre heranwachsen und du wirst nur Gutes mit ihm erleben!«

Langsam trat er ein, schaute zu seiner Frau und lächelte

wie schon oft so, daß sie nicht wußte, ob er ihr seine Zuneigung zeigen oder sich über sie lustig machen wollte. Aber sie drehte das Gesicht mit einer Mischung aus Scheu und heimlicher Zärtlichkeit in die andere Richtung und rückte das durchsichtige Tuch zurecht, das über dem Gesicht des Säuglings lag. Er setzte sich auf einen Stuhl neben der Tür, während seine Mutter in diesem Augenblick neben dem Kind in der Ecke hockte und sich beeilte, ihm das Kind hochzureichen. Er nahm es, um es sich anzuschauen.

Er lächelte seinem Kind zu und schaute ihm in das rote, faltige Gesicht und die hervortretenden Augen. Dann gab er es seiner Mutter zurück und erhob sich vom Stuhl. Die Hebamme packte indessen ihre Sachen zusammen und wollte gehen. Er steckte die Hand in die Tasche und schaute ratlos zu Umm Amin hin. Wieviel er ihr wohl geben mußte? Die bedeutete ihm hinter dem Rücken der Hebamme den Preis von zwei Pfund. Er gab der Hebamme das Geld und überschlug, wieviel Tage sie von zwei Pfund etwas zu essen hätten.

Dann drehte er sich um und aß sein Frühstück im Stehen, denn er war zu spät dran mit seinem Gang zur Arbeit. Seine Mutter legte das Kind zurück und praktizierte einen Beschwörungszauber, indem sie ihm mit der Hand über den Kopf strich und sich schließlich einen Finger zuerst in den Mund steckte und danach dem Kind auf die Stirn legte. Darauf zog sie ihm das durchsichtige Tuch über das kleine Gesichtchen und deckte es zu.

Fattum ruhte sich drei Tage im Bett aus. Danach stand sie auf und verrichtete mit langsamen Bewegungen wie gewohnt ihre Hausarbeit. Aber ihre Tante ließ sie erst nach vollen zehn Tagen wieder allein und kehrte dann ins Dorf zurück.

Abdo schrie nach seiner Frau, sie sollte kommen, um das Kind zu beruhigen, das unausgesetzt schrie. Fattum hörte ihn nicht, denn sie war im Bad, um die Kleider zu waschen, und der Petroleumofen neben ihr überdeckte mit seinem Geräusch alles andere. Sie schreckte erst auf, als ihr ein Schuh gegen den Kopf prallte, dem der zweite folgte, der sie aber verfehlte. Bestürzt stand sie auf und sah ihren Mann brüllend auf sich zukommen, mit rot unterlaufenen Augen: »Dein Sohn, du Tochter eines Hundes! Kümmere dich endlich um deinen Sohn!«

Sie lief mit Tränen in den Augen zu ihrem Kind und strich sich dabei die Hände an ihrem abgetragenen Kleid ab, während Abdo sich wieder ins Bett legte, die Decke über den Kopf zog und weiterschimpfte und -fluchte. Es war Sonntag und ein kalter, wolkendunkler Morgen. Er war noch nie, wie das andere taten, von Sonntag morgens bis zum Mittag zur Arbeit gegangen. Außerdem hatte er sich überhaupt erst vor etwa drei Stunden schlafen gelegt.

Das Kind weinte wieder, und Abdo murmelte vor sich hin, aber er war diesmal zu träge, um aufzustehen und seine Frau zu rufen. Schläfrigkeit hatte ihn befallen, und er fühlte sich apathisch. Er begnügte sich damit, unter der Decke auf seine Frau zu schimpfen, auf diejenigen, die sie in dieses Haus gebracht und die sie mit ihm bekannt gemacht hatten.

Schließlich nickte er ein, das Weinen seines Kindes im Ohr. Als er die Augen wieder aufmachte, schien ein Sonnenstrahl durchs Fenster und hatte sich ihm aufs Gesicht gelegt. Seine Frau kochte etwas auf dem Petroleumkocher auf der anderen Seite des Zimmers, und alles war ruhig.

Er schob die Decke beiseite, reckte sich etwas, dann mußte er niesen. Seine Frau eilte zu ihm, blieb vor ihm stehen und schaute ihn in Erwartung seiner Befehle ängstlich an.

»Hast du mir Wasser heiß gemacht?«

»Ja, es steht schon im Bad!«

Er erhob sich aus dem Bett, ohne ihr auch nur einen Blick zuzuwerfen, und stolzierte ins Bad, das Handtuch über der Schulter. Sie trug ihm die Keramikschüssel mit Seife und Schwamm hinterher. Er ging durchs Haus, wo einige Männer saßen und langsam schwarzen Tee tranken und Mate aus Röhrchen schlürften. Er grüßte sie, und sie antworteten einstimmig: »Friede sei mit dir und Gottes Barmherzigkeit. Komm, setz dich doch zu uns!« Aber er hob die Hand zur Stirn, dankte und entschuldigte sich, ohne sich umzudrehen.

Einer von ihnen sagte kopfschüttelnd: »Hm. Der läßt sich nicht dazu herab.«

»He, Meister, hast du nicht Zeit für schwarzen Tee und Mate? Heute ist schließlich Sonntag!«

Für kurze Zeit herrschte Schweigen. Hadsch Achmed brach es und sagte in einem langgezogenen Tonfall, wie sie ihn von ihm kannten: »Ob der wohl jemals beim Pferderennen etwas gewonnen hat?«

Ein anderer gab spöttisch zurück: »Gewinnt denn eigentlich beim Pferderennen überhaupt jemand außer dem stinkreichen Fir'aun und seinesgleichen? Was die Leute aufs Rennen versessen macht, ist Wettleidenschaft, nicht das Geld!«

Der Gebetsruf zum Tagesanbruch drang den Männern in die Ohren, die auf dem Fußboden des Hauses auf kleinen schäbigen Matten herumlagen. Jeder hatte sich in eine Decke gehüllt, und Schnarchen, vermischt mit einem unangenehmen Geruch, erfüllte den Raum.

Einer von ihnen bewegte sich, setzte sich auf, strich sich über die Augen und das Gesicht und sprach das Glaubensbekenntnis. Dann raffte er sich auf, löste sich von der angenehmen Wärme unter der Decke und ging ruhig ins Bad. Von dort war seine Stimme zu hören, er hustete laut und spuckte aus, und das Geräusch des Wassers aus der Leitung vermischte sich mit der Basmalah und dem Glaubensbekenntnis, während er die religiöse Waschung vollzog.

Zur selben Zeit kam Muchsina aus ihrem Zimmer und bewegte ihren gewaltigen, schwabbeligen Körper in Richtung Bad. Sie war reichlich offenherzig gekleidet und hatte das Haar nur mit einem kleinen Tüchlein verhüllt. Ihr Gewand hatte am Knie einen Riß, der ein volles, glänzend weißes Bein sehen ließ. Sie wäre am dunklen Eingang zum Bad beinah mit Hadsch Achmed zusammengestoßen, der gerade herauskam, sich noch das Wasser von den Oberarmen und vom Kopf strich und dabei vor sich hin murmelte. Sie rief ihm mit ihrer trockenen Stimme den Morgengruß zu. Da drehte er den Kopf weg und suchte seine Zuflucht bei Gott vor dem verdammten Satan. Er bewegte sich zögernd auf die Gebetsmatte aus Stroh zu, die an der Wand hing, und überlegte, ob es nicht notwendig wäre, nach dem Anblick dieser schamlosen Frau die religiöse Waschung zu wiederholen. Sein Gewissen hätte beinah gesiegt, und beinahe wäre er noch einmal ins Bad zurückgegangen. Aber da hörte er eine boshafte Stimme. Dschaafar, der ihn unter seiner Decke hervor beobachtet hatte, rief ihm spöttisch zu: »Wiederhol doch deine religiöse Waschung, Hadsch!«

Der Hadsch hielt bei diesen Worten inne. Er wollte jedoch nicht den Anschein erwecken, als beugte er sich der Anweisung eines unverschämten jungen Mannes, der keine Ahnung von seinem Herrn hatte, und noch dazu in einer Angelegenheit, die seine tief verwurzelte und bei allen bekannte Gläubigkeit berührte. Seine Hand lag schon auf der Gebetsmatte. So nahm er sie herunter. Nein, das wäre eine Schande gewesen, wenn er sich nach diesen Worten umgedreht hätte und gehorsam wie ein Kind ins Bad zurückgegangen wäre. Er nahm also die Matte herunter und breitete sie auf dem Boden in Richtung Mekka aus. Dann betete er mit lauter Stimme, in der auch Trotz lag.

Schnell erwachte das Haus zum Leben. Die Männer erhoben sich von ihren Schlafplätzen, um sich schwerfällig ins

Bad zu begeben. Von dort hörte man wieder das Wasser aus dem Hahn schießen. Während die einen die anderen auf dem einzigen Gebetsplatz im Haus ablösten, zündeten wieder andere den Petroleumkocher an, um Tee zuzubereiten. Man hörte lautes Reden im Haus, auch Geschimpfe.

Die Kinderstimmen aus den Zimmern wurden immer deutlicher. Frauen riefen sich gegenseitig dies und das zu, und das Geräusch der Petroleumkocher überlagerte allmählich alles andere.

Aus Fattums Zimmer gellten Schreie. Die Männer tauschten Blicke, aber niemand wagte es, sich einzumischen. Offensichtlich schlug Abdo seine Frau. Sie hatten sich in der letzten Zeit daran gewöhnt, sie schreien zu hören, entweder morgens oder nach Mitternacht, wenn er von seinen nächtlichen Gängen zurückkehrte. Doch die gutherzige Umm Amin konnte das nicht länger ertragen. Sie stürzte aus dem Zimmer und rückte dabei ihr Kopftuch zurecht, damit ja nichts von ihrem Haar zu sehen war. Ihr Mann folgte ihr in seiner weißen Schlafhose, seinen dicken Bauch vor sich herschiebend. Schnell packten die beiden Abdo am Arm. Der brüllte wie ein Stier und traktierte seine Frau mit Fußtritten. Fattum krümmte sich auf dem Boden nahe der Türschwelle und keuchte bei dem Versuch, ihren Leib mit beiden Armen zu schützen. Furcht lag in ihren Augen. Abdo trat mit Abu Amin einen Schritt zurück, aber er stieß häßliche Flüche aus: »Tochter eines Hundes! Sie wagt es, ihre Stimme gegen mich zu erheben!«

Währenddessen beugte sich Umm Amin über Fattum, um sie an den Armen hochzuziehen. Sie rückte ihr das Gewand wieder zurecht und schob ihr zärtlich das leichte weiße Tuch, das sie vor dem Gesicht trug, in die richtige Lage, dabei preßte sie verdrossen die Lippen zusammen und schaute voll Verachtung zu Abdo hin. Fattum war im dritten Monat schwanger.

Der kleine Mohammed kroch derweil von den Schuhen

neben der Tür weg und auf seinen Vater zu. Er klammerte sich an dessen Beine, denn er sah, daß dieser mit Abu Amin weggehen wollte. Doch sein Vater kümmerte sich nicht um ihn, sondern stieß ihn mit dem Fuß zu seiner Mutter. Da fiel er hin, rollte über den Boden und weinte laut. Umm Amin beugte sich über ihn, nahm ihn auf den Arm und schrie in Richtung Abdo: »Hast du denn überhaupt kein Herz, Mann! Denk daran: Es gibt einen mächtigen Gott, der über dir steht!«

Fattum hatte in dieser Nacht eine Fehlgeburt. Unter den Hausbewohnern herrschte Aufregung. Ihre Nachbarinnen und deren Kinder kamen zu ihr ins Zimmer, und alle schwiegen bedrückt. Mit blassem Gesicht und wie erstarrt lag Fattum zwischen ihnen auf ihrem Bett.

Eine laute, gewaltige Stimme war von draußen zu hören, die Stimme Muchsinas: »Dieser Drecksskerl! Wenn du ihn nicht einsperren läßt, dann verklag' ich ihn, damit er eine Lektion erhält, die er sein Leben lang nicht vergißt!«

Aber keine der Frauen wollte eine solch harte Bestrafung, besonders Umm Amin nicht. Der Schuldige war hier schließlich der Ehemann. Und es wäre bestimmt nicht gut, wenn Feindschaft zwischen den beiden entstände. Sicher hatte er inzwischen begriffen, daß er zu weit gegangen war, und bereute, was er getan hatte. Jedenfalls war das Kind nicht mehr da, für immer gegangen, was sie auch tun würde. Aber Gott würde ihr ein neues schenken, denn sie war ja noch so jung. Ihr Leben hatte doch erst begonnen.

Abdo fand eine andere Arbeit, als Lasten zu schleppen. Er wurde Arbeiter in einer Konservenfabrik. Das war Gesprächsthema zwischen Fattum und Muchsina, die vor der Tür auf dem Boden saß und Kaldaunen und Hammelfüße säuberte, die sie vor Sonnenaufgang auf dem Suk gekauft hatte. Sie saß auf einem niedrigen runden Hocker und hatte die Ärmel über ihren kräftigen weißen Oberarmen hochgekrempelt. Ihr schwarzes, abgetragenes Kleid war verrutscht. Dieses Kleid trug sie immer, wenn sie Hausarbeit verrichtete. Es war ihr jetzt bis über die Knie hochgerutscht. Wie sonst auch scherte sie sich nicht darum, ob sie im Sitzen oder Gehen die Schamvorschriften einhielt. Mit ihrem riesigen Körper und ihrem runden, hübschen Gesicht wirkte sie, bei all ihrer Strenge, wie das Musterbild einer starken, beherrschten Frau.

Fattum saß ihr gegenüber auf einem zweiten Hocker und half ihr bei der Arbeit. Das Kind, das sie vor kurzem geboren hatte, lag halbnackt auf einem Stoffetzen in ihrer Nähe auf dem Boden, strampelte mit den Beinchen, saugte an seiner Faust und richtete die Augen auf das winzige Stück Himmel, das von den Dächern der Häuser um sie herum begrenzt wurde.

Muchsina fragte Fattum, wie denn der Lohn ihres Mannes ausschaute bei seiner neuen Arbeit und wer ihm diese Arbeit verschafft hatte.

»Ismail al-Hadsch Dawud hat ihn dahin mitgenommen. Aber was sie ihm dort an Lohn geben, nein, das weiß er noch nicht!«

Muchsina schüttelte den Kopf und sprach leise vor sich hin. Dann schwieg sie eine Weile und drehte einen Hammelfuß mit leichten Handbewegungen über dem Feuer des Petroleumofens vor sich.

Sie sagte mitleidig: »Armes Dummerchen, du glaubst ihm also, wenn er sagt, daß er nicht weiß, was er am Monatsende kassiert!?«

Fattum antwortete nicht, sondern nahm ihr Kind, das zu weinen begonnen hatte, und legte es an die Brust. Dabei blickte sie ratlos zu Muchsina. Aber die achtete eine Weile lang nicht auf sie. Dann plötzlich explodierte sie und rief mit ihrer starken, lauten Stimme:

»Dein Mann, Mädchen, hüte dich vor ihm! Dein Mann ist unaufrichtig!«

Fattum senkte schweigend den Kopf, aber Muchsina fuhr fort:

»Du weißt überhaupt nicht, wohin dein Mann abends immer geht? Mädchen, hör endlich auf, immer nur zu schweigen!«

»Wohin geht er denn, Muchsina?« fragte Fattum mit zitternder Stimme, legte ihr Kind auf seinen Platz zurück und verbarg ihre Brust langsam wieder in ihrem Kleid.

»Ich weiß es nicht, so frag ihn doch endlich mal danach!«

Und Fattum fragte. Sie fragte ihren Mann noch am selben Abend. Zum ersten Mal seit ihrer Heirat stellte sie sich ihm stark und mutig entgegen: Er wollte wie immer, nachdem er schnell zu Abend gegessen hatte, fortgehen. Er hatte den Arbeitsanzug abgelegt und sich besser angezogen: »Wohin gehst du?«

Geringschätzig blickte er sie an, war aber erstaunt über diese Kühnheit, die er von ihr nicht gewöhnt war. Dann drehte er sich zur Seite, ohne zu antworten, und wollte gehen. Sie jedoch wich nicht zurück, sondern stand zwischen ihm und der Tür und sprühte vor Zorn:

»Ich will jetzt endlich wissen, wohin du abends immer gehst!«

Er schaute sie an und spottete herausfordernd: »Und warum willst du das wissen, meine Dame?«

»Weil ich deine Frau bin und die Mutter deiner Kinder!« entgegnete sie, ebenso herausfordernd.

»Meine Frau, du Strohbesen!? Verschwinde, geh mir aus den Augen!«

Das verletzte sie. Verspottete er sie, weil sie so schlank war? Ihr Zorn wuchs: »Dann ist das vielleicht eine Dicke, zu der du gehst, ja?! Großer Gott, nein! Wenn du diese Nacht wieder ausgehst, dann verlasse ich das Haus morgen früh und gehe, du nichtsnutziger Hurenbock!«

Das ertrug er nicht länger: »Nichtsnutziger Hurenbock?

Ich soll ein nichtsnutziger Hurenbock sein? Dann sollst du jetzt mitkriegen, wie ein richtiger Hurenbock sich benimmt!«

Sie kam erst wieder zu sich, als er sie zu Boden geworfen hatte und mit Schuhen nach ihr trat, wo immer er sie treffen konnte. Sie schrie laut, und der kleine Mohammed schrie auch, als er seine Mutter so sah. Er lief zu ihr hin, um sie mit seinem schmalen Körper zu beschützen. Mit seiner runden Faust versuchte er, nach seinem Vater zu schlagen.

Wie üblich kamen Umm Amin und ihr Mann gelaufen, um ihr zu helfen. Sie rissen Abdos Hände aus Fattums Haar. Er ging schließlich, und sie rief ihm hinterher: »Dieser ..., laß ihn doch zu ihr gehen! Soll sie sich doch um das Haus kümmern! Wenn ich noch einen Tag länger in seiner Wohnung bleibe, will ich nicht Fattum heißen!«

Aus dem Arabischen von Wiebke Walther

Laila Baalabaki

Der Zorn wird sich niemals legen

Der Zorn wird sich niemals legen.

Wenn sie sich über mich ärgerte, fegte sie meckernd durchs ganze Haus. »Du warst blind, als du zur Welt kamst. Ich bin mit dir auf dem Arm von Arzt zu Arzt gelaufen. Und meine goldenen Armreifen habe ich verkauft, damit du die Welt erblicken, die Sonne, den Mond, das Meer, Bäume, Früchte, Straßen, Häuser und dein Essen mit den Augen sehen konntest.«

»Nicht blind bin ich zur Welt gekommen, sondern mit geschlossenen Augen«, korrigierte ich.

»Dir floß das Blut in Strömen aus den Augen, befleckte mir die Kleider, die Bettwäsche und alles, was du nur greifen konntest«, erzählte sie.

»Als die Blutung aufhörte, hob ich den Kopf zum Himmel und starrte stundenlang in die Sonne«, ergänzte ich. »Das Gesicht der Sonne zu erblicken ist meine einzige Freude.«

»Du solltest nicht so lange in die Sonne gucken«, wütete sie. »Deine Augen sind empfindlich, das Licht schadet ihnen vielleicht.

Du bist meine Erstgeborene. Ich habe dich noch gesäugt, als ich deine drei Geschwister gestillt habe. Noch mit sechs Jahren habe ich dir die Brust gegeben. Das erklärt, warum du so dickköpfig und eigensinnig bist. Ich habe dich auf die Universität geschickt, damit du dich gegen Männer behaupten lernst. Ich bin als Halbwaise ohne Mutter aufgewachsen. Mein Leben habe ich dir und deinen Geschwistern geopfert. Nie bin ich ausgegangen, war nie auf einer Hochzeit, um meine Glückwünsche auszusprechen, und nie auf einer Trauerfeier, um mein Beileid kundzutun. Festliche Kleider, Puder und überflüssige Schuhe habe ich niemals besessen. Statt dessen habe ich wie eine Henne die Flügel über meine Küken gebreitet, euch beschützt und niemals aus dem Nest gestoßen«, brüstete sie sich.

»Wenn du das Studium abgeschlossen hast«, träumte sie laut, »kommt ein großzügiger, hochgewachsener Mann mit schwarzen Augen zu uns ins Haus und hält um deine Hand an. Er erscheint mit einem Korb voller Blumen, begleitet von seinen engsten Verwandten. Kurz darauf betrittst du das Wohnzimmer mit gleichmäßigen Schritten und erhobenem Kopf, trägst ein neues Kleid und eine fabelhafte Frisur. Du begrüßt die Anwesenden mit einem angenehmen, stillen Lächeln und läßt dich dem zukünftigen Bräutigam gegenüber auf einem Sessel nieder, der für dich bestimmt ist. Nach einer kurzen Weile erhebst du dich, verschwindest und erscheinst ein paar Minuten später mit dem Kaffee. Du balancierst das Tablett geschickt, gehst auf jede einzelne Person zu, hältst ein paar Sekunden vor ihr inne und gibst ihr die Gelegenheit, dich zu begutachten. Währenddessen betrachtest du den feinen Dampf, der aus der braunen Flüssigkeit in den weißen, goldverzierten Tassen aufsteigt. Die erste Etappe ist erfolgreich beendet. Am nächsten Tag kommt er, erfreut von dir, mit einem Korb roter Rosen wieder. Eine Woche später wird die Verlobung bekanntgegeben, bei der dir der Bräutigam einen Brillant- und einen Verlobungsring anlegt. Und dann fertigen wir das Brautkleid an, aus reiner Seide mit eingewebten Satinrosen, mit langen Ärmeln und einem bis zum Hals geschlossenen Ausschnitt. Es ist auf Taille geschnitten und hat eine sehr, sehr lange Schleppe, die dir Kinder aus dem Kreis der Familie nachtragen. Sie halten sich daran fest und folgen dir wie kleine Engel. Sie schweben mit dir zum Altar. Gehalten von einem Kranz aus Orangenblüten, fällt dir der Schleier aus feiner Spitze über das Gesicht. Inmitten von Gesang, Weihrauchduft, Gästen, Geflüster und einem Blumenmeer schreitest du untergehakt an der Seite des Bräutigams und weinst, weil du uns verlassen und in ein Nachbarhaus ziehen wirst. Auch ich weine – vor Freude. Aus den Flitterwochen schickst du uns Postkarten von all den Stationen, Flughäfen und Parks, die du besuchst. Bei deiner Rückkehr erwarten dich ein herrlich eingerichtetes Haus, ein teures Auto, ein Pelzmantel und einflußreiche Bekannte in der Regierung. Du wirst schwanger und bringst viele Jungen und ein Mädchen zur Welt.«

»Flieh mit mir«, forderte er mich auf. »Laß sie mit ihrem Dreck allein in diesem gelben, verdorrten Land. Für Liebe haben die keinen Platz. Soll der Fanatismus doch ihre Körper fressen, sie aussaugen und die zernagten Knochen auf einen Haufen spucken. Laß uns in ein Land ziehen, in dem wir standesamtlich heiraten können und nicht ständig an unsere Religion erinnert werden*, in dem wir uns ungehindert bewegen und unser Glück finden können. Wenn ich keine Arbeit in meinem Beruf finde, scheue ich mich auch nicht, die Ärmel hochzukrempeln und auf dem Bau Gruben auszuheben oder Steine zu behauen. Um dich zu ernähren, würde ich alles tun. Für dich würde ich mir sogar ein Stück Fleisch aus der Brust reißen. Du wirst mich bis an unser Lebensende so sehr lieben wie jetzt. Du bringst ein Mädchen zur Welt, es sieht genauso aus wie du, es hat dein seidig schwarzes Haar, und seine Beine sind so weich wie samtene Rosen. Wir schicken unsere Tochter zum Ballett- und Malunterricht. Flieh mit mir.«

»Ich habe mich mit dir heimlich unter Bäumen und in deinem kleinen Zimmer getroffen«, erwiderte ich, »obwohl du einem anderen Glauben angehörst und aus einem anderen Ort stammst. Deine Eltern sind reich, sie dulden keine Unzucht. Meine Eltern sind so fromm, daß es schon ekelhaft ist. Wenn sie davon erfahren, schlachten sie mich auf der Schwelle unseres Hauses ab.«

---

* Im Libanon, wie in den meisten arabischen Ländern, gibt es keine Zivilehe und damit auch keine interkonfessionellen Heiraten.

»Nicht ein Haar werden sie dir krümmen«, brüllte er. »Ich beschütze dich vor diesen Schlächtern, ich hebe dich hoch über meinen Kopf und trampele sie nieder. Flieh mit mir, hab keine Angst vor denen. Wir werden ihnen keine Gelegenheit geben, uns nachzuspionieren und von uns Besitz zu ergreifen.«

»Ich folge dir, wohin du gehst«, versprach ich. »Ich gehöre dir. Ich werde dir meinen Körper schenken und dich glücklich machen. In der Hochzeitsnacht, wenn wir beide allein in der Fremde sind, in einem fremden Zimmer und einem fremden Bett liegen, werde ich mich dir hingeben. Ich erzähle dir von meiner Kindheit und meinen Träumen. Ich werde eine kleine, treue Ehefrau sein, werde für dich Brot einkaufen und Essen kochen, werde Wäsche waschen, Knöpfe annähen, das Haus putzen, Wollsachen für die Kinder stricken und jeden Abend am Fenster nach dir Ausschau halten. Warte an der Straßenecke neben unserem Haus auf mich. Sobald die Sonne untergeht, komme ich zu dir herunter, warte auf mich.«

Mein Zimmer liegt im vierten Stock.

Läge es im ersten Stock und besäßen wir einen Garten, dann würde ich aus dem Fenster in den Olivenbaum steigen, den Stamm hinunterklettern und durch die kleine Straße bis zur Ecke rennen, an der er auf mich wartet. Er würde mich bei der Hand nehmen und mit mir abheben, zu einem anderen Himmel fliegen, weit weg von der Luft, die er und ich atmen und an der ich ersticke. Weit weg von diesen widerwärtigen Gesichtern, weit weg von der nie untergehenden Sonne. Er soll mich in ein Land bringen, in dem es ständig regnet, in dem die Häuser von einem transparenten Grauschleier überzogen sind, die Straßen immer frisch gespült und blank und die Bäume naß sind. Ein Land, in dem die Menschen sich dicke Kleider eng um die Körper schlingen und stets leuchtende Augen haben. Nachts krieche ich unter weiche, bunte Wolldecken, und bei Blitz und Donner schmiege ich mich an ihn, tauche in seinen Körper und zerfließe.

Die Sonne zog sich allmählich aus dem ersten Stock zurück, dann aus dem zweiten und aus dem dritten. Die Lichtfäden klammerten sich an die Jalousie in meinem Zimmer und verfärbten sich von einem blassen Gelb zu einem hellen Rosa. Ein paar Strahlen krochen über die Wand in Richtung Tür, die zur Diele führte und einen Spalt offenstand. Sie zogen über die Tür hinweg und breiteten sich auf den Fliesen neben dem Sessel aus. Auf dem Sessel thronte meine Mutter.

Um die Wohnungstür zu erreichen, die Treppen hinabzusteigen und auf die Straße zu gelangen, müßte ich in der Diele an ihr vorbeikommen. Wenn ich hinter ihr stehe, verschwinde ich, Schritt um Schritt und noch einen, dann bin ich frei. Dann gehöre ich ihm.

Ich schloß die Augen für einen kurzen Moment, packte meine kleine Handtasche und schob den Träger meines Abendkleides, der mir hinuntergerutscht war, die Schulter hoch.

Wenn sie wissen will, wohin ich gehe, erzähle ich ihr, daß ich bei einer Freundin eingeladen bin, mit der ich in diesem Jahr gemeinsam das Studium abgeschlossen habe. Voller Vertrauen und Stolz schaut sie mich an. »Sei ein braves Mädchen, dann brauche ich mich deinetwegen nicht zu ängstigen, vor nichts und niemandem. Ich möchte, daß du eine gute Partie machst und in Glück und Zufriedenheit lebst.«

Aber nein. Ich konnte die Beine nicht bewegen. Ich war erstarrt. Die Sonnenstrahlen zogen sich von den Fliesen in der Diele zurück. Die bunten Blumen auf ihrem weißen Kleid wurden dunkler. Das Garn bewegte sich zwischen ihrer rechten Hand und der weißen Tischdecke, die sie bestickte, immer hin und her. Es wurde dicker, schwoll an zu einem Seil, das im Raum pendelte. Ich war nicht in der Lage, mich nach der Jalousie, nach Westen umzusehen. Mein Blick haftete an ihr. Ich stellte mir vor, ich sei fortgegangen.

Sie unterbricht ihre Handarbeit und legt Tischdecke und Garn auf dem Sessel ab, um das Abendessen zuzubereiten und den Tisch zu decken. Mein Vater und meine Geschwister kommen heim. Sie erkundigen sich nach mir, worauf sie ihnen mitteilt, daß ich bei einer Freundin eingeladen bin. Sie scherzen und zanken miteinander. Nach dem Kaffee zieht sich jeder zum Schlafen in seine Ecke zurück. In der Nacht ist sie die einzige, die sich ruhelos hin und her wälzt, als spüre sie das Unheil. Noch vor Sonnenaufgang schlägt sie die Augen auf, stürzt barfuß und wie angestochen zu meinem Zimmer, reißt die Tür auf und erblickt das unberührte, leere Bett. Sie schreit auf, kreischt und sinkt ohnmächtig zu Boden. Meine Geschwister brechen in Tränen aus, und mein Vater wird kreidebleich. Kaum erwacht sie aus ihrer Ohnmacht, kreischt sie: »Was hat man meiner Tochter angetan? Wohin hat man sie verschleppt? Wo hat sie übernachtet? Bekommt sie zu essen?« Von ihrem Gekreische zerreißen die Wände. Die Nachricht, daß ich mit einem andersgläubigen Mann durchgebrannt sei, wird sie vom Sokkel des Hochmuts stürzen, sie wird sich ducken und Klage erheben. Und wenn sie dann noch erfährt, daß ich in einem fernen Land lebe, wird ihr die Sehnsucht das Herz zerquetschen. Sie wird allen die Tür vor der Nase zuschlagen und in ihrem Sessel einschrumpfen.

Aber nein. Hätte sie mir den Rücken zugekehrt, hätte ich einfach mit ihr reden können, ohne sie dabei anzusehen. Ihr Gesicht lähmte mich völlig. Die Dunkelheit kroch langsam in die Diele. Die Farben ihres Kleides waren nicht mehr zu erkennen, nur noch ihr Gesicht war vom Licht erhellt. Die Sonnenstrahlen hatten sich vollends aus meinem Zimmer verzogen. Von diesem Moment an begann für ihn das Warten.

Dieses Gesicht! Nein. Nein, ich konnte den Blick einfach nicht von ihrem Gesicht abwenden. Ich werde sie verlassen, sie alle verlassen. Ich werde mich von ihr abnabeln und davonfliegen. Ich muß zu ihm hinunter. Nein. Nein, ich kann nicht. Ich wünschte, ich könnte meine Augen von ihrem Gesicht nehmen. Aber mein Blick war gefangen, haftete auf ihrem Gesicht. Ihr Antlitz war so weiß, und es bewegte sich nicht. Ein sorgloses Lächeln umspielte ihre Lippen und Augen. Nein. Ich konnte dieses Lächeln unmöglich trüben. Ich konnte nicht. Ich konnte einfach nicht.

Sie erhob sich vom Sessel. Mir kam der Gedanke, die Tür schnell zu schließen, um sie nicht zu sehen. Ich würde kurz durchatmen, mich beruhigen, meinen Mut zusammennehmen und einen klaren Kopf bekommen. Doch kurz darauf saß sie mit der gleichen Haltung wieder in ihrem Sessel, sie hatte nur die Tischlampe neben sich angeknipst. Ich betrachtete ihr weißes Gesicht von meinem Zimmer aus, in dem es bereits finster war. Bei elektrischem Licht erschien ihr Gesicht noch reiner und transparenter, es verwandelte sich in eine Statue aus strahlend weißem Marmor mit ebenmäßigen Zügen: die Kinnlinie, die Wangenlinien, die Augenpartie, das zu einem Dutt zusammengebundene Haar. Selbst das Haar kam mir weißer vor als Marmor. Die Dunkelheit lastete schwer auf meinen Füßen. Und er wartete auf mich.

Nein, dachte ich bei mir. Nein, ich bin nicht in der Lage, auch nur einen Schritt zu gehen. Ihr Gesicht wird heller, aus ihren Augen sprudeln zwei Quellen, klares Wasser stürzt in ihren Schoß auf die weiße Tischdecke, die sich in ein riesiges von grünen Mustern durchzogenes Marmorbecken verwandelt hat. Die Dunkelheit verdichtet sich zu meinen Füßen, sie kriecht über die Knie zu den Oberschenkeln. Ihr Gesicht wird noch weißer, noch klarer. Das Wasser sprudelt, fließt in das Becken. Das Becken läuft über. Die Dunkelheit erreicht meine Hüften. Ein Rauschen ertönt aus ihrem Mund, erfüllt den Raum. Ihr Gesicht wird immer weißer. Die Dunkelheit umschlingt meine Schultern, gräbt mich ein bis zum Hals. Das Wasser berührt die Türschwelle und die Dunkelheit steigt unaufhaltsam weiter. Ich ersticke. Ersticke.

Ich bin zu Boden gestürzt.

Jetzt schleife ich meinen Körper über die Straße nach Hause. Wieder einmal versuche ich, mir sein Gesicht vorzustellen. Es gelingt mir nicht. Ein ganzes Jahr träume ich nun schon von ihm, und immer kehrt er mir den Rücken zu. Ich weiß, er haßt mich. Ich spüre seinen Haß auf mich niedersausen. Wie ein Stück Eisen schlägt der Haß auf mich nieder. Ich werde erschlagen und erwache zum Leben, werde erschlagen und erwache zum Leben. Hätte er mich im Traum nur ein einziges Mal angesehen und angelächelt, hätte ich diese Tat nicht begangen. Zugegeben, ich war hilflos und habe ihn im Stich gelassen. Doch hätte er mir sein Gesicht in diesem ganzen Jahr wenigstens ein einziges Mal gezeigt, hätte sich das Marmorgesicht aufgelöst, und ich wäre gerettet gewesen. Ich hätte einen klaren Kopf bekommen und wäre ihm gefolgt. Er wird mir nie verzeihen, das weiß ich. Niemals wird er vergessen, auch das weiß ich, daß er mit seinen Versprechen und Hoffnungen auf mich wartete. Er wartete lange, bedrückt von der Nacht und gelähmt vor lauter Verzweiflung. Er wird nicht verstehen, daß mein Blut in Ketten lag, erstarrt war.

Zur Marmorbüste, mit der ich unter einem Dach lebe, habe ich jede Verbindung verloren. Zwar essen wir an ein und demselben Tisch, und ich höre auch, wie ihre Stimme mich anspricht, doch ich sehe sie nicht. Beim Vorbeigehen prallen meine Schultern mit ihren zusammen. Ich hasse sie.

Eine leichte Meeresbrise weht durch die Straße. Meine Kehle fühlt sich trocken an. Ich muß mich übergeben, beiße jedoch die Zähne zusammen und zupfe mir den Rock zurecht. In einem kleinen Laden putzt der Besitzer gerade den Boden mit einem Eimer Wasser. Ich verlangsame die Schritte und warte, bis der Mann das Wasser mit einem Reisigbesen über die Schwelle befördert und den Bürgersteig gespült hat. Derweil befühle ich meine Kleider. Ich habe sie erst vorhin gewaschen und gewartet, daß sie trocknen, um mich auf den Heimweg machen zu können. Ich erinnere mich:

Ich lag am Strand in der Sonne. Ich hatte kein Gefühl dafür, ob es heiß oder kalt war, und kein Empfinden für Jahreszeiten, schmeckte auch das Salz nicht. Ich war abwesend. Mich selbst nahm ich als wandelnde Leiche wahr. Ich lag hinter einem Felsen. Plötzlich spürte ich einen warmen Körper an meiner Haut. Ich schauderte. Ich merkte, daß ich erwachte, spürte den Atem einer Person erst im Haar, dann am Ohr. Ich regte mich nicht. Mein Körper war so schwer wie der Erdball. Ein Arm umfaßte meine nackte Taille, ich spürte die weichen Härchen. Jetzt spürte ich den Sonnenbrand auf meinem Rücken, leckte mir die Lippen und schmeckte das Salz. Ich hob den Kopf und tauchte mit dem Gesicht in die Brust eines Mannes. Da löste sich das Gesicht meiner Mutter auf. Vor dem gleißend blauen Himmel betrachtete ich das Gesicht dieses Mannes. Ich kannte ihn von der Universität. Meine große Liebe kannte ihn auch. Und dieser Mann wußte über unsere Geschichte Bescheid.

Er begann zu reden. Er habe beobachtet, sagte er, daß ich den ganzen Sommer schon ins Bad käme und ihm absichtlich aus dem Weg ginge. Er hatte ja keine Ahnung, daß ich ihn nicht einmal wahrgenommen habe. Während er sprach, betrachtete ich die Adern seines grünen Halses, betrachtete sein Kinn, die Lippen, Nase, Stirn und Augen. Die Wärme seines Armes ging auf mich über und belebte den Puls in meinem toten Körper. Er bat, mich mit seinem Auto nach Hause fahren zu dürfen. Beim Aufstehen merkte ich, daß ich wieder Halt in den Gelenken hatte und mein Brustkorb sich hob. Ich nahm Sonnenlicht und Hitze wahr. Ich war in der Lage, sein Gesicht von den vielen sonnenverbrannten Gesichtern um mich herum zu unterscheiden. Mir fiel auf, daß die Felsen graubraun waren und daß das Blau des Meeres intensiver war als das des Himmels. Am Horizont erblickte ich ein Schiff, das den Hafen ansteuerte.

Als er im Auto meine Hand ergriff, fühlte ich mich geborgen. Wie ein Kind, das sich aus Angst vor einem Hund zitternd und bleich unter die Schulter der rettenden Person gräbt, die den Hund verjagt, legte ich, ohne bisher auch nur ein Wort von mir gegeben zu haben, den Kopf an seine Schulter. Er schwieg.

Ohne das Flugzeug, so denke ich jetzt, wäre ich nicht mit in seine Wohnung gegangen. Mit einer Hand lenkte er das Auto auf der Straße am Meer, und mit der anderen strich er mir über das Haar. Meine Haare waren feucht und seine Finger warm. Ich genoß es. Ich hatte das Verlangen, an seiner Schulter einzuschlafen. Ich lächelte. Ich lächle ja wieder, dachte ich bei mir. Nun finde ich nach einem Jahr also zurück, zurück zu mir. Da schoß ein Flugzeug über uns hinweg durch die Luft, es hatte zur Landung angesetzt. Schnell wie ein Blitz war es verschwunden, hinterließ aber sein Motorengeheul über dem Meer und den Häusern. Ein Schmerz durchzuckte meine Gelenke. Ich war wieder in der Lage, Schmerzen zu empfinden. Er fragte, ob ich Zeit hätte, bei ihm noch etwas zu trinken. Ich sagte zu. Dies waren die ersten Worte, die ich bisher über die Lippen gebracht hatte. Nun hatte ich auch die Sprache wiedergefunden.

Aus den kleinen Seitenstraßen strömen unzählige Menschen, Männer, Frauen und Kinder und verteilen sich in alle Richtungen. Nun liegt der Laden hinter mir und die Querstraße mit unserem Haus vor mir. Noch ein paar Schritte, dann verschwindet meine Gestalt von der großen Straße. Wie lange ich schon durch Beirut irre, weiß ich nicht. Ich fühle mich nicht erschöpft. Ich bin voller Ekel.

Auf dem Sofa in seinem Zimmer, umgeben von farbigen Gläsern und transparenten violetten Vorhängen, begleitet von der heiseren Stimme einer schwarzen Sängerin und benommen von Algengeruch, Flugzeugabgasen, Schiffsdampf, amerikanischem Tabak und feuchtem Türlack schrie der Mann auf: »Ach!« Das Entsetzen auf seinem Gesicht werde ich nie vergessen: »Das habe ich nicht gewußt, du bist ja noch … du bist ja noch … bist ja noch …«, schrie er.

Wahrscheinlich stammelt er immer noch: »Du bist ja noch … du bist ja noch …«, wagt es nicht auszusprechen. Ich war noch Jungfrau. Hysterisch starrte er auf seine Hände und wusch sie. Ich empfand nur Ekel. Mir war, als lösten sich der Ort, mein Körper und die Welt völlig auf. Alles, alles verwandelte sich in einen kleinen roten Fleck.

Und nun, während ich mich der Querstraße und unserem Haus nähere, steigt langsam der Zorn in mir auf. Ich biege in die Straße ein, sehe das gelbe Haus, mein Blick bleibt am vierten Stock kleben, und der Zorn steigert sich. Alle Zimmer sind dunkel, nur in der Diele brennt ein kleines Licht. Die Vorstellung, daß sie im Sessel sitzend ein ganzes Jahr an der Tischdecke stickt und für uns träumt, läßt den Zorn endgültig zum Kochen bringen.

Ich gehe auf den Eingang zu, ein Eisentor gibt es nicht. Die Stufen sind nicht mehr zu erkennen. Ich knipse das Licht nicht an, denn ich kann die Treppen auch im Dunkeln hinaufsteigen. Der Zorn steigt mir von den Fuß- und Fingerspitzen in die Augen. Auf der ersten Stufe halte ich inne. Ich stelle mir ihr Gesicht vor. Es hat sich zu Kupfer verwandelt, die Züge sind im Laufe der Zeit verwischt. Es ist flach und von Grünspan überzogen. Die Augen sind zwei bodenlose Löcher, Höhlen, aus denen blutige Flüsse schießen, das Blut stürzt über ihre Brust, sickert in die weiße Tischdecke auf ihren Knien, ergießt sich über den Boden und verzweigt sich in alle Räume. Aus ihrem Mund ertönt ein Lamento, das jede Vogelmutter in den Freitod treiben und jeder Ameise das Gehör zerfetzen würde. »Neun Monate habe ich dich in mir getragen, ich habe dich von meinem eigenen Leib genährt und bei Morgengrauen zur Welt gebracht. Ein Sturm fegte über das ganze Land, das Meer toste. Es war so kalt, daß einem Hände und Füße erstarrten. Du wolltest nicht herauskommen. Ich preßte dich hinaus ins Licht, aber du drücktest dich nach innen ins Dunkle. Deinetwegen wäre mir das Herz fast stehengeblieben.«

Wieso? Wieso hat gerade sie mich in ihrem Bauch getragen? Wieso hat mich nicht ein Baum, Felsen oder Sandkorn ausgetragen? Wieso bin ich nicht blind auf die Welt gekommen? Nein. Nein, ich bin nicht in der Lage, die Treppen hinaufzusteigen, die Tür zu öffnen, die Diele zu betreten und ihr ins Gesicht zu schauen. Nein. Ich wünschte, sie wäre auf dem Balkon oder in der Küche. Ich wünschte, sie würde einen Moment, nur einen einzigen Moment aufhören, für uns zu träumen, dann könnte ich bei ihr, bei ihnen bleiben. Der Zorn hämmert mir im Kopf und auf den Füßen herum. Ich mache kehrt und laufe los. Laufe zur Straße. Laufe.

Aus dem Arabischen von Laila Chammaa

Ghada Samman

Kein Meer in Beirut

Gemeinsam gingen sie spazieren. Ihre zarte Hand lag in seiner großen. Ihr dicker Zopf raschelte auf ihrem Rücken. Die Straße, die vor ihr lag, war noch lang. Sie ergoß sich am Ende in einen rosigen Horizont. Straße und Horizont waren eins. Beide spürten sie, daß Straße und Horizont ihnen gehörten; überhaupt war die ganze Stadt in dem Moment entstanden, als sie sich trafen. Sie werden untergehen und von einem dunklen Graben verschluckt werden, wenn sie sich trennen.

Damaskus, ihre vertraute Stadt, ergab sich mit aufsehenerregender Leichtigkeit dem Sommer. Er färbte und schmückte sie, spielte mit der Kleidung schöner Frauen. Sie öffneten die Knöpfe über ihren Brüsten und krempelten die Ärmel hoch.

Die Liebe, dieser merkwürdige Vogel, der ein Nest in ihrer jungen Brust gebaut hatte, kam nicht zur Ruhe. Ständig schlug er mit den Flügeln, zwitscherte in einem fort und spielte verrückt. Er stieß mit seinem Schnabel und wollte alles in ihr fressen, so daß nur er allein überlebte und sie ein großes Nest nur für ihn wurde. Sie wehrte sich, rebellierte, sie wollte ihm nicht erlauben, sich in ihren Kopf einzuschleichen. Sie wollte etwas für sich bewahren, ihren Willen, ihren Verstand und das, was diesen kindlichen, offenen Verstand beschäftigte. Sie wollte diese wunderbare Welt nicht nur von einer Ecke aus betrachten, durch die Augen Aymans oder von der Ecke aus, die er für sie bestimmt hatte.

Seitdem sie die von Nonnen geführte Schule abgeschlossen hatte, wollte sie ihren Blickwinkel und ihre Ideen für sich behalten. Nein, sie würde dem gierigen Vogel nicht erlauben, sie zu beherrschen. Sie wollte nie nur eine einfache

Höhle werden, die das Echo des gefräßigen Vogels wiederholte.

Dieses Gefühl ließ sie alles vergessen, was sie sich vorgenommen hatte. Unvermittelt sagte sie:

»Ayman ...«

»Was ist los, mein Schatz?«

»Ich habe beschlossen auszureisen.«

»Wie bitte?«

»Ja, ich habe beschlossen auszureisen.«

»Wohin?«

»Nach Beirut.«

»Warum?« Dieses ›Warum‹ war voller Bitterkeit und Bestürzung.

»Ich werde meine Schwester und das Meer besuchen und mich an der Universität immatrikulieren.«

»An der Universität? Hör auf mit diesem Blödsinn! Laß uns heiraten.«

»Nein, ich möchte studieren und gerade in Beirut, damit ich möglichst weit von dir entfernt bin. Siehst du nicht, daß ich noch unfertig bin und nach mir selbst suche? Wie soll ich dich lieben, wenn ich mich in dir verliere und keine Persönlichkeit habe?«

»Diese verfluchten Bücher, die dich süchtig gemacht haben!«

»Es tut mir leid. Wir sollten uns jetzt nicht streiten, denn ich liebe dich.«

»Du kennst doch Beirut gar nicht. Es ist ...«

»Du hast doch auch in Beirut studiert! Ich möchte in der Atmosphäre leben, in der du gelebt hast. Dann kann ich dich besser verstehen.«

»Du wirst schockiert sein von dieser Atmosphäre, nachdem du zehn Jahre lang im Internat bei den Nonnen warst.«

»Warum machst du mir Angst vor dieser Welt? Soll unsere Heirat eine Flucht sein? Soll ich ewig vor dem fliehen,

75

wovor du Angst hast? Soll unser Haus eine neue Nonnen-
schule werden? Und dann behauptest du noch, daß du alles
für mich tust?«

»Dieser Zopf, den die Nonnen zehn Jahre lang geflochten
haben, paßt nicht mehr in unsere Welt und schon gar nicht
nach Beirut.«

Sie antwortete entschieden, ohne überlegen zu müssen:

»Dann werde ich ihn abschneiden.«

»Und der andere Zopf in dir?«

»Den werde ich auch abschneiden.«

»Und warum muß es ausgerechnet Beirut sein?«

»Weil es in Beirut das Meer gibt, ein altes Meer, das kein
großes Kloster ist und keine falsche Frau. Es ist ein Meer
voller Liebe, Erneuerung, Vielfalt und Licht. Das ist meine
große Welt, von der ich schon so viel gelesen habe, ohne sie
je erlebt zu haben. Das ist das verlorene Paradies, von dem
Rousseau und Dante gesprochen haben.«

»Hör auf mit diesem Geschwätz!«

Sie hörte ihn nicht. Es war, als ob sie träumte. Sie sprach
einfach weiter:

»Ein unendliches, blaues Meer, an dessen Ufern jeder
sein Glück finden kann. Seine weißen Vögel haben sanfte
Blicke wie nette Nachbarn. Die Generationen, die an seinem Strand aufwuchsen, sind glücklich, weil die Männer
dort aufgehört haben, ihre Frauen lebendig zu begraben. Es
gibt noch vieles, was ich nicht kenne, weil ich noch nicht in
die Welt hinausgegangen bin, aber ich spüre, daß es existiert.«

Er betrachtete sie mit einem zweifelnden Blick. Er erschien ihr wie ein böser, mißgünstiger Priester, dem die
Amulette furchterregende Prophezeiungen offenbarten. Er
sagte zornig:

»Das Meer, von dem du sprichst, ist schon lange tot.
Wenn das dein Meer ist, meine Kleine, dann solltest du wissen, daß es in Beirut kein Meer mehr gibt.«

»Was?«

»Kein Meer in Beirut.«

Was bedeutete das? Warum machte er es ihr so schwer? Er weckte ihren Trotz, den schon die Nonnen ihr nicht hatten austreiben können. Der Vogel wehrte sich. Er pickte an ihr und versuchte, sie zum Aufgeben zu bewegen. Aber sie blieb bei ihrem Entschluß.

Sie spürte ein wenig Haß auf Ayman. Er kam ihr vor wie ein Soldat, der sich vor der Schlacht gedrückt hatte und nun versuchte, jeden, der daran teilnehmen wollte, davon abzuhalten. Dann hatte sie ein schlechtes Gewissen ihm gegenüber und dachte:

»Das ist Ayman, der mir versprochen hat, treu und ehrlich zu bleiben. Ich sollte netter zu ihm sein.«

»Morgen fahre ich, Ayman. Was soll ich dir mitbringen?«

Er schwieg. Er kannte die Bedeutung dieses mutigen Glanzes in ihren Augen.

»Ayman, sag mir, was wünschst du dir? Eine Krawatte oder etwas anderes?«

Er unterbrach sie:

»Ich möchte etwas Meerwasser. Ich möchte nichts außer ein wenig Wasser aus dem Meer, das du so liebst, wenn du es denn findest.«

»Du solltest dir etwas anderes wünschen, etwas Schwierigeres, etwas Wertvolleres.«

Er antwortete, als ob er etwas Besonderes bestellen wollte:

»Ich möchte etwas Wasser aus dem Meer von Beirut. Das ist mein einziger Wunsch.«

»Etwas Meerwasser?«

Ihre Augen lächelten fröhlich. Ayman liebte es, mit ihr zu scherzen. Er kannte ihre Leidenschaft für schöne Kleidung. Er wußte, daß sie schon am ersten Tag das gesamte Geld ausgeben würde und dann keinen einzigen Pfennig mehr im Portemonnaie hätte, um für ihn ein Geschenk zu kaufen. Deshalb, so dachte sie, hatte er sich ein bißchen Meerwasser gewünscht. Was für ein billiges und lächerliches Geschenk!

Ihre Augen lächelten wieder fröhlich, als sie vor dem Zubettgehen ihren Koffer packte. Aber sie erinnerte sich an die Augen Aymans, als er sich etwas von ihr gewünscht hatte. Sie sahen aus wie die Augen eines gierigen Priesters.

»Egal. Auf jeden Fall werde ich seinen Wunsch erfüllen«, sagte sie sich.

Die teure Parfümflasche, die er ihr vor Monaten geschenkt hatte, sah noch aus wie neu, als ob sie noch unberührt wäre. Vielleicht hatte sich das Parfüm verflüchtigt, ohne daß sie die Flasche geöffnet hatte. Wie alle verliebten Mädchen verwahrte sie die Flasche. Diese teure Flasche würde sie mit Meerwasser füllen. Sie würde seinen Wunsch erfüllen, auch wenn ihr das merkwürdig vorkam.

Beirut …

Sie sah es von weitem, als der Wagen hinunterfuhr. Beirut war eine mythische Dämonin, die den Nebel über die Berge blies. Die Stadt entblößte sich, breitete sich verführerisch aus. Man hörte den Pulsschlag ihrer Straßen. Es war, als ob aus dem Asphalt, aus den unbekannten Gassen und den zerstreuten Häusern Glut, Wärme und Leben strömten. Warum zittere ich so? Warum bin ich vom Geruch des Lebens entzückt?

Der Wagen näherte sich Beirut. Ich habe Angst und Schuldgefühle und weiß nicht, warum. Was suche ich hier?

Das Meer tauchte von weitem auf, still, riesig wie ein junger Mann mit breiter Brust, der sie mit offenen Armen empfing. Bei dem Gedanken an die Lust auf Untreue wurde ihr Atem heftiger.

Ihr Nachbar im Auto begann, sie verstohlen anzusehen.

»Die ganze Zeit hat er mich keines Blickes gewürdigt. Wie hat er spüren können, daß ich durch den Anblick dieses

Panoramas eine Frau geworden bin? In mir spüre ich den Rausch einer Jungfrau, die einem unbekannten Geliebten als Verlobte zugeführt wird.«

Die Fäden der Sonne ergossen sich über Beirut.

»Ich bete alle Sonnen dieser Erde an. Ich glaube, daß jede Stadt ihre eigene Sonne hat. Und ich werde sie alle entdekken. Diese Ketten von unendlich lodernden Höhlen werde ich alle besuchen.«

Der kleine Vogel, der sich in ihrer Brust eingenistet hatte, pickte hastig.

Ihre Schwester hatte sich verändert. Aber wie? Und warum? Sie wußte es nicht. Vom ersten Moment an hatte sie das gespürt. Ihre Schwester hatte ihr vor wenigen Minuten einen Kuß gegeben. Aber es geschah halbherzig und widerwillig. Ständig biß sich ihre Schwester auf die Lippen.

Das Haus war wunderschön. Jede Wand war mit teuren Gemälden geschmückt.

»Was möchtest du von Beirut sehen?«

Sie hörte es nicht. Sie war auf der Suche nach den Augen ihrer Schwester, die von Kuhul umrandet waren.

»Was möchtest du von Beirut sehen? Warum bist du so abwesend?«

»Ich möchte das Meer sehen.«

»Gut, wir werden diese Nacht am Meer verbringen.«

Die Idee entzückte sie. Sie ging in das noble Gästezimmer und wusch sich das Gesicht. Der Schaum bedeckte es. Mit geschlossenen Augen stellte sie sich das Meer vor, es war ihr Lieblingsmeer. Sie sah die Gespenster der Schiffe, die im Laufe der Geschichte abgefahren und zurückgekehrt waren, voller Menschen, deren Gesichter Liebe, Erneuerung, Vielfalt, Reinheit, Tiefe und ewige Jugend zeigten. Die Klänge der Ruderschläge vermischten sich mit den Gesängen der Frauen, die mit aufgelöstem Haar in der Menschenmenge standen und sangen, glücklich, weil die alten barmherzigen Götter der Erde zurückgekehrt waren.

Sie wusch sich die Seife aus dem Gesicht. Das kalte Wasser erfrischte sie. Sie drückte das Gesicht zwischen zwei Felsen, um die Reinheit in der Tiefe und die durchsichtigen Fische zu betrachten.

Das Licht schimmerte. Der Glanz der Diamanten versuchte vergeblich, sich in den erloschenen Augen zu spiegeln. Nur mühsam konnte der schmale Körper ihrer Schwester die Last der schweren Halskette tragen.

Die Musikgruppe spielte unaufhörlich, und die laute Melodie zeigte sich in den müden Gesichtern der Musiker.

»Mußten sie sich so quälen, um uns zu unterhalten?«

Ein Kellner verbeugte sich vor ihr und servierte ihr die Hauptspeise.

»Ich schäme mich, wenn mich so viele Menschen bedienen.«

Der Ort war wie eine Jazzmelodie voller widersprüchlicher Klänge. Aber er bildete eine formale Einheit.

»Ich bin der traurige Mißklang, der nach dem Rhythmus sucht. Mein Zopf allein ist der Mißton.«

Plötzlich wurde es dunkel, und die Scheinwerfer fielen auf eine Sängerin, die ihre Haare offen trug. Sie sang von Liebeskummer und Erwartungen mit ängstlichen Seufzern, als ob sie Teil einer Prozession wäre, einer Prozession, die nach dem Meer suchte und schließlich entdeckte, daß es tot und ausgetrocknet und daß das weiße Segel nur eine Legende war.

»Ich bin die Verlorene, die nach dem alten Meer sucht.«

Ihre Schwester wandte sich ihr zu und flüsterte:

»Das ist der beste Ort in Beirut, wohin man nachts ausgeht. Bist du glücklich?«

Niedergeschlagen antwortete sie:

»Ja, ich bin sehr glücklich.«

Plötzlich fielen ihre Augen auf ein Gesicht. Es war ein leuchtendes Gesicht, das in der Dunkelheit schwamm, als hätte es keinen Körper. Dieses eindrucksvolle Gesicht kam in ihre Nähe und nahm am leeren benachbarten Tisch Platz. Ihre Schwester flüsterte:

»Das ist ein sonderbarer Schriftsteller. Er heißt Salman Azmi, ein großer Dichter. Manchmal taucht er in unserer Gesellschaft auf, dann verschwindet er für lange Zeit und achtet kaum auf Anstand und Formen. Aber wir alle lieben seine Gesellschaft. Ich habe ihn deinetwegen zu meinem nächsten Fest einladen.«

Verstohlen schaute sie zu ihm hinüber.

»Er ist wunderbar, so traurig wie ich, als hätte er den Tod des Meeres erlebt. Als er an die hochgelegene Küste zurückkehren wollte, entdeckte er, daß sein Meer verschwunden war. Und als er danach fragte, sagte ihm jemand: Das Meer ist tot. Es ist von einem Auto auf der Straße überfahren worden.

Ein anderer antwortete ihm: Das Meer ist leer. Wir haben sein Wasser in Whiskyflaschen gefüllt.

Irgendwer sagte: Das Meer ist geflohen. Eine Tänzerin aus dem Twist-Tempel verfolgte es. Sie wollte sich in seinen Schoß werfen. Aber es fürchtete, daß seine Farbe sich verändern könnte. Deshalb floh es.

Was wäre, wenn das Meer nach Damaskus geflohen wäre? Könnte es dort lange bleiben?«

Salman betrachtete für eine Weile ihren Zopf, bevor sich seine Blicke auf die Tänzerinnen richteten, die plötzlich auftraten.

»Was soll dieser ganze Pessimismus? Morgen oder übermorgen werde ich das Meer sehen. Meine Schwester versteht mich nicht. Sie wollte mir etwas Gutes tun, als sie mich hier in diesen Kasten am Meer brachte. Sie wußte nicht, daß ich das Meer auf meine Art erleben wollte. Ich möchte es berühren, fühlen, um mich davon zu überzeugen, daß es existiert. Sie weiß nicht, daß meine Phantasien einsetzten, als ich Schadenfreude und Spöttelei in den Augen Aymans sah und er mir sagte:

»Wenn das dein Meer ist, dann gibt es kein Meer in Beirut.«

Zehn Tage in Beirut!

Alles war wie ein einziger langer Tag gewesen, helle und dunkle Einzelheiten folgten aufeinander, und die Sonne baumelte am Horizont zwischen Himmel und Meer bedeutungslos hin und her.

Ihre Schwester war ständig in ihrer Nähe. Sie war gezwungen, dieses schreckliche Verwöhntwerden von der Schwester zu ertragen. Sie fühlte sich fremd, als ob sie beide zu einem luxuriösen Gastmahl eingeladen wären. Aber die Speisen waren künstlich, ohne Geschmack und Geruch. Alle aßen und rochen an den künstlichen Blumen und bewunderten ihren Duft.

Etwas an ihr kam ihr seltsam vor. Sie war sich selbst fremd, und ihr Gesicht verlor Tag für Tag an Form. Alles erschien ihr falsch und unecht. Sie sah das Meer mehrmals. Sie sah es von weitem, von den Terrassen der Restaurants aus, die sie besuchten. Es war immer demütig und litt unter den Stichen der Augustsonne. Sie sah darin weder einen Fisch, der heraussprang, noch eine rauschende Welle. Sie hörte weder das Geräusch eines Ruderboots noch irgendwelche Lieder.

Sie zweifelte sogar daran, ob dieses Meer echt sei. Sie bildete sich ein, daß es ein graues Gemälde wäre, das am Horizont befestigt worden war. Sie stellte sich vor, über das Meer laufen zu können, über dieses Meer vor Beirut. Es war die Verlängerung der asphaltierten Straße. Sie hatten es nur blau gefärbt. Das war alles.

Ihre Schwester erschuf für sie eine Stadt ohne Meer. Ihre Schwester versuchte, sie daran zu gewöhnen. Warum reiste sie nicht ab?

»Ich werde nicht fliehen. Mit dem Instinkt wilder Pferde werde ich vom Geruch des Wassers angezogen. Irgendwo muß das Meer sein.«

Es war ihr letzter Tag.

Seit Tagen versprach sie sich selbst: Sie würde in Beirut bleiben, als ob in den Steinen und Straßen dieser Stadt eine Zauberkraft lag wie die der Medusa, eine Kraft, die an einer Säule mitten in der Stadt befestigt war. Ihre Augen waren auf das Meer gerichtet, bewegungslos und unfähig zu weinen. Irgendwo zwinkerte der Leuchtturm spöttisch mit den Augen, als wüßte er bereits alles.

»Warum reise ich nicht ab?«

Sie wußte es nicht.

Sie wollte das Abenteuer beginnen, zum Meer gehen und sich beweisen, daß es mehr war als die Verlängerung einer asphaltierten Straße. Sie wollte nicht zurückkehren, ohne die Flasche mit Meerwasser gefüllt zu haben, sonst würde sich Ayman über sie lustig machen:

»Habe ich dir nicht gesagt, daß es in Beirut kein Meer gibt?«

Aber sie war nicht unglücklich. Sie fühlte sich eigentlich wohl. Sie spürte, daß Beirut eine besondere Kraft ausstrahlte, die den Menschen entblößte und seine Wahrheit offenbarte. Wenn das Meer tatsächlich gestorben war, hätte es eigentlich eine ganze traurige und aufbegehrende Generation geben müssen, die dafür kämpfte, daß das Meer wieder auferstand.

Beirut! Eine Stadt mit vielen bunten Farben. Sie machte uns nichts vor, denn ihre Farben waren zur Haut der Welt geworden.

Sie wird den fremden Dichter Salman nach dem Meer befragen. Warum ausgerechnet Salman? Weil sein leuchtendes Gesicht, als sie ihn sah, ihr in der Dunkelheit wie ein Prophetengesicht erschien, weil er so traurig aussah, als hätte er allein den Tod des Meeres erlebt.

»Wieder eine Nacht, und ich bin noch immer hier. Die Stadt saugt mich an sich wie ein Oktopus. Die traurigen, engen Straßen setzten sich in meinem Innern fest wie hungrige Hände. Ich dringe in ihr Inneres ein wie in glühende Lava. Ich vermische mich mit Schreien, schimmernden Lichtern und verwelkten Wangen. Ich bin ein unbekannter warmer Pflanzensaft, der überallhin fließt und pocht. Ich bin die Bewohnerin einer Stadt aus Pappe und Trommeln. Ich bin ein geronnener Tropfen Blut im Herzen Beiruts, das viele Qualen ausgehalten hat. Das Leben meiner Schwester ist zu meinem geworden. Sie ist damit zufrieden, aber ich muß zufrieden sein, nur weil ich hierbleiben will. Ich höre andere verborgene Stimmen in Beirut, Stimmen von unterirdischen Flüssen, die unter Beirut und seinen Bewohnern fließen. Es gibt noch ein anderes Beirut mit eigenen Bewohnern. Ich höre das Rauschen von tiefen Flüssen, reich an Wasser wie die alten Meere. Nur für dieses Beirut werde ich bleiben, so verwirrt und zerrissen. Für Beirut bleibe ich hier wie ein freiwilliges Opfer. Ich beobachte alles immer noch von weitem, obwohl es mich anzieht. Diese Welt ist wertlos. Ich gehöre nur zu ihr, weil ich schwach bin. Aber es gibt noch etwas anderes. Ich bin dieser Welt noch nicht verfallen. Ich möchte die Wahrheit kennenlernen.«

Als sie sich so im Spiegel betrachtete, mußte sie lange nach ihren Augen suchen. Sie fand sie versunken in zwei Gruben aus *Kuhul*. Sie gewöhnte sich an dieses häßliche Meer. Wenn es doch nur einmal aufbrauste, seine Wellen steigen ließe und sie bis hierher schleuderte. Es sollte ihr Gesicht erreichen. Sie wünschte sich, das Meerwasser mit der Hand zu berühren, sein klares Wasser zu spüren.

Dann löste sich der Fluch der Medusa, und ihre Versteinerung schmolz dahin. Sie verwandelte sich wieder in die, die sie war:

»Heute gibt es auch eine Party. Dieser Zopf auf meinem Rücken ist schwer wie eine große Last, als ob ich meine gesamte Kindheit darin trüge. Die Frauen betrachten ihn mit Mißbehagen. Ich gehe die Straße entlang, auf der Suche nach einem Schlächter. Seine Finger halten eine scharfe

Schere. Ich will meinen Zopf abschneiden, weil ich das Meer nicht finde. Die Welt, für die ich lebte, ist seit langer Zeit tot. Und die Stadt, in der ich mich bewege, die Stadt meiner Schwester, ist mir immer noch fremd. Ich ertaste sie hinter ihren beängstigenden gläsernen Mauern. Ich laufe um sie herum.

Heute nacht ist meine Hochzeit mit Beirut, der Stadt meiner Schwester und Aymans. Ich werde ihrer Dummheit mutig begegnen. Ich muß zu irgend etwas gehören, egal wozu.«

Sie las das große Schild, drückte die Tür auf und ging hinein. Der Friseur musterte sie arrogant:

»Schämt sie sich nicht, die Straße entlangzugehen mit so einem Zopf?« dachte er.

Sie setzte sich auf den Stuhl wie ein Schaf. Sie tastete zärtlich nach ihrem Zopf, als ob er die Leiche ihres ersten Kindes sei.

»Ich werde nicht vor der Wahrheit weglaufen. Ich mache es freiwillig. Ich will alles sehen und wissen. Beirut ist Damaskus, ist Paris, ist London, ist wie wir selbst. Es gibt keinen Ausweg.«

Die Hände des Schlächters drängten in die schwarze Nacht, zerrissen sie. Mit jeder Bewegung fielen ihre Haare auf den Boden. Er lief um sie herum und trat auf den Haarhaufen.

Die Zeit verging, und langsam starb der Vogel in ihr. Er halluzinierte. Seine Federn flogen aus ihrem Mund und ihren Augen und vermischten sich mit ihren Haaren auf dem Boden.

Der Friseur lachte und rief:

»Sie haben ausgesehen wie die Frauen des 19. Jahrhunderts. Schauen Sie, wie schön Sie jetzt geworden sind!«

Die Limousine ihrer Schwester wartete auf sie vor der Tür, als sie heraustrat. Sie warf sich auf den Sitz, und zum ersten Mal spürte sie, daß das Auto zu ihr paßte. Die Sitzlehnen waren bequem und umschmeichelten sie.

Sie empfand das Gefühl einer schmerzlichen Erleichterung, wie die Erleichterung einer Frau nach der Entbindung. Doch es war der Schmerz einer Frau, die gerade ein totes Kind geboren hatte.

Sie würde sich mehr am Beirut ihrer Schwester orientieren, mit seinem Rausch und seinem Sumpf. Sie würde hierbleiben, bis sie in Beirut das Meer gefunden hat.

Beirut muß ein zweites Gesicht haben. Sie fühlte, daß es so sein mußte. Sie würde sich irgendwie zu diesem sauberen Fluß schleichen, dessen Brausen sie unter der Erde und unter dem Sumpf hörte.

Niemals würde sie gescheitert zu Ayman zurückkehren. Sie würde Ayman zeigen, daß Beirut ein Meer hat, daß jeder Mensch ein Meer hat. Auch die Frau hat das Recht, ihr eigenes Meer zu finden, damit sie sich wiederfindet.

Mit ihrer neuen Frisur und in einem engen Kleid lief sie neben ihrer Schwester her, als ob sie nicht zehn Jahre in einem Internat, das einem Kloster glich, verbracht hätte.

Sie betraten eine große Disko. Sie fürchtete sich vor dieser Welt, in der sie mit ihrer Schwester lebte.

»Tage vergehen, nichts Neues. Ich bin enttäuscht und gescheitert. Ich weiß nicht, wo ich anfangen soll. Ich weiß nicht, wie ich zurückkehren soll. Ich habe meinen Zopf abgeschnitten. Das war mein Passierschein für die Stadt, die Fata Morgana. Ich sagte mir, ich werde im Sand, wo die Fata Morgana ist, bohren, vielleicht finde ich das Wasser, aber ich habe mehr verloren. Ich betäube mich, bevor ich etwas finde. Ich beginne, Angst zu haben vor mir selbst. Die Einbildung kitzelt an meinem Hals. Schwarze Skorpione kriechen zu dem Vogel in meiner Brust und belagern ihn. Irgendwie gehöre ich zu dieser elenden Welt. Diese falsche Freude, dieser verbotene Brunnen ist der Boden der Fremde. Diese Frau in der Ecke heult und behauptet, daß sie singt. Diese Tänzerinnen zittern und verkörpern mit ihrer Angst die Geschichte der Sexualität, der Einsamkeit, der Unruhe. Ich kann nicht fliehen, denn meine Küste ist seit langer Zeit gestorben. Mein Anliegen ist es, in der Stadt der Fata Morgana wie ihre Bewohner zu leben. Ich wünschte, ich könnte den Dingen so begegnen, ohne meine Eigenart zu verlieren.«

»Darf ich Sie um einen Tanz bitten?«

»Ja, gerne.«

Sie stand auf und ließ sich von den Armen des Fremden führen. Warum sollte sie nicht tanzen?

»Die Welt hat sich geändert. Wir sind es, die zu einem Jahrhundert gehören, das schon tot ist. Wir sind die, die veraltete Werte in uns tragen. Wir sollten die Lanze von Don Quichotte ablegen. Wir sollen lernen, freundlich zu sein, zu lügen, zu hassen und mit einem fremden Mann zu tanzen, und gleichzeitig träumen wir, daß wir in den Armen eines anderen Mannes liegen.«

Plötzlich veränderte sich das Lied. Die freche Twistmelodie spiegelte sich in ihren Augen wie die Lichter. Sie tanzte wie eine Wahnsinnige, Tränen traten ihr in die Augen.

»Das asphaltierte neue Meer braucht neue Menschen, die sich mit seinen Felsen aus verschiedenen Etagen und elektrischen Aufzügen arrangieren. Sein Asphaltsand dringt in ihre Körper wie Lanzen. Über den Sand rollen riesige Wagen, gefüllt mit Menschen, Schweiß und Langeweile.«

Ein junger Mann in Badehose ging über die Terrasse, auf der getanzt wurde, er lehnte an der Wand und beobachtete die Tänzer. An seinem sportlichen Körper hingen noch Wassertropfen.

»Wahrscheinlich gehört er zu den Nachtschwimmern.«

Die Tropfen auf seinem Körper machten sie neugierig. War das wirklich Wasser? Sie hatte den Wunsch, ihm nachzulaufen, um das Wasser auf seinem Körper zu fühlen und ihr Gesicht in seine Muskeln zu graben.

Der junge Mann verschwand, bevor sie etwas unternehmen konnte. Sie kehrte zum Twist zurück, und der Sänger schrie: Twist, Twist! Und alle waren davon begeistert.

Ein neuer Abend.

Die Melodie drang aus dem großen Empfangssaal in ihr Zimmer.

Gerade hatte sie ihr Kleid angezogen. Ihre Schwester betrat das Zimmer:

»Beeil dich! Die Gäste sind schon da. Alle wollen dich gerne sehen.«

»Ich komme gleich.«

»Beeil dich! Salman Azmi hat gerade nach dir gefragt. Er fragte: Wo ist die mit den Zöpfen?«

»Salman Azmi?«

»Ja, kannst du dich noch an ihn erinnern? Er ist der Dichter, der ...!«

»Ja, richtig, jetzt erinnere ich mich. Danke.«

Sie hatte sein leuchtendes Gesicht vergessen, das wie ein Prophetengesicht in der Dunkelheit schwamm. Ihre Schwester ging hinaus. In ihrer Tasche suchte sie nach den Ohrringen. Dabei stieß ihre Hand auf die leere Parfümflasche, die sie mitgebracht hatte, um sie mit Meerwasser zu füllen. Sie vermied es, sie anzuschauen. Sie hatte Angst vor ihr. Sie würde nicht nach Damaskus zurückkehren, solange diese Flasche leer blieb. Sie wird sie mit Meerwasser füllen, aber mit ihrem Meer und nicht mit dem Meer ihrer Schwester. Aber ihr Meer war bereits tot, das hieß, sie würde nicht zurückkehren. Sie würde die Niederlage besiegen, indem sie das Meer ihrer Schwester lieben würde.

Sie ging hinunter in den Empfangssaal. Alle Blicke richteten sich auf sie. Salman ging auf sie zu. Sie stand inmitten von jungen Männern. Auch sie war auf der Suche nach ihm gewesen. Sie wollte etwas sagen.

Das leuchtende Gesicht schwamm in der roten Dunkelheit wie ein Prophetengesicht. Sie ging auf ihn zu. Sie näherte sich ihm. Er erschien ihr wie ein Gott. Zärtlich schaute sie ihn an. Wie sollte sie die Bekanntschaft jetzt beginnen? Sie begegneten sich wie Fremde, wie alle anderen

Menschen. Er flüsterte ihr etwas zu, als wären sie alte Freunde:

»Wo ist dein Zopf?«

In seinen Augen gab es etwas Eigenwilliges, Beruhigendes, etwas, das einen starken Eindruck hinterließ. In seinem Lächeln gab es so etwas wie eine heimliche Tätowierung. Sie wußte nicht, warum sie ihm einfach antwortete. Sie hatte Vertrauen zu ihm, als ob sie ihn schon lange kennen würde. Er zog sie an wie die Helden ihrer Lieblingsromane.

»Mein Zopf? Interessiert er dich wirklich? Möchtest du es wissen?«

»Ja. Warum hast du ihn abgeschnitten?«

»Weil das Meer gestorben ist.«

Der einfache Raum war voll von menschlichen Gerüchen, Trauer, Schweiß, Müdigkeit, Krankheit und Elan. Sie warf sich erschöpft auf ihren Platz. Salman setzte sich neben sie.

»Es war eine wunderbare Runde. Ich habe das andere Gesicht von Beirut gefunden, den Weg zum Meer ...«

Die laute Musik fraß den Rest ihrer Worte. Ein großer junger Mann mit einem sympathischen Bart betrat den Raum. An seiner Seite eine braune, schöne Frau.

»Das ist ein bekannter Schriftsteller. Und das ist seine Freundin. Sie schreibt Erzählungen. Sie leben auf der Suche nach einem Ziel. Eine tiefe Trauer verfolgt sie. Sie sind traurig, weil sie das Meer nicht kennen. Sie kennen aber auch den Grund ihrer Trauer nicht.«

»Du weißt wenigstens, daß ich in wenigen Wochen innerlich so sehr gebrannt habe wie sie in Jahren.«

Ihre Augen verfolgten, wie er eine Kent-Zigarette aus der Schachtel nahm. Er entfernte den Filter und steckte sie in seinen Mund.

»Ich hasse die Hindernisse, die mich von den Dingen trennen. Ich möchte sie so, wie sie sind.«

»Warum kaufst du Kent-Zigaretten?«

»Wegen der anderen und wegen der Freunde.«

»Sind sie dir immer noch wichtig?«

»Ja, alle. Ich hasse die, die sich zurückziehen und ihre Intellektualität als Vorwand benützen, sich von ihrer Herkunft zu trennen, und das, obwohl sie mit den anderen leben. Sie bekommen von ihnen Bewunderung, Wichtigkeit und Haß. Ich hänge zwischen mir und den anderen. Manchmal flüchte ich, aber dann kehre ich wieder zu den anderen zurück, um zu lieben.«

Er nahm ein Glas und leerte es.

»Betrinkst du dich manchmal, um zu vergessen?«

»Nein, ich gehöre zu einer Generation, deren Gewissen durch Drogen nicht mehr betäubt werden kann. Das Geschwätz ist stärker als alle anderen Drogen. Wir befinden uns auf einem Scheideweg. Tausende von Kräften ziehen uns in tausend verschiedene Richtungen: was wir lesen, woran wir uns gewöhnen, was wir denken, was wir normalerweise tun, die anderen, wir, die große Welt und das Meer, das nicht sterben sollte.«

»Aber es ist schon tot.«

»Nein, es ist nicht tot, du mußt es nur suchen und die Flasche für deinen Freund Ayman füllen. Versuche mit ihm, die stille Wolke zu beleben.«

»Er glaubte, ich hätte nur das Recht, das zu sehen, was er zu sehen bestimmt. Ich bleibe bei dir.«

Seine warmen, intensiven Blicke zeigten Mitleid mit ihrer Verwirrung. Sie gaben ihr Geborgenheit in diesen Nächten. Er zog sie mit der Hand zum Tanz.

Sie legte den Kopf an seine breite Brust und atmete den Geruch des Feuers, des Rausches und der Trauer.

»Ah, wie schön sind die Männer in den Vierzigern.«

Sie gingen Hand in Hand. Auf ihrem Rücken kein Zopf mehr, der hin und her baumelte, in ihrer Brust kein ungeduldiger Vogel mehr, der ständig anklopfte. Die engen Gassen waren ohne Horizont.

»Salman ...«

»Ja, meine Geliebte.«

»Ich habe beschlossen zu fahren.«

»Wie bitte?«

»Zu fahren.«

»Wohin?«

»Nach Damaskus.«

»Warum?«

Dieses Wort ›warum‹ war voller Bitterkeit und Verblüffung.

»Ich werde Ayman erzählen, was hier passiert ist. Ich werde ihm die Wahrheit sagen. Ich werde ihm erzählen, daß ich das Meer mit dir gefunden habe.«

»Das ist nicht richtig. Du hast das Meer noch nicht gefunden.«

»Ich werde es finden. Das hoffe ich wenigstens.«

»Wenn du es findest, sag Ayman, daß du an seiner Wiederbelebung mitwirken wirst, du wirst ihm eine neue Welle geben.«

»Er wird mich verspotten. Er glaubt, ich bin nur fähig, Essensdüfte in der Küche zu erzeugen.«

»Sag ihm, er hat unrecht. Es ist ihm nicht gelungen, die fruchtbaren Samen zu töten. Sag ihm, daß der Samen sprießt, auch wenn er begraben wird.«

»Ich werde ihm sagen, daß ich nicht in der Lage bin, meinem menschlichen Wesen zu entfliehen, daß ich beschlossen habe, mich der Gruppe der Verbannten anzuschließen.«

»Das ist gut so.«

Auf ihrem Gesicht erschien eine traurige Wolke. Sie fühlte, daß die Federn des Vogels, der in ihrer Brust wohnte, zusammen mit den Worten aus ihrem Mund und aus ihren Augen hervorquollen.

»Mein Vorhaben ist schwer. Ich habe geschworen, mein Versprechen zu erfüllen.«

»Du hast geschworen, deine Augen zu mumifizieren. Du siehst durch sie nur, was sich in deinen Augen spiegelt. Diese

Beziehung verkörpert nur die Pubertierende in eurer orientalischen Art.«

»Aber er hat mehrere Jahre an einer amerikanischen Universität studiert.«

»Ja, er war einer meiner Studenten. Ich kenne ihn gut. Er tanzte mit den Schwestern seiner Freunde, erlaubte ihnen aber nicht, mit seiner Schwester zu tanzen. Er glaubt nicht an das, was er tut. Er flüchtet, um sich nicht mit einer Sache auseinandersetzen zu müssen.«

»Das naive Mädchen mit dem Zopf hat ihn geliebt.«

»Und du?«

»Ich klebe an dir. Meine Wurzeln umarmen deine Wurzeln, die sie ans Wasser bringen, zum Fluß der Reinheit, der unter der Erde entlangströmt, unter Straßen voller Gedränge, unter Schlamm.«

»Das mußt du erst mal beweisen.«

»Dir beweisen?«

»Zuerst dir und dann ihm.«

»Wie denn?«

»Du mußt ihm etwas von dem Meerwasser bringen. Aber Wasser aus deinem Meer. Du mußt in deinen Augen Entschlossenheit und in deinem Gesicht festen Willen, Tiefe und Vorsicht zeigen. Es genügt nicht, wenn die Flasche mit Salzwasser gefüllt ist.«

»Was meinst du damit?«

»Er wollte durch eure Heirat erreichen, daß du dich von bestimmten Dingen abwendest, vor denen er Angst hat.«

»Aber ich habe wirklich Angst. Ich habe Angst, daß ich das Meer nicht finde. Ich schwöre, daß ich mittlerweile daran glaube, daß das Meer nichts anderes ist als die Verlängerung der asphaltierten Straßen. Auch wenn es dort Wasser gibt, ist es nichts anderes als Salzwasser, das nach verdorbenen Fischen riecht, an denen Algen kleben. Auf der Oberfläche schwimmt wurmzerfressenes Holz von zerstörten Booten.«

»Ich möchte dir Mut machen. Wenn du etwas begreifst, aber nicht in der Lage bist, es durchzusetzen, bleibst du unglücklich.«

»Laß uns zusammen fortgehen.«

»Du sollst nicht flüchten. Das Problem sind nicht du, ich und das Salzwasser. Es liegt bei dir und der Welt. Er wollte dich wie sich selbst scheitern lassen, ohne Meer. Du mußt dich jetzt selbst erkennen.«

»Ich werde allein gehen.«

»Ja, du mußt an dich selbst glauben. Du stehst dir selbst am nächsten. Selbst die Liebe ist unfähig, dir eine Flasche mit Salzwasser zu schenken.«

»Jetzt beginne ich zu suchen. Was geschieht, wenn ich das Meer nicht finde? Was, wenn ich eine Flasche mit Meerwasser fülle und trotzdem das Gefühl habe, das Wasser in Wirklichkeit nicht gefunden zu haben? Soll ich zu Ayman zurückkehren und zu einer fensterlosen Muschel, in der wir unser Scheitern anbeten? Oder habe ich mich aus meiner alten Existenz gelöst, und das war alles? Ich habe nur die Möglichkeit, zwischen zwei Mauern, zwei Städten zu hängen, einer veralteten Stadt, die mich abstieß, und einer Stadt mit zwei Mauern, deren eine eine Fata Morgana und deren zweite ein Wald aus Händen ist.«

Ein Sammeltaxi der Linie Ras Beirut blieb stehen. Sie stieg ein. Zum ersten Mal fuhr sie nicht mit der Luxuslimousine ihrer Schwester. Diese schwer atmenden Straßen mochte sie. Sie mochte jeden Stein und jeden Abdruck an der Wand.

»Endstation.«

Die Stimme des Fahrers weckte sie. Sie stieg aus. Das Meer. Sie lief den Kai entlang und sah sich das Meer von oben an. Zum ersten Mal seit ihrer Ankunft sah sie das Meer so nah vor sich liegen. Es war stark und beeindruckend, erhaben wie ein alter Mensch. Aus ihrer Handtasche nahm sie die leere Parfümflasche.

»Ich werde die Flasche sofort füllen. Dann ist es erledigt. Ich bin nur am Anfang schockiert. Ich habe die Vorstellung, daß das Meer hier ein Gemälde ist, das die Experten auf perfekte Weise an den Horizont genagelt haben. Wie soll ich die Flasche füllen? Der Kai ist so hoch, und ich sehe lächerlich aus, wenn ich die Mauer hinunterklettere und über die Felsen steige, um das Meer zu erreichen und ihm heimlich eine Handvoll Wasser zu entnehmen. Ich bin hier nicht frei. Jedes Auge hindert mich hier daran, einfach spontan zum Meer zu laufen. Die Passanten werden denken, ich sei verrückt. Noch immer habe ich Angst vor ihnen. Ich messe dem, was sie über mich denken, noch immer zu viel Bedeutung bei. Am besten sollte ich einen anderen Platz suchen. Ich werde noch ein wenig weitergehen. Vielleicht finde ich einen Ausweg.«

Sie lief weiter, stützte sich mit der Hand an der Mauer ab. Ihre Blicke waren auf das Meer gerichtet.

»Kein Zweifel, daß Ayman mich herausgefordert hat, ohne zu begreifen, was er sagte. Oder wußte er es?«

Sie lief und lief und fand keinen Zugang zum Meer. Sie würde keinen Tropfen Meerwasser bekommen, ohne sich vor der Stadt oder den Passanten lächerlich zu machen.

»Wenn ich immer noch Angst vor den anderen habe, obwohl es keinen Grund dafür gibt, werde ich keine Flasche mit Meerwasser bekommen.«

Sie wischte sich den Schweiß von der Stirn und von den Augen.

»Warum mauern sie das Meer so zu?«

Es war viel Zeit vergangen, seit sie die hohe Promenade entlanggelaufen war, viel Zeit, und sie ging auf und ab. Sie war müde. Sie fühlte sich schwach. Die großen Gebäude standen ihr gegenüber und schrien ihr mit weit geöffneten Mündern zu:

»Das Meer gehört uns, du Diebin!«

»Aber ich möchte nur meinen Anteil vom Meer haben. Es

gibt eine Macht, die unsere Freiheit bekämpft. Die anderen werden mir keine Flasche mit Meerwasser schenken. Ich werde nicht aufgeben.«

Badestrand für das Militär. Sie näherte sich den Soldaten, die vor dem Eingang standen.

»Warum gehe ich nicht hinein und löse so das Problem mit der Mauer?«

Der Soldat stellte sich ihr in den Weg:

»Ihre Eintrittskarte?«

»Lassen Sie mich hinein.«

»Wo ist Ihre Eintrittskarte?«

»Warum?«

»Ohne Eintrittskarte darf man nicht hinein.«

»Warum? Kein Mensch darf hinein?«

»Doch, aber nur mit Abonnement oder Einzelkarte.«

»Aber ich will doch nur diese Flasche mit Meerwasser füllen.«

Der Soldat glaubte ihr nicht. Ihre naive Lüge irritierte ihn.

»Das ist verboten.«

»Ich werde dafür zahlen.«

»Verboten!«

Sie gab auf und ging weiter. Der Soldat wandte sich von ihr ab und murmelte:

»Die Mädchen von heute sind alle verrückt.«

Er nahm sein Gewehr und lief auf und ab, um das Meer zu schützen.

Das Meer gehörte denjenigen, die eine Eintrittskarte besaßen. Wie konnte ein Mädchen ohne Karte eine Flasche mit Meerwasser bekommen?

»Warum mauern sie das Meer in Beirut so zu? Mein Meer, das ich suche, kann keine Mauer haben. Es ist grenzenlos. Ich möchte nicht nur eine Flasche mit Salzwasser füllen und zu Ayman bringen. Das Meer meiner Schwester ist überall. Etwas Wasser, ein Löffel Salz. Ich möchte die Flasche mit meinem Meer füllen. Mit dem Meer Salmans.

Aus dem Meer der Verbannten, das blau gefärbt ist vor Trauer, das im Zorn aufbraust und Stoff für Legenden hergibt. Warum hat der Soldat mir nicht erlaubt hineinzugehen? Haben sie das Meer in einzelne Besitztümer aufgeteilt? Haben sie ihre Flaggen in die Leiche des Meeres gesteckt, es zerteilt und umzäunt? Etwas Meerwasser! Aber wie? Es ist leichter, einen Laden zu betreten wie die anständigen Mädchen, um eine Krawatte, einen Füller oder ein goldenes Zigarettenetui zu kaufen, als eine Flasche mit echtem Meerwasser zu füllen, wie es einem Mädchen ansteht, das ein Meer in sich fühlt.«

Das Riviera-Hotel erhob sich hinter ihr. Es sah zu, wie sie müde auf der Promenade stand. Das Meer unten leckte die Füße der Felsen demütig ab. Es schlug hart dagegen. Die schwarze Mauer war heiß und verbrannte ihre Hände, als sie sich dagegen lehnte.

Junge Männer in Badehosen versuchten, ihren Körper im Wasser zu kühlen. Warum rief sie nicht einen von ihnen und fragte, ob er die Flasche für sie füllen könnte?

Sie rief, winkte mit der Hand und merkte nicht, daß ein Passant sie verblüfft beobachtete.

»Junger Mann, junger Mann, ja Sie!«

Die Männer schauten zu ihr herüber. Sie winkte immer noch wie eine Gefangene auf einer Insel. Ein Mann kletterte die Felsen hoch und kam auf sie zu. Sie dachte: Das ist die Lösung. Sie spürte, daß sie sich selbst betrog.

Vor ihr stand ein junger starker Mann in Badehose, braungebrannt. Sein Gesicht glühte von der Sonne. Er fragte sie verwundert:

»Ja?«

»Ich habe eine Bitte.«

Begeistert schaute er in ihr schönes Gesicht und sagte:

»Sie können mich um alles bitten.«

»Ich möchte etwas Meerwasser.«

»Sonst nichts, Süße?«

Sie versuchte, das Wort ›Süße‹ zu überhören.

»Ich bitte Sie, diese Flasche mit Meerwasser für mich zu füllen.«

Eine junge Frau flirtet mit einem Mann in Badehose. Warum nicht? Er wird diesen Flirt mitmachen.

»Ich werde sie mit meinen Tränen, mit meinem Blut füllen.«

»Ich bitte Sie, sich zu beeilen!«

»Warten Sie. Ich werde mich anziehen und gleich zu Ihnen kommen.«

Er lief schnell, um sich umzuziehen. Er erinnerte sich, daß er nur eine Lira in der Tasche hatte. Aber er dachte, daß er die Sache schon irgendwie regeln würde.

»Ihre Art zu flirten ist neu, und ihr Gesicht ist schön und unschuldig. Sie ist bestimmt eine Anfängerin.«

Er rannte, und die Flasche in ihrer Hand war leer geblieben. Eine salzige Stimme, wie Tränen in ihrer Brust, flüsterte:

»Die anderen können dir kein Meer schenken. Niemand kann dir das Meer schenken.«

Der junge Mann kam nach einigen Minuten zurück, doch sie war verschwunden.

Zweifellos war sie lange gelaufen, ohne es zu bemerken. Ihre Füße waren müde. Doch die Bucht war wunderbar. Ihr Kopf war schwer. Sie konnte ihn nicht länger aufrecht halten. Die Sonne war die wilde Rose des Meeres. Sie öffnete sich jede Nacht in seinem Schoß und erweckte in sich Neid und Eifersucht. Diese glückliche Sonne, die in den Tiefen des Meeres versank, sie allein kannte die Wahrheit. Sie verbrannte jeden, der sich ihr näherte, und jeden, der versuchte, das Geheimnis ihrer Geliebten, des Meeres, zu lösen. Den ganzen Tag versuchte die Sonne, ihren Kopf zu verbrennen, um sich vom Meer zu entfernen. Jetzt wanderte die Sonne in seine Tiefen, wo sie in Höhlen mit bunten, seltsamen Farben Zuflucht fand, um sich auszuruhen. Sie wollte nicht aufge-

97

ben. Sie suchte weiter, bis sie den Kern des Meeres ergründet hätte, das von einer Fee, der Sonne, geschützt wurde.

Sie wußte nicht, wie lange sie hier schon gesessen hatte. Alles, was sie wußte, als sie ihre Augen öffnete, war, daß die Sonne untergegangen war. Der Himmel war noch nicht ganz dunkel. Der Mond schlich sich von seinem Platz und kaute mit dem Wind an der Dunkelheit. Im Brausen der Wellen erschien eine Laterne mit starkem Licht, die sich dem Strand näherte. Ein Boot schaukelte, und ein Mann saß darin. Die Laterne baumelte, als er aus dem Boot stieg. Sie sah ihn von weitem, wie er langsam und müde auf sie zukam. Sie stand auf und lief ihm entgegen. Sie stolperte. Sie war erschöpft.

Sie stand vor ihm, schaute ihn an, roch ihn. Es war ein alter, fremder Mann. Sein Bart schien aus Meeresalgen zu bestehen. Auf seinen Augenlidern lagen Salz und Kälte:

»Was wollen Sie?«

Seine Stimme stockte wie die Stimme von Ebbe und Flut. Sie wollte weinen vor diesem alten Mann, der so alt war wie eine Höhle, die seit Jahrhunderten im Meer verborgen gelegen hatte.

Zweifellos hatte er sie verstanden ohne Erklärung, ohne daß sie ihm erklärte, was es für sie bedeutete, eine Flasche mit Meerwasser zu füllen.

»Ich möchte etwas vom Meerwasser. Ich bitte Sie, für mich diese Flasche zu füllen.«

Er nahm die Flasche. Sie erschien ihr wie alte Fingerknochen oder wie die Gräten eines uralten Fisches, der auf einem verlassenen Ufer lag.

Er war nicht überrascht. Er nahm die Flasche einfach an, wohlwollend, und ging zum Wasser. Bald darauf brachte er sie gefüllt zurück. Ohne ein Wort zu sagen, ganz erschöpft, nahm sie die Flasche. Ihre Augen leuchteten beim Anblick des gespaltenen Sieges. Sie waren matt wie die Straßen von Beirut in der Morgendämmerung.

Als sie die Hauptstraße erreichte, fielen ihr die Millionen von Worten, die sie dem Alten vom Meer hätte sagen wollen, wieder ein. Sie drehte sich nach ihm um, um sich mit einem Blick von ihm zu verabschieden. Aber sie fand ihn nicht. Sie murmelte:

»Vielleicht hat er sich in den Sand gelegt, um auszuruhen. Bestimmt ist er ein alter, müder Fischer.«

Sie vermutete, ja war sogar überzeugt, daß, würde sie zurückkehren, um mit ihm zu reden, sie ihn nicht finden würde. Die Laterne war verschwunden und mit ihr auch das Boot. Es blieb nur eine große Frage zurück: verschenkt sich das Meer, verschenkte sich ihr Meer? Wenn es nachgiebig wurde wie in dieser Nacht und sich verschenkte, waren wir in der Lage, es zu nehmen, wo wir doch unfähig waren zu geben?

»Wie, wie soll ich beginnen? Bis jetzt habe ich den Punkt, von dem aus ich beginnen könnte, nicht gefunden. Es ist nicht die Liebe, nicht die Hilfe für andere, nicht das Erflehen und nicht die blinde Ablehnung. Es gibt etwas, was ich bis jetzt noch nicht gefunden habe. Wo soll ich es nur finden? Ich habe alles in meiner Umgebung durchsucht. Wo nur?«

Die Nacht, die offene Terrasse, die Flasche mit dem Meerwasser auf dem Tisch vor ihr. Sie hatte ihren Koffer gepackt. In wenigen Stunden begann der Tag. Dann würde sie abreisen. Wenige Stunden später würde sie Ayman die Flasche bringen.

Sie wußte nicht, warum sie sich nicht traute, etwas zu sagen. Sie spürte das quälende Scheitern wie diese tiefe Nacht. Sie hatte das Meer tatsächlich nicht gefunden. Sie hatte das Meer nicht gefunden, das mußte sie zugeben. Obwohl das Meer bereit war, ihr zu geben, war sie nicht in der Lage zu nehmen. Warum, wußte sie nicht. Sie mußte zugeben, daß diese Flasche vor ihr nichts anderes enthielt als salziges Wasser, das Meer ihrer Schwester. Die Flasche war nicht blau von ihrer Traurigkeit. Sie enthielt keinen Sturm, keine Legenden und Werte. Was sollte sie tun? Sie würde Ayman schreiben und zugeben, daß sie gescheitert war. Sie würde nicht zu ihm fahren. Sie würde ihn nicht betrügen.

Sie betrachtete noch einmal die Ereignisse des Tages. Was hatte sie getan?

»Wie kann eine junge Frau eine Flasche mit Meerwasser füllen ohne Eintrittskarte? Die anderen haben sich nicht dafür interessiert. Niemand kann mir das Meer schenken, selbst das Meer nicht, auch wenn es das wollte. Wenn ich weiter ohne Grund Angst habe vor den anderen, werde ich keine Flasche mit Meerwasser bekommen. Was soll ich tun, Salman?«

Sie fühlte, daß Salman neben ihr sein würde, mit seinem leuchtenden Gesicht wie ein Prophet, mit seiner geheimnisvollen Stimme.

»Oh, Salman, ich atme dich in der Nacht ein, durch die Brise, die vom Meer kommt. Was soll ich tun?«

Sie ging ins Bett, müde und erschöpft, als ob die Sonne noch über ihrem Kopf aufloderte.

»Ich wünschte, ich könnte schnell einschlafen, um endlich zur Ruhe zu kommen.«

Barfuß lief und lief sie auf den steinigen und nassen Wegen, am Ufer eines Meeres. Sie wollte näher ans Wasser gelangen, um zu trinken, aber viele Augen schauten sie spöttisch an. Viele Finger zeigten auf sie mit verächtlicher Geste. Sie zitterte vor den abweisenden Augen. Sie blieb stehen wie angewurzelt. Das Meer nahm ab und verwandelte sich in einen Sumpf voller Wale, Krokodile und Musik. Die Sonne kam näher und näher. Der Schweiß floß überall. Die Sonne verbrannte sie beinah. Sie blieb an ihrem Gesicht und an ihren Augen kleben.

Sie schrie. Sie fiel und rief:

»Salman, Ayman hat mich ausgelacht.«

Sie hörte sein Lachen von überall, ohne ihn zu sehen. Sein Lachen kam aus seinen enttäuschten Gliedern. Seine Lippen öffneten sich wie ein Geschwür auf ihren Händen und Armen. Ihr Körper schauderte. Sie fiel plötzlich hin. Salman wollte sich um sie kümmern. Aber er war wie ein Pferd mit Scheuklappen. Er mußte immer geradeaus gehen.

»Salman, bleib stehen!«

Die spöttischen Lippen ließen die Geschwüre auf ihrem ganzen Körper erscheinen. Das wilde Lachen Aymans erfüllte den Platz wie die Freude eines bösen Riesen.

»O, Salman!«

Die Federn des Vogels quollen aus ihrem Mund, aus ihren Augen und aus ihrer Nase.

»O, Salman!«

Die Federn blieben in ihrem Hals stecken. Ein schwarzer Zopf wickelte sich um ihren Hals und zog sie zu Boden, zu den Millionen von Schlangen, die im Sumpf schwammen, der einmal das Meer war.

»O, Salman, o, Salman!«

Sie schlug die Augen auf und erhob sich. Ein rotes Erwachen glänzte in ihren Augen. Sie ging zum Tisch, auf dem Papier und ein Stift lagen und auch die Flasche mit dem Meerwasser stand. Sie stieß mit der Hand gegen die Flasche, und sie kippte um. Das Wasser floß heraus, ergoß sich über das Löschpapier.

Gierig saugte das Löschpapier das Meerwasser auf. Im Nu war es verschwunden.

»Das Meer trocknete aus, als ich Angst vor ihren Blicken hatte. Jetzt, erst jetzt weiß ich, wie ich anfangen kann und wo wir alle anfangen müssen.«

»Wohin? Das Auto wartet, hast du deine Meinung geändert?«

»Danke. Ich gehe ein wenig allein, und wenn ich zurückkomme, dann fahre ich sofort nach Damaskus.«

»Der Fahrer wird auf jeden Fall auf dich warten. Du kannst fahren, wann du möchtest.«

»Danke, liebe Schwester.«

Und leise sagte sie: »Arme Schwester.«

»Hast du gestern eine unruhige Nacht gehabt?«

»Wieso?«

»Ich habe dich gestern schreien hören.«

»Ich?«

»Ja, du hast geredet, aber man konnte es nicht verstehen. Den Namen Salman konnte ich hören. Du hast ihn gerufen.«

»Das ist merkwürdig.«

Sie verließ das Haus und fuhr mit dem Sammeltaxi Richtung Ras Beirut. Die leere Flasche war in ihrer kleinen Handtasche. Sie erreichte die Promenade. Das Meer hinter der schwarzen Mauer. Das verlassene Meer, das blau von Traurigkeit und voller Legenden war.

An der Mauer eine Gruppe von Jungen und Mädchen. Sie sahen wohlhabend aus, das zeigten ihre Limousinen an der Promenade. Sie kam ihnen näher. Sie merkte, daß die Jugendlichen sie argwöhnisch anschauten.

Sie stand an der Mauer, als ob diese Mauer zwischen zwei Leben stand, zwei Phasen trennte. Sie kletterte über sie und gelangte auf die andere Seite, auf die Seite des Meeres. Sie lief mit erhobenem Haupt.

Sie drehte sich nicht um. Die Neugier der Leute interessierte sie nicht. Sie spürte, wie deren Blicke wie giftige Pfeile auf ihrem Rücken auftrafen.

Sie drehte sich nicht um. Geschickt sprang sie über die Felsen und stieg hinunter zum Meer, die Flasche in der Hand. Bevor sie die Flasche füllte, schaute sie sich nach ihnen um, und in ihren Augen blitzte Trotz auf.

Alle sahen sie spöttisch an. Sie sprachen laut und zeigten auf sie. Es war ihr gleichgültig. Sie spürte, daß die Außenwelt nicht alles war. Sie konnte ihr nicht alles diktieren. Sie beschloß, die Dinge zu verstehen und so auszuwählen, daß sie damit umgehen konnte.

Warum schämte sie sich, solange sie nur Dinge tat, deren

sie sich nicht zu schämen brauchte? Mußte sie sich schämen, weil die Menschen sich mit ihren blöden Blicken in ihr Leben einmischten? Sie füllte die Flasche.

»Von Anfang an sollte ich die Flasche selbst füllen, mit eigenen Händen, ohne Scham. Ich sollte über die Mauer springen, denn ich tue ja nichts, was meine Menschlichkeit zerstört.«

Dann nahm sie die Flasche aus dem Wasser und die herrlichen Tropfen benetzten ihre Hand bis zum Handgelenk. Sie kehrte zur Mauer, zur Promenade zurück mit erhobenem Haupt und begegnete den neugierigen Blicken voller Stolz.

»Mit meiner Hand sollte ich eigentlich mein Meer erschaffen, wie ein Mensch, der des Meeres würdig ist.«

Sie erreichte die Mauer und sprang hinüber auf die Promenade. Sie ging an den jungen Leuten vorbei, glücklich und unbekümmert.

»Ich habe eure Augen, die auf meinem Gesicht hafteten, herausgerissen. Ich habe eure Worte, die an meine Zunge geklebt waren, ausgespuckt. Ich habe mich von meinen mechanischen Gefühlen, von den Reaktionen der Gruppe befreit. Ich bin heute geboren worden.«

Sie lief weiter, und die spöttischen Kommentare der anderen nahmen zu. Sie fanden ein Thema zum Lachen. Sie lachte auch. Warum spotteten sie?

»Sah ich nicht aus wie ein seltsames, hüpfendes Tier, als ich Twist tanzte, lächerlicher und blöder als heute? Hatte nicht mein Gesicht keinerlei Ausdruck, und war mein Körper nicht zügellos? Hatte ich nicht meine Menschlichkeit beleidigt? Warum haben sie mich damals nicht verspottet?«

Jetzt erst kehrte sie nach Damaskus zurück. Was würde sie Ayman sagen? Sie würde ihm alles erzählen. Sie würde ihm erzählen, daß es in Beirut kein Meer gab für diejenigen, die in sich kein Meer trugen. Sie und Salman hatten ihren

Weg gefunden. Und der Vogel? Er starb mit dem Zopf, der Angst und der Denkweise, die die Meinung der anderen übernahm, ohne selbst zu denken.

Sie lief weiter.

»Beirut, du Schöne, Traurige. Dein Gesicht ist von Farben befleckt. Sie sind echt und sind die Haut der Welt geworden. Du bist nicht böse, weil du Damaskus, Paris, China oder irgendein Platz bist. Und fänden wir je unser gemeinsames Meer, kehrte auch dein Meer zu dir zurück.

Aus dem Arabischen von Suleman Taufiq

Hanna Mina

Der Schnee kommt zum Fenster herein

I

»Hat man dich doch nicht verhaftet?« rief sie aus, als sie ihn kommen sah.

»Wie töricht bist du doch«, dachte er nur und begnügte sich mit einem Gruß von ferne, wandte sein Gesicht ab und ignorierte ihre gedankenlose Frage. Er ging ins Haus, warf sich auf einen alten Sessel und schloß, in der Hoffnung, Ruhe und Wärme zu finden, die Augen.

Sie ließ ihre Nachbarinnen am Eingang des kleinen Gartens zurück und folgte ihm mit dem Kind im Arm.

»Willkommen, herzlich willkommen! Gestern erst haben wir über dich gesprochen«, begrüßte sie ihn. »Eigentlich sprechen wir seit Monaten über dich. Wir haben uns gefragt, ob Fajjad ihnen wohl entkommen ist? Aber Schwiegervater meinte, das sei unmöglich! Dann hätte er sich sicher zu uns durchgeschlagen. Und Khalil hat gesagt: Vielleicht hat er sich versteckt, bis er eine Möglichkeit findet … Jedesmal, wenn dein Name fällt, schlägt sich Schwiegermutter auf die Brust und fängt an zu weinen. Sie haben dich nicht vergessen. Sie haben auf dich angestoßen und nahmen sogar dein Bild von der Wand, um mit dir zu trinken! Schwiegermutter hat für dich gebetet. Daß du heute bei uns bist, hätte niemand für möglich gehalten … Willkommen, herzlich willkommen …! Was ist? Hast du etwas?«

Gequält wandte Fajjad seinen Blick der Frau und dem Kind zu. Er zitterte vor Kälte und Erschöpfung, der Sessel wurde feucht unter ihm. Sein zerzaustes Haar und sein tiefgelbes Gesicht ließen die Frau vor Schreck zusammenfahren, als sie ihn musterte:

»Oh Gott! Bist du verletzt? Wo warst du? Was ist passiert? Soll ich den Arzt holen?«

Er bedeutete ihr, es nicht zu tun. Er war unfähig, auf den Schwall ihrer Fragen zu antworten. Daß seine äußere Erscheinung ein solches Aufsehen erregte, überraschte ihn selbst. Als ihm bewußt wurde, daß er einen Fehler begangen hatte, versuchte er, sich zusammenzureißen, zu lächeln, die feuchten Kleider zu verbergen, in denen er den Fluß durchwatet hatte ... »Mein Gott!« wiederholte die Frau. ›Am liebsten würde ich schlafen‹, dachte er nur.

In diesem Augenblick drangen die Stimmen der Kinder herein, die ihrer Großmutter hinterherliefen.

»Willkommen, herzlich willkommen!« rief auch sie. »Mein lieber Fajjad ..., mein Augenlicht ..., wie ist es dir ergangen? Wie hast du's hierher geschafft?« ›Am liebsten würde ich schlafen‹, dachte er wieder. Notgedrungen stand er auf, um sie zu begrüßen. Sie umarmte ihn, küßte ihn, und weil sie es so gewohnt war, weinte sie auch. Sie schnupperte an seinem Hals, als könne sie nicht glauben, daß er es war, und brach dann in noch heftigeres Schluchzen aus. Die Kinder wunderten sich. Plötzlich lächelte sie, offenbarte die andere Seite ihres Glücks. Vor lauter Euphorie bemerkte sie weder die Blässe Fajjads noch das Klappern seiner Zähne. Auch sie stellte Fragen über Fragen, nur erpicht darauf, alles so schnell wie möglich zu erfahren.

Ihre laute Stimme stand in keinem Verhältnis zur bedrückenden Atmosphäre und ihrer körperlichen Nähe. Dann drehte sie sich abrupt weg, um mit ihren Nachbarinnen zu sprechen, die noch am Gartentor standen. Die Kinder verschwanden, wer weiß, wohin, und die anfängliche Stille im Haus verkehrte sich plötzlich in unerwartetes Lärmen.

Er hatte seine Ankunft geheimhalten wollen, und da empfängt ihn diese Alte mit Pauken und Trompeten! Und die Kinder hatten eilig die Nachricht im ganzen Viertel verbreitet. »Gott sei's gelobt, daß es ihm gutgeht!« riefen die Nachbarinnen über den Gartenzaun. »Danke!« antwortete Umm Khalil. »Herein mit euch, Umm Anis, Umm Azar und du, Umm Nasib ... Der Kaffee steht schon auf dem Herd!« Mit diesen Worten wandte sie sich ihm wieder zu, um die Begrüßung fortzusetzen.

Auf dem Höhepunkt dieses Gefühlsüberschwangs erschien Abu Khalil in der Tür. Schon vom Gartentor aus feuerte er Begrüßungsschüsse in die Luft und jauchzte vor Freude, bis er vor ihm stand und ihn in die Arme schloß. Auch er stellte dieselben Fragen, die schon seine Schwiegertochter und seine Frau gestellt hatten, ohne dabei die flehentlichen Blicke des jungen Mannes zu bemerken.

Endlich sah sich die Schwiegertochter dazu in der Lage, die Situation zu klären:

»Fajjad ist krank, verletzt, ich weiß nicht, was er hat! Seht doch ...! Macht die Tür zu!«

Mit diesen Worten schritt sie zur Tür, um sie zu schließen. Fajjad ging ins Hinterzimmer und setzte sich aufs Bett. »Zünd mir bitte eine Zigarette an, und gib mir was zum Anziehen«, wandte er sich an Abu Khalil. »Und sag Umm Khalil, sie soll nicht so schreien. Sagt niemandem, daß ich hier bin. Diejenigen, die es schon erfahren haben, sollen glauben, ich sei krank. Schnell, Abu Khalil, ich bitte dich, ich möchte ins Bett. Später erzähle ich euch alles.«

Da betrat Umm Khalil das Zimmer. Sie schlug sich auf die Wangen, bereit, mit dem Wehklagen anzuheben. Sie wollte ihren Mann etwas fragen, flüsternd, durch Zeichen. Ihre Freude war verebbt, sie fühlte sich hilflos. Plötzlich erwachte ihr Pflichtgefühl, und sie wollte Fajjad einen guten Rat geben:

»Schau mal, Fajjad, wasch dich jetzt und trink ein Glas Arrak. Dann iß und bete ...«

»Raus hier«, unterbrach sie Abu Khalil. »Fajjad möchte seine Kleider wechseln.«

»Schau, Fajjad, das Gebet ...«

»Ich habe gesagt, du sollst aus dem Zimmer gehen!«

»Misch du dich nicht ein! Das Gebet ...«

»Jetzt ist nicht die Zeit fürs Beten ...«

»Das Gebet ist zu allen Zeiten nützlich. Umm Anisa hat eine ›Schreckschüssel‹, um den Schreck zu vertreiben ...«

»Ihr und eure verdammte Religion!« brüllte Abu Khalil und packte sie mit festem Griff.

»Oh Gott!«

»Kein Wort mehr!« rief er und stieß sie zur Tür, die sich in diesem Augenblick öffnete. Auf der Schwelle stand Umm Baschir, Abu Khalils Schwester.

»Willkommen, herzlich willkommen! Den Gast kriegt ihr, die Süßigkeiten wir«, lachte sie.

Fajjad mußte aufstehen, um sie zu begrüßen. ›Die Kinder haben ihre Aufgabe erfüllt‹, dachte er. In diesem Moment schlüpfte auch noch eine junge Nachbarin in die Küche.

»Ist das der Fajjad, von dem ihr immerzu redet?« fragte sie Umm Khalils Schwiegertochter.

»Ja, das ist Fajjad. Er ist Professor!«

»Sein Anzug ist aber alt«, antwortete die Nachbarin und schürzte verächtlich die Lippen.

»Das ist sein Reiseanzug.«

»Und was hat er mitgebracht?«

»Nichts ...«

»Ist das hier ein Verhör?« rief Abu Khalil in die Küche. »Zum Teufel mit den Weibern! Los, es ist Mittagszeit, alle Frauen ab nach Hause.«

»Dein Schwiegervater ist heute aber überheblich!« beschwerte sich die junge Nachbarin bei der Schwiegertochter und verließ das Haus.

Endlich konnte Fajjad sich umziehen.

»Laßt mich jetzt in Ruhe. Niemand soll reinkommen. Ich werde schlafen.«

Und er schlief ein.

Gegen Nachmittag perlte der Schweiß auf seiner Stirn. Satanische Männergesichter, die er kannte, und andere, die er nie gesehen hatte, fletschten die Zähne. ›Was für scheußliche Zähne!‹ dachte er. Er war auf der Flucht, die Männer versuchten, ihn zu ergreifen. Er betrat eine Gasse und schaute sich um: Niemand. Sehr gut. Er mußte sich beeilen. Dort war ein Haus, das er kannte, doch es verschwand. Am Ende der Gasse stand ein Mann. Er lachte. Das war er! Der Mann, der ihn verfolgte! Fajjad drehte sich um, trat in eine Gasse, ohne zu wissen, woher sie plötzlich aufgetaucht war, die Gasse wurde zur Straße, die Straße wurde immer länger. Er stieß auf ein Haus, auf eine Treppe, versuchte hochzusteigen, es gelang ihm nicht. Der Mann war dort, kicherte von oben herab. Er wollte umkehren, doch die Treppe verschwand. Er mußte springen, aber als er den Boden erreichte, war es kein Boden, es war trübes Wasser, das sich plötzlich in einen reißenden Fluß verwandelte. Die Strömung riß ihn gewaltsam in das tosende Wasser, schleuderte ihn gegen einen Felsen, und mit dem Aufprall erwachte er.

Als er die Augen öffnete, spürte er noch den Schauder. Durch die Dunkelheit hindurch sah er sich im Zimmer um, wollte sich vergewissern, daß er existierte, daß er wach war. Nach und nach gelangte er wieder zu vollem Bewußtsein. Er versicherte sich, daß er in Beirut war, bei Abu Khalil, und daß die schreckliche Reise, die lange, kurze, endlich vorbei war.

Seine Kehle war trocken, er hatte einen bitteren Geschmack im Mund. Wie nach einer durchzechten Nacht pochte der Schmerz in seinen Schläfen. Niemand war zu Hause, im Nachbarzimmer war alles still. Aus dem Garten drangen gedämpfte Stimmen herein. ›Das hat Abu Khalil arrangiert. Damit ich lange schlafen kann, hat er allen zu schweigen befohlen. Aber warum bin ich dann so rasch aufgewacht?‹ wunderte er sich.

Beharrlich schloß er die Augen und zog die Decke über den Kopf. ›Nur der Schlaf bringt meine Tatkraft zurück. Ich muß schlafen. Ich muß wieder einschlafen.‹ Er öffnete die Augen und schloß sie wieder, er hob seinen Kopf und begrub ihn, er genoß die Dunkelheit und die Stille und zwang sich, für einige Augenblicke nichts zu denken. Erfolglos wälzte er sich von einer Seite zur anderen. Schmerzen quälten ihn, er kämpfte innerlich gegen sich selbst und litt darunter, daß ihm das Erwachen der Nerven die Macht über sich selbst nahm. Nach einer Weile wurde es noch dunkler im Zimmer, es mußte wohl Abend geworden sein. Egal, er hatte Zeit. Ihn erwartete keine Arbeit. Und obwohl der Schlaf sich nicht einstellen wollte, verspürte er, indem er einfach so dalag, doch eine gewisse Erholung.

Die Gastgeber hielten sich noch immer außerhalb des Hauses auf; den abgehackten Kinderstimmen nach zu urteilen, waren sie im Garten. Das war die Stimme Umm Khalils, das die der Schwiegertochter, vielleicht waren auch noch Nachbarinnen da. Von Abu Khalil war nichts zu hören. Er war wie jeden Nachmittag ins Café gegangen. Er war gegangen, nachdem er allen eingeschärft hatte, keinen Lärm zu machen und das Haus nicht zu betreten. ›Sie warten darauf, daß ich aufstehe. Bald wird Khalil kommen und Erklärungen verlangen. Dieser Arbeiter hat eine seltsame Art, beharrlich zu sein, ohne lästig zu fallen. Doch manchmal geht er einem mit seinen ständigen Zweifeln auf die Nerven. Ich spreche besser erst morgen mit ihm und bleibe heute nacht im Bett.‹

Er zündete sich eine Zigarette an. Der Tabak tut gut, besser als Essen und Trinken. Der von den Zellen gierig aufgesogene Qualm betäubt die Nerven, erleichtert einem, alles noch mal zu überdenken. Und er unterhält, ähnlich dem Glas, seinen stummen Gesellschafter.

Jetzt war er also in Beirut. Der ach so lange Weg war nicht so lang, die Mauer der Schwierigkeiten nicht unüberwindbar gewesen. Alles war vorbei, schnell, trotz der sich langsam dahinschleppenden Sekunden. ›Gestern noch‹, sagte sich Fajjad, ›war ich in Gefahr. Dutzende von Fragen, auf die es keine Antwort gab, fraßen sich durch mein Hirn. Aber nun ist alles sonnenklar. Nun kann ich in Ruhe nachdenken.‹ Er bereute jetzt seine Erregung und sein Schwanken. Jetzt konnte er den Lauf der Dinge aus der Ferne betrachten, ohne daß ihn das Rotieren der Mühlräder ängstigte, jetzt befand er sich außerhalb des Mühlsteins.

›Ich habe ein Recht darauf, mich zu freuen. Ich bin in Sicherheit. Egal, welche Gefahr hier auch lauern mag, sie ist weniger bedrohlich, und das Gefühl der Freiheit ist schön.‹ Er erwartete, daß ihn diese Erkenntnis mit Zufriedenheit erfüllte und einem tiefen Schlaf auslieferte. Um so erstaunter war er, daß er vergeblich wartete. Etwas in seiner Brust brannte, schmolz wie eine Kerze, die in einem verschlossenen Tempel entzündet worden war. Die Dunkelheit des Abends schlich nicht nur ins Zimmer, sondern auch in seine Lungen, und die alten Geister kamen näher, als ob seine alte Welt ihn wieder empfangen, ihn wieder in sich aufnehmen würde.

Er hatte den Libanon schon früher einmal besucht und auch ferne Länder bereist. Doch nie hatte er sich so fremd gefühlt wie jetzt. Lag es daran, daß er gezwungen gewesen war, seine Heimat still und heimlich zu verlassen? ›Irgendwie bin ich verbannt‹, dachte er und seufzte. ›Verdammt!‹ Dann mußte er an Adam denken: ›Mein Kummer wäre verständlich, wenn ich einer Sünde wegen aus dem Paradies vertrieben worden wäre. Warum bloß überfällt mich eine solche Niedergeschlagenheit, obwohl ich doch mein Land nicht als Sünder verließ. Welcher Sünde hat Adam sich eigentlich schuldig gemacht? Unserem Stammvater wurde doppeltes Unrecht zugefügt. Er wurde vertrieben, nur weil er von seinem Recht Gebrauch gemacht hatte. Außerdem, war er nicht dazu verführt worden? Die Ausübung des Rechts ist seit langem verboten, seit Adam und Eva.‹

Mit geschlossenen Augen lag er auf dem Bett und ließ seiner Phantasie freien Lauf. Er, er und doch nicht er. Da waren zwei Gegensätze: die Heimat und die Fremde, die Nähe und die Ferne, die Hoffnung und die Verzweiflung. ›Ich muß mein Kreuz tragen …, wie der Bach zwangsläufig in den großen Strom fließt. Dieses Bild beschreibt genau mein Problem. Ich habe es irgendwo gelesen. Ich bin ein Bücherwurm. Meinem Vater hatten Bücher nichts bedeutet. Er war einer Frau nach Ägypten gefolgt, weil sie ihm schöne Augen gemacht hatte. Ihm ist es egal, wohin er sein Haupt bettet, selbst auf den Gipfel eines Berges … Warum nicht, Nusha? Etwa wegen der wilden Tiere? Sogar die wilden Tiere fürchten Adams Sohn. Der Junge ist ein Schwächling. Ich hätte ihm bei seiner Geburt in den Mund spucken sollen. Nur so kommt der Sohn auf den Vater. Es ist ein Jammer! Der Junge kommt auf die Mutter, nicht auf den Vater!‹

Er schob den Gedanken an Schlaf von sich, wollte sich nicht mehr dazu zwingen. Sollte er über ihn kommen, wann immer er wollte. So war es entspannender. ›Der Schlaf und die Frau, so unterschiedlich sie auch sein mögen, wollen beide verwöhnt werden. Wenn du nach ihnen verlangst, machen sie sich davon, und wenn du sie nicht beachtest, nähern sie sich. Der Schlaf wird von selbst kommen.‹ Er öffnete die Augen und starrte an die Decke. Wie in einem riesigen Buch sah er Zeilen, Bilder, seine Mutter, Mona Lisa. Dem Bild der Jungfrau fehlte der Rahmen. Und sein Vater führte ein ausschweifendes Leben – Sex, Alkohol und andere Annehmlichkeiten, die Gott uns beschert. ›Der Mensch stirbt erst, wenn seine Zeit gekommen ist. Ich habe den Galgen mit eigenen Augen gesehen, Nusha. – Und Fajjad wäre fast zur

Waise geworden wegen der Frau des Eisenbahndirektors, Salim. – Ich habe dir gesagt, alles ist vorherbestimmt. Der Tod, die Liebe und die Reise. Der Direktor war es doch, der zu mir gesagt hat: Geh und arbeite bei uns zu Hause. – Aber er hat nicht zu dir gesagt: Nimm meine Frau als Geliebte! – Alles ist vorherbestimmt. Sie war schön. Eine Deutsche und so schön. Es war Krieg. Und kalt war es. Sie lag im Bett. Sie war nackt und lag im Bett. Was vorbei ist, ist vorbei. Aber sie war im Bett. Und der Ofen war rot, und der arabische Jasmin war rot, und ihre Kleider waren rot. – Ich verlange keine Details von dir. Diese Geschichte hast du schon tausendmal erzählt. – Ich habe sie immer erzählt, damit du sie glaubst. Und um mein Gewissen zu beruhigen. – Das kannst du beruhigen, wenn du nüchtern bist. – Fangen wir jetzt wieder mit den Beschuldigungen an? Ich hab' dir gesagt, die Frau des Direktors! – Genug! – Sie war die Frau des Direktors. – Ich habe verstanden …, genug! – Verdammt noch mal, meine Liebe, ich sage dir, die Frau des Direktors! – Ich glaube es ja! – Und ich sage dir, der Junge ähnelt mir nicht. – Gott sei dank ähnelt er dir nicht. – Aber er ist doch von meinem Blut. – Du bist verrückt! – Der Junge wird verrückt werden. Wart's ab, irgendwas wird ihn verrückt machen. – Irgendwas, nur nicht der Alkohol oder die Frauen. – Leute, warum nur habe ich eine Heilige geheiratet? Ich bin doch nicht so viel herumgekommen, um dann im Kloster Beaumont zu landen? Der Junge ist ein Versager. Er interessiert sich nur für Bücher. – Es reicht, daß er vernünftig ist. – Und was nützt die Vernunft? Willst du ein Mädchen haben. – Ich will, daß er bei mir bleibt. – Er wird nicht bei dir bleiben. Wart's ab, du wirst schon sehen.‹

Draußen war es dunkel geworden, und Abu Khalil erlaubte seiner Familie, ins Haus zu kommen. Das Licht breitete sich im Nebenzimmer aus und mit ihm das Lärmen der Kinder. Die Stimme Umm Khalils, die mit ihrem Mann sprach, drang an sein Ohr:

»Guck dir den Schlaukopf an ... Hundertmal hab' ich zu ihm gesagt: Khalil, komm nicht so spät. Ach, so ein Dickschädel!«

»Nein, ein Dickkopf!« antwortete Abu Khalil gleichgültig.

»Ein Teufelskopf.«

Die Alte lachte über den Witz und vergaß darüber Khalil. Sie wollte in Fajjads Zimmer gehen, doch ihr Mann zog sie am Arm.

»Komm her, die Küche ist dort«, brüllte er. »Geh zu deiner Schwiegertochter, und laß Fajjad in Ruhe. Was habe ich dir gesagt?«

Doch sie machte sich von ihm los und betrat leise das Zimmer.

»Du bist wach? Und wir warten die ganze Zeit auf dich!« rief sie erstaunt, als sie das Licht anmachte.

Fajjad nickte und lächelte.

»Ich schwöre, daß er nicht geschlafen hat«, sagte Abu Khalil, der hinter ihr eingetreten war. »Schau seine Augen an, guck dir seinen Zustand an. Ich habe euch gesagt, ihr sollt das Haus verlassen, ihr sollt auch den Garten verlassen, *verlassen* ...!«

Er schwieg, um nichts Unrechtes zu sagen; vielleicht wußte er auch nicht, was er noch sagen sollte.

»Warum sollten sie gehen?« fragte Fajjad verwundert. »Laß sie machen, was sie wollen. Mir geht's gut. Ich geh' mir das Gesicht waschen.«

Er stand auf wie jemand, der ein Krankenlager verläßt. Seit seiner Ankunft warteten sie darauf, mit ihm zu sprechen. Das würde ihm am schwersten fallen.

Das kalte Wasser auf Kopf und Gesicht erfrischte ihn. Er trat in den Garten hinaus, um die Abendluft einzuatmen. Dann ging er wieder zurück ins Haus, kämmte sich und kleidete sich an.

Abu Khalil schlug vor, ein Gläschen zu trinken.

»Du mußt zuerst etwas essen!« mischte sich Umm Khalil ein. »Arrak vor dem Essen ist schädlich.«

»Arrak macht Appetit aufs Essen«, entgegnete Abu Khalil. »Wir trinken ein Glas, während wir auf Khalil warten.«

»Wartet nicht auf ihn. Er hat ›Versammlung‹. Danach hockt er noch mit seinen Freunden zusammen.«

Und an ihre Schwiegertochter gerichtet: »Dein Mann ist kein richtiger Ehemann, und du bist keine richtige Frau. Wenn ich nicht in diesem Hause wäre ...«

»... wäre es schon zusammengestürzt und die Steine bis ans Meer gepurzelt«, unterbrach sie Abu Khalil.

»Ja, bis ans Meer! Hör zu, Fajjad. Khalil hat jetzt Frau und Kinder. Trotzdem läßt er das nicht mit den Versammlungen. Und das Schlimmste ist, daß er sogar seine Frau hinschickt. Er schickt seine Frau zu den ›Frauenversammlungen‹. Großartig! Und was reden sie da wohl? Bla bla bla. Er behauptet, er wird den Arbeitern zu ihrem Recht verhelfen und seine Frau verhilft den Frauen zu ihrem Recht. Gestern traf ich Abu Anis, der hat zu mir gesagt: ›Gib deinem Sohn einen guten Rat, Umm Khalil, der Streik der Telefonarbeiter ist gefährlich, dein Sohn spielt mit dem Feuer.‹«

»Ha«, rief Abu Khalil. »Wenn man vom Teufel spricht! Khalil ist gekommen, jetzt kannst du's ihm ins Gesicht sagen.«

»Ich werd's ihm sagen, ich hab' keine Angst.«

»Fajjad! Herzlich willkommen! Wie kommt's, daß du hier bist?« rief Khalil aus, als er das Haus betrat.

Sie umarmten und küßten sich. Khalil konnte kaum glauben, daß er seinen Freund in den Armen hielt. Gerade wollte er ihn fragen, wann und wie er hergekommen sei, da fuhr schon seine Mutter dazwischen:

»Wenn du ihn gesehen hättest, als er kam, Khalil ... Bleich im Gesicht, sein Haar zerzaust, und sein Mund war ganz trocken. Umm Anis war bei mir. Als ich seinen Namen hörte, habe ich fast den Verstand verloren. Ich sah, wie er ins Haus kam und konnte es trotzdem kaum glauben. Ich bin zu ihm gelaufen und habe mir gedacht: ›Das ist Fajjad? Unmöglich!‹ Doch dann sah ich: Es war Fajjad. Ich wollte schon anfangen zu jubeln, aber er hat sich nicht einmal nach uns umgeschaut. Er hat auch Umm Anis nicht begrüßt, stell dir vor! Ist Umm Anis etwa eine Fremde? Sie gehört doch zu uns. Ich hab' mich wirklich geschämt. Ich wußte nicht, was ich sagen sollte. Ich hab' sie stehenlassen und bin hineingegangen. Da hab' ich gesehen, daß er vor Kälte zittert. Deine Frau hat gerufen: ›Fajjad ist krank!‹, und in diesem Moment kam dein Vater. Wir gingen hinter ihm her ins Hinterzimmer. Er wollte nur eine Zigarette, dann hat er sich umgezogen und geschlafen. Er hat nichts gegessen und nichts getrunken, und er hat kein Wort mit uns gesprochen ... Und Umm Anis ...«

»Zur Hölle mit Umm Anis ...«, brüllte Abu Khalil dazwischen. »Laß uns mit deiner Umm Anis in Ruhe! Auf dein Wohl, Fajjad! Und du, Frau, halt jetzt den Mund!«

4

Nach dem Essen zogen sich Khalil und Fajjad zurück. Khalil wollte genau wissen, was passiert war. Dann fragte Fajjad:

»Und wie ist es hier im Libanon?«

»Bezüglich der Flüchtlinge wie du? Schwierig.«

»Sie werden verfolgt?«

»Ja.«

»Warum?«

»Halt so. Man will sie hier nicht. Ich denke, daß man ihretwegen Druck ausübt.«

»Und die Freiheit, von der sie reden?«

»Die Freiheit? Die gilt nicht für uns, sondern nur für die, die sie besitzen.«

»Aber der Libanon bleibt der Libanon«, ergänzte er. »Jeder kann hier irgendwie einen Ausweg finden.«

»Mehr will ich nicht ...«

»Aber du mußt dich, zumindest vorläufig, verstecken. Bleib hier, bis ich deinen Fall geprüft und einen Weg gefunden habe, dir zu helfen. Verlaß das Haus nicht.«

›Wenn ich mich verstecken muß, warum bin ich dann überhaupt hergekommen‹, dachte Fajjad.

»Wir kriegen das schon hin«, fügte Khalil hinzu. »Mach dir keine Sorgen. Erzähl mir erst mal über dich.«

Er erzählte ihm alles. Er sagte ihm, daß die herrschenden Reaktionäre in Syrien als Vorbereitung auf das ›Gemeinsame Verteidigungsbündnis‹ den Kampf gegen das Volk eröffnet hätten. Sie verfolgten die Fortschrittlichen, um dieses Bündnis zu ermöglichen. Doch sie würden keinen Erfolg haben. Er selbst sei verfolgt worden, weil er ein Linker und ein oppositioneller Schriftsteller sei. Er habe den Unterricht aufgegeben und sich eine Weile verstecken müssen. Als die Verfolgungen zunahmen, habe man ihm geraten, das Land zu verlassen, um den Kampf fortzusetzen. So sei er in den Libanon geflohen. Er habe gedacht, daß er hier die Freiheit genießen könne. Dann erzählte er ihm von denjenigen, die im Gefängnis waren, im Untergrund lebten oder umherirrten, und beschrieb die Atmosphäre der Einschüchterung. Er sagte ihm alles, was gesagt werden konnte. Und Khalil saß mit gesenktem Kopf da und dachte nach. Er war äußerst interessiert an dem, was er hörte, doch gleichzeitig in sich versunken, ganz entgegen seiner Gewohnheit. Von Zeit zu Zeit gab er eine flüchtige Bemerkung von sich oder wiederholte einen Teil des Gesprächs. Oder er stellte eine überraschende Frage. Und wenn die Antwort ihn nicht überzeugte, stellte er die Frage erneut, anders, schüttelte zweifelnd den Kopf. Oder er warf, Ausdruck seiner unbequemen Entschlossenheit, ein:

»Das hättest du nicht tun sollen.«

Oder: »Du hättest länger ausharren sollen.«

Dann senkte Fajjad den Kopf oder schaute ihn an, auf der Suche nach der Liebenswürdigkeit, die er noch vor Augenblicken gespürt hatte. Weder protestierte er, noch rechtfertigte er sein Verhalten. Er kannte ihn. Das war Khalil Ghasal.

Aus dem Arabischen von Larissa Bender

Im Bürgerkrieg

Yusuf Habshi al-Ashqar

Das Fenster zur Straße

Das Fenster besteht aus drei Bogen. Das verwitterte Holz ist grauweiß, der Anstrich abgeblättert. Die Scheiben sind voller Wellen, und doch kann jeder darin sein Spiegelbild sehen. Von draußen peitschen Regenstürme dagegen. Sie lassen sich durch das Fenster kaum bremsen und scheinen uns auch drinnen zu bedrohen.

Krieg ist vor unserer Tür und in unseren Ohren. Der Raum hinter dem Fenster ist langgestreckt. Da sind Stühle in einer Reihe und Blumentöpfe. Da sind ein Heizofen, zwei Kohlebecken und die Kälte eines Dezembers. Meine Frau und meine große Tochter stricken. Die Kleine malt grüne Wälder, grüne, ohne Zaun, damit sich die Vögel vor dem Unwetter dorthin flüchten können. Meine Mutter, dicht am Ofen hockend und Haar und Stirn in einen schwarzen Schal gehüllt, führt Selbstgespräche: »Ach, hätten wir doch dieses Haus nicht so verkommen lassen! Wer in seinem Heimatdorf kein Bett hat, hat auch woanders keins. Aber wer konnte schon wissen, daß es diesen verfluchten Krieg geben würde. Diese elenden Halunken, die!«

Der Hund schläft neben dem Kohlebecken. Mit dem Licht kommt auch das Wasser zum Fenster herein. Das Fenster ist unsere einzige Verbindung nach draußen. Im Gegensatz zu den anderen hat es keine Bretter vor den Scheiben. Durch das Westfenster regnet es herein, durch die Bretter des Westfensters. Es regnet durch das Dach auf die Blumentöpfe neben dem Kohlebecken, im Eßzimmer, neben meinem Bett.

Ich höre das Wasser in verschiedenen Tonlagen in die Plastikeimer tropfen. Unwillkürlich höre ich es, während im Radio gemeldet wird: »Feuerwechsel zwischen der Arz-

Straße und dem Idris-Tor, zwischen dem Riad-al-Sulh-Platz und dem Platz der Märtyrer.«

Das Buch ist in rotes Leder gebunden, der Titel prangt in goldenen Lettern. Ich bin auf Seite 103. Die Seiten glänzen, die Schrift ist groß. Mein ganzes Leben lang habe ich solche Prachtbände geliebt, habe schlechten Tabak geraucht, um sie mir leisten zu können.

Ich blickte auf und sah zum Fenster: Graue Regenschwaden ziehen durch Kfar Mallat, darüber treiben genauso wie auf einem toten Meer die gewaschenen Dächer der Häuser und schaukeln hin und her, jedesmal wenn sich der Brustkorb des Windes hebt. Während seiner Ausbrüche verrenken sich die Pinien den Hals, bald wie ein Blumenstrauß, bald wie eine Eisblume. Das Fenster verschwimmt immer mehr unter dem Wasser, die diffusen Gestalten im Dorf fangen an zu tanzen.

Auf meinem Bauch spürte ich das Gewicht des aufgeschlagenen Buches, das ich nach wie vor in den Händen hielt. Als ich darauf blickte, sah ich, daß ich nicht weitergekommen war. Ich las noch ein paar Zeilen auf Seite 103, ohne ein Wort davon zu verstehen, ohne zu bemerken, daß ich mich nicht mehr konzentrieren konnte. Im Aschenbecher zu meiner Rechten verlosch die Pfeife. Ich fragte mich, ob ich sie mir wieder anzünden sollte. Doch dann hüllte ich mich in die alte Kamelhaar-Abâja. Fröstelnd. Der Heizofen ist nicht an und das Kohlebecken auch nicht, und das in einem Raum, länger als ein Tag Hunger, mit vier schlecht schließenden Türen und vier Fenstern, die allesamt den vier Winden ausgesetzt sind.

Mutter sah, wie ich mich zu wärmen versuchte. »Es war falsch von uns«, bemerkte sie. »Wir hätten das Haus nicht so verkommen lassen dürfen. Wie häßlich du aussiehst, Beirut. Alles haben wir in Beirut gesteckt, unser Geld, unsere Kraft, unser Herzblut. Und wo bist du heute, Beirut? Wie schade um dich, Beirut! Es war falsch von uns: Häuslicher

Herd ist Goldes wert. Was du heute kannst besorgen, das verschiebe nicht auf morgen. Sprach das Sommerhaus: Des Sommers Teppich ist gar groß. Denkt an den Winter, o ihr Armen, vertraut auf Beirut, Gott hab Erbarmen.«

Das schlechte Wetter im östlichen Mittelmeerraum wird noch zwei Tage anhalten, wurde im Radio gemeldet.

»Der Ofen hat heute zwei Körbe Brennholz geschluckt und das Kohlebecken fünf Anzünder«, sagte Mutter.

»Jammere nicht um das Holz und die Kohle!« entgegnete ich. »Hauptsache, wir frieren nicht, wir haben zu essen und wir überleben diesen Winter. Dann werden wir weitersehen.«

Mutter zog ihren Schal fester um den Kopf, stemmte die Arme in die Hüften und blickte mit zusammengekniffenen Lippen zum Fenster. Ich wandte mich wieder meinem Buch zu. Eine Fliege schwirrte um meinen Kopf. Eine Fliege am 28. Dezember? Ich schüttelte den Kopf, um sie zu verjagen, und las weiter. Die Fliege ließ sich auf meiner Nase nieder, ich blies sie weg. Dann legte ich das Buch zur Seite, steckte mir die Pfeife an und widmete mich abermals meinem Buch. Die Fliege setzte sich auf Seite 103, spazierte umher, putzte sich und fing an zu lesen. Instinktiv schlug ich ziemlich heftig das Buch zu. Ich fühlte, wie die Fliege zerquetscht wurde, spürte ihr Sterben, stellte es mir vor und war froh darüber, nicht aus Schadenfreude, sondern weil das Buch mit den goldenen Lettern einfach mal besudelt werden mußte.

Füttert den Ofen mit den großen Namen derer, die im Krieg der Namen zum Tode verurteilt wurden! Füttert den Ofen mit den Gliedern der amputierten Namen, der Namen mit den entwurzelten Buchstaben, den Buchstaben, die auf ihren Körpern prangen, die aus ihren Körpern wie Pilze aus Felsspalten schießen und die nicht im Buch mit den goldenen Lettern verzeichnet sind!

Es ist kalt. Füttert den Ofen! Das üble Wetter hält an.

Hauptsache, wir frieren nicht, wir haben zu essen und wir überleben, hat Mutter gesagt. Du hast recht. Sie lief umher und fütterte den Ofen mit Brennholz. Dann blieb sie in der Mitte des Raumes stehen und meinte: »Macht im Haus das Licht an, auch wenn es Tag ist! Was soll's! Licht ist nicht nur zum Sehen da.«

»Aber, Großmutter!«

»Du denkst wohl, ich bin verrückt? Nein, meine Mädchen, Licht wärmt auch. Licht wärmt auch. Licht wärmt. Geht in die Zimmer, macht Licht, laßt es erstrahlen! Hauptsache, wir frieren nicht, wir haben zu essen und wir überleben diese Zeit, hat euer Vater gesagt. Er hat recht. Er hat recht. Wenn diese Zeit vorbei ist, werden wir weitersehen.«

Ich schob die Brille auf die Stirn und blickte zum Fenster hinaus. Die Häuser stehen alle in einer Reihe. Die Fenster sind verbarrikadiert. Sie brüten heißen Atem aus, sie verschanzen sich, ihre Gespräche sind ein großes Geheimnis, sind Gespräche in der Verborgenheit – abgekapselt, festgekrallt, vorsichtig, angespannt, wachsam – Gespräche der Angst, Gespräche eines Blitz- und Donnerkults und unter der Flut zusammenstürzender Wälle. Die Häuser stehen in einer Reihe, geduckt, festgenagelt, Schutz suchend hinter ihren Mauern, ihr Feuer und ihre Lichter nur für sich allein, für ihr Inneres, für ihr Hab und Gut, für ihren Selbsterhaltungstrieb, ihr Selbst, das sich nicht zeigt und keinen anderen sieht.

Im engen Schutzkorridor sehne ich mich nach den Stunden der Freiheit. Ich sehne mich nach einer jeden von ihnen, nach dem Gewühl in der Stadt der Fröhlichkeit, ich sehne mich nach meinem Geschimpfe auf diese verrückte Stadt, damals in dem Zimmer, verbarrikadiert angesichts einer geheimen Beziehung, angesichts geheimer Beziehungen, sehne mich nach meinen langen Spaziergängen und meinen Philosophiereien über Leben und Tod. Ich sehne mich nach den mir verbotenen Stellen in der Stadt, den Stellen, wo ich das Schönste bekommen und gegeben habe.

Ich sehne mich, ja giere nach einem Gesicht, einer Brust, einer Hand – und dann sind sie verschwunden. Und ich sehne mich, ja verzehre mich nach zwei Augen, zwei Wangen, zwei Beinen – und dann sind sie verschwunden. Ich sehne mich nach einem Menschen aus Fleisch und Blut, nach einem Wort mit ihm, einem Gruß, einer Frage von einem, der wie ich im Exil ist.

Wer von ihnen ist nicht im Exil, wer von uns ist nicht im Exil? Unser Exil, unsere Inseln, jede einzelne gut verbarrikadiert und nur darauf bedacht, nicht unterzugehen. Wie zerbrechlich ist doch der Dialog! Warum nur?

»Sei nicht so unnachsichtig! Der Dialog wird wiederaufgenommen, wenn der Dialogpartner bleibt«, sagte ich gestern zu ihr. »Richtig, der Selbstschutz dient vielleicht auch dem Schutz des Dialogs, damit der Dialogpartner bleibt. Ist unsere Sehnsucht nicht Dialog genug?«

»Aber der Kontakt, der Kontakt«, meinte sie. »Der Kontakt muß sein.«

Ihre Stimme kam aus weiter Ferne, die große Distanz nahm ihr die Leidenschaft, der lange Weg raubte ihr die Wärme. Ich fragte sie nach meiner Stimme, und sie sagte: »Sie klingt morsch.«

Die harten Reisigbesen des Winters kratzen am Fenster, löschen endgültig alle Gedanken aus, machen die Isolierung vollkommen, lassen die Isolation weh tun. Der Wald ist finster jetzt, die Häuser nur noch Vision in den Pupillen eines Betrunkenen.

»Und deine Träume in Kfar Mallat? Vom Wohnen in Kfar Mallat?« fragte sie mich. »Deine Träume von einem langen Spaziergang sind in Erfüllung gegangen. Hundert Tage in Kfar Mallat: ein Zipfel noch vom Sommer und den ganzen Herbst, und der Winter steht vor der Tür. Träume von deinem Traum und genieße deine Freude!«

»Reite nicht auf meiner Freude herum! Ist es denn eine Freude, wenn ein Traum durch die Türen des nachfolgenden Traumes abgeriegelt wird?«

»Wie das, Ungläubiger, wie das?«

»Der Traum – ein Gefängnis, zu dem Kfar Mallat geworden ist.«

»Was, das Gefängnis des Traumes? Ich verstehe nicht.«

»Nein, nein. Der Traum ist das Gefängnis, weil er ein Traum ist, der kein Fenster zu einem anderen Traum hat. Der Traum ist ein Ort der Flucht, nicht ein Ort der Ruhe. Der Traum, der dich mir wegnimmt, welches ist sein Name?«

Dann schwieg ich, sie schwieg auch. Sie schwieg und sann traumverloren über unser Gespräch nach. Ich schwieg und sagte mir im stillen: Der Traum, der dich mir wegnimmt, dich und die Menschen, die Orte, das Morgen. Laut sagte ich: »Der Krieg, der Krieg.« Und sie wie mein Echo: »Ja, der Krieg!«

Der Regenschleier vor dem Fenster ist wie ein eiserner Vorhang vor meinen Gefühlen. Fort sind die Strahlen des einzigen Lichts. Diese flüchtige Zeit, die nicht mit sich reden läßt, die ihrer Zunge beraubte Zeit, die wimmert wie ein Waisenkind, laßt uns sie zu Grabe tragen, als sei sie nie gewesen, jetzt, wenigstens jetzt. Danach mag sie schreien, so laut sie will.

Naiv ist sie, meine Mutter, glaubt alles, was ich sage. Nein, Mutter, Hauptsache ist nicht, daß wir zu essen haben, daß wir nicht frieren in dieser endlosen Zeit der Kälte und Schmach und daß wir einfach nur überleben. Hauptsache ist auch, daß ... daß, was? Ich schäme mich zu sagen, daß wir leben.

»Nein, du brauchst dich nicht zu schämen!« sagte meine große Tochter und fing an zu singen.

»Nein, du brauchst dich nicht zu schämen!« sagte meine kleine Tochter und fing an zu lachen.

Aus der Ferne, dort, wo er mit seiner Freundin war, rief mein Sohn, während er an seinem Schal herumzupfte und acht gab, sich die Schuhe nicht schmutzig zu machen: »Du brauchst dich nicht zu schämen! Du brauchst dich nicht zu schämen!«

Auf der Ostseite des Raumes saßen Mutter, meine Frau und meine beiden Töchter im Kreis um das Kohlebecken und rösteten Kastanien. Sie schienen vergessen zu wollen und dachten kaum an die Kälte draußen und die eisigen Reisigbesen.

»Das Kohlebecken ist besser als der Heizofen«, sagte meine Frau. »Seht ihr, wie das Kohlebecken uns zusammenbringt?«

»Das Kohlebecken schart die ganze Familie um sich, wie das sonst Großeltern tun«, meinte meine große Tochter, und die Kleine fügte hinzu: »Wenn der Krieg nicht wäre, würde uns der Winter in Kfar Mallat gar nicht so gut gefallen.« Ihre Mutter gab ihr einen Kuß. »Leichen, Papa, sind das Tote?« fragte die Kleine weinend.

Ich stopfte meine Pfeife. Vater war aufgewacht und betrat den Flur, unterm Arm seine Bücher und Hefte, spärlich wie sein weißes Haar, einfach wie sein frommes Leben. Ich gab ihm das andere Kohlebecken. Er nahm es und wärmte sich daran.

Ich zündete mir die Pfeife an. »Hilf mir, o Herr, hilf mir, einen einzigen Augenblick Freude nur!«

Der Herr antwortete: »Du Dummkopf, du hättest ein bißchen Freude haben können, aber du wolltest ja nicht. Jetzt ist es zu spät. Wie hast du dich in Beirut danach gesehnt. Jetzt ist es vorbei. Du Dummkopf, warum warst du nicht wenigstens ein einziges Mal bei der Weihnachtsprozession in Saidat al-Haffa. Darwisch trägt seine Gedichte vor, Rizkallah spielt die Zimbeln, und Josephine singt: Gott sandte seinen einzigen Sohn als Licht zu den Menschen herab.«

»Weihnachten«, sprach ich zu ihm, »Weihnachten ist für

mich gestorben. Davor war ich traurig, dabei und danach. Der Krieg, der Krieg, o Herr, ließ mich vergessen, wie man betet. Warum Krieg, o Herr?«

»Wenn ich's nur wüßte«, sprach er.

Habe ich den Whisky verlangt, oder hat ihn mir meine Frau von sich aus gebracht? Ich weiß nicht mehr. Hauptsache, ich trinke. In meinem Kopf dreht sich alles.

Es blitzte und donnerte, daß es nur so krachte. Wenn es blitzt, ist es, als würde Gott erscheinen.

Mutter bekreuzigte sich zweimal und hielt sich die Augen zu. »Hochheiliger«, rief sie. »Hochheiliger, Hochheiliger.«

»Herr der Herrlichkeit«, setzte Vater fort.

»Gib uns deinen Segen, o Herr!« fügte ich halb unbewußt hinzu und dachte dabei: Es gibt keinen Schutz vor Blitzschlägen.

»Hast du ihn irgendwo einschlagen gesehen?«

»Armer Ibrahim! Letzte Woche hat es bei ihm im Stall eingeschlagen und seine braune Kuh erschlagen.«

»Wenigstens hat es keinen Menschen erwischt«, meinte Vater, holte seine Lupe aus der Hosentasche und las eine zwei Tage alte Zeitung.

»Die Meldungen sind schon nach wenigen Minuten nicht mehr aktuell. Und nach einigen Tagen erst recht nicht«, erklärte ich. »Was du da liest, ist schon lange überholt.«

»Nein«, entgegnete er. »Ich lese doch eine Fortsetzung, ein Theaterstück. Ich glaube, es ist bald Schluß.«

»Die Schauspieler haben's satt«, meinte ich.

»Nein, das Stück ist fast zu Ende, habe ich gesagt. Der Autor ist am Schluß angelangt. Seine Helden sind ausgelaugt.«

»Was glaubst du, läßt er sie sterben? Haben wir dann unsere Ruhe?«

»Nein, das macht er nicht. Kein Autor läßt seine Helden sterben, es sei denn, er braucht sie nicht mehr.«

Meine Töchter balgten sich, der Hund sprang dazwischen. Er würde für keine von beiden Partei ergreifen. Das wußte ich genau. Der Hund spielte nur.

Da hörte ich ein Pfeifen. Unsere Wäsche auf der Veranda war drauf und dran davonzufliegen. Vater legte die Lupe neben sich. Seine Augen funkelten. »Sieh nur!« sagte er und erhob sich. »Da kommt die Windsbraut.«

Ich stellte mich neben ihn. Meine Frau und meine Töchter kamen auch, und durch die Eingangstür stürmte mein Sohn herein. Nur Mutter rührte sich nicht. Sie ordnete weiter die Troddeln des hellgrünen Schals meiner Frau und betete dabei. Wir anderen blickten aus dem Fenster.

Ja, ich sah sie. Ich sah sie kommen, sah, wie sie die Bäume in solchen Aufruhr versetzte, daß sie sich neigten und demütig die Erde küßten, sah, wie sie die Regentropfen auseinandersprengte und in alle Richtungen jagte, sah, wie sie die schlammschweren Blätter in die Höhe wirbelte und umherstreute wie der Sämann seinen Weizen. Die Windsbraut, wie groß ist ihre Worfschaufel, wie eng ist ihre Tenne!

Der Arme! Wie weit weg seine Samen geflogen sind! Wohin wohl? Morgen wächst unter den Steinwällen, was nur noch zum Sterben taugt, was nicht zu gebrauchen ist.

»Wer nicht niederkniet zum Gebet, wird von der Windsbraut geholt, mein Sohn. Sieh doch.«

Da sah und hörte ich die Pinienzweige brechen, so leicht wie bei einer Eisblume.

»Wer hat bloß die Eiche mit einem Schilfrohr verglichen? Ich habe es vergessen«, sagte Vater.

»Ich auch«, entgegnete ich.

»Aber er hat recht.«

»Nur bei uns ist der Tod etwas Heiliges.«

»Etwas Dummes. Die haben den Tod verherrlicht, damit man keine Angst vor ihm hat und sich leichter verheizen läßt.«

Wir saßen da und blickten zum Fenster.

Wie lange, wie lange schon habe ich den Wind nicht singen gehört. Jetzt höre ich ihn durch die Ritzen des Fensters, durch den Abzug des Ofens, die schwermütige Weise einer Rohrflöte, ein langes Seufzen, unbeherrschtes Leiden, sich sonnend in einem Schmerz, der das Stöhnen rechtfertigen mag.

»Lange folgten aufeinander die Weisen, und ich schürte das Feuer, bis es im Ofen anfing zu knacken und zu singen, zu singen ein Lied wie mit menschlicher Stimme«, zusammengesetzt aus einzelnen Wörtern, die ich zu verstehen suchte. Fast wäre es mir gelungen. Die Melodie hatte ich schon erkannt. Auf einmal fühlte ich mich wie bei einem Opferfest in einer maronitischen Kirche. Geliebt habe ich den Gesang der Priester, habe gerochen in ihren Gewändern den Weihrauchduft und in ihren Bärten den süßen Wein. Lange, weiße Kinnbärte trugen jene Altehrwürdigen und beim Beten immer Krone und Zepter.

Der Ofen sang, spontan kniete ich nieder, ganz dicht, um von dem Gewisper ein paar Worte zu erhaschen: »Papa ist nicht hier, los kommt, naschen wir.«

Alles schwieg. Als ich mich umblickte, sah ich, wie sie mit verschränkten Armen dastanden und vor dem Unwetter kapitulierten. Da zog ich mir die Abâja über den Kopf und ging hinaus. Sie rannten mir hinterher: »Bist du verrückt? Bist du verrückt? Wohin willst du? Bist du verrückt?«

Im Dorf zog ich immer die Abâja an. Es war kurz vor Mitternacht. Der Sturm hatte nachgelassen. Aber es regnete noch immer. Der Nebel verdichtete sich und hüllte Zedern und Zitronenbäume ein. Heller Dampf und grauer Rauch stiegen aus der Eichenkrone auf.

Ich zog meine Abâja vom Kopf. Der Weg glänzte. Seine Lichter erhellten das Dickicht und taten in dem undurchdringlichen Wald einen Königspfad auf. Von den Bäumen tropfte es, der Nieselregen wusch mir das Gesicht.

Kfar Mallat schien stumm, kalt, traurig, naß, wären da nicht einige wenige erleuchtete Fenster gewesen.

Der Widerhall meiner Schritte auf dem Asphalt klang bedrohlich, aber auch irgendwie beschwingt. Heiser und rauh blies der Wind im Pinienwald aus des Tales Schlund.

Wäre da nicht ein Rest Schamgefühl gewesen, hätte ich mit all dem laut reden wollen, hätte meine Lunge aufgebläht und Wind, Dunst und Nieselregen eingeatmet, wäre einfach stehengeblieben und hätte den heiseren Stimmen gelauscht, die sich tausend schwitzenden Leibern entrangen, und dabei ihren Schweiß gerochen. Aber ich schämte mich, schämte mich für den Krieg. Da rannte ich los, floh vor der Begierde, die nicht kommen würde und mich – eben weil sie nicht kommen würde – immer schwermütiger machte. Mit mir rannte der Widerhall meiner Schritte – ein unerwarteter rascher Dialog zwischen zweien, die niemals zusammenkommen werden.

Ich betrat das Haus. Alle schliefen. Ich legte mich hin, wie ich mich jeden Tag hinlegte, mit demselben Gefühl wie jeden Tag, wie all die Tage, die sich seit Beginn des Krieges ähneln, wie sich die Tage im Krieg nun einmal ähneln, die sich gleichen wie Zwillinge, die denselben Namen tragen und sich nicht einmal durch ein Muttermal auf der Wange voneinander unterscheiden.

Noch ist die Zeit der Kanonen nicht gekommen. Doch ich höre sie schon jenen Traum zerstören, der für mich war wie ein sauberes Blatt Papier, auf das ich in Zierschrift kufische, persische und lateinische Buchstaben schrieb. Ich starrte auf die Kerze, die Mutter für das Herz Jesu angezündet hatte, und ergötzte mich daran, wie sie flackerte und wie sie jedesmal wütend und wahnsinnig wurde, wenn ein scharfer Luftzug sie traf. Kann Holz noch nach hundert Jahren duften?

Ist es nur noch eine Erinnerung dessen, was ich vor vierzig Jahren gerochen habe? Doch nein, es ist hier länger als die Erinnerung, dauerhaft, körperhaft, ein Teil der Tür. Der Duft entführt mich für wenige Augenblicke in eine Traumwelt, die zerstört wurde. Eine Traumwelt, die der Krieg verschlang.

Ein Uhr. Ich stellte das Radio an. Tagesbilanz: 76 Tote auf Landstraßen, in Städten, in Gebäuden. Das einzige, was ich mir vorstellte, waren ihre Zähne, die niemals mehr kauen würden. Ich blickte zur Kerze, zum Herzen Jesu, aufgehängt über dem bunten Spalier, und fragte mich: Na gut, für wen bist du? Ich fühlte mich hungrig. Ich würde gern etwas essen. Bloß was? Und selbst wenn ich äße, ich würde nicht satt. Ich könnte einen ganzen Tag lang essen, ohne meinen Appetit zu stillen.

Ich würde gern den Krieg verschlingen, sagte ich.

Aus dem Arabischen von Kristina Stock

Haidar Haidar

Ein rosa Orden für einen einsamen Mann

I

Niemand hätte geglaubt, daß es auf diese Weise geschehen würde; nicht, weil es erschreckend und vernichtend war, sondern weil es, wie es schien, am falschen Ort und zur falschen Zeit passierte. Es war gleichzeitig richtig und falsch.

Über Beirut brach mit funkelndem Neonlicht und grollendem Lärm die Nacht herein. Nur das Meer schien einsam und verloren am westlichen Ufer der Stadt.

Der Mann streifte allein durch die Straßen. »Beirut ist nicht mehr das, was es einmal war«, sagte sich Abdallah Ben Jahjawi. »Es wird Zeit, daß du möglichst bald in ein anderes Land aufbrichst.«

Von der verrückten und vernünftigen Welt nahm er nichts weiter wahr als einen Felsen. Ein Felsen im grünen Meer.

Als ihn ein Mann nach der Uhrzeit fragte, war der Stein, den er gerade noch im Meer gesehen hatte, verschwunden. Er schreckte auf. »Tut mir leid, ich habe keine Uhr.«

Er setzte seinen Weg fort, immer am Ufer des Meers entlang; es tobte laut. Er wußte, wo er hinwollte, aber eins war ihm nicht klar: Würde er ankommen oder nicht?

Beirut war eine Station. Der Aufenthalt zog sich hin, aber der letzte Hafen war es nicht.

In diesem Dschungel kannst du dich eine Zeitlang verbergen. Hier kannst du dich hinter der Maske des Wolfs oder des Hasen verstecken, solange das Meer sie nicht herunterreißt.

Früher war Beirut für alle, die hier durchzogen, eine leuchtende und lärmende Station. Ein Bahnhof oder ein Flughafen. Eine Bank oder ein Tanzlokal oder eine Frau oder eine Flasche Whisky.

Früher – da waren hier die Liebe und das Tanzen schön, und der Himmel und die Erde prangten in goldener Farbe. Nun aber weinte und sang das Meer, das das Feuer umschloß.

Abdallah Ben Jahjawi kannte sich zu jener Zeit gut im Dschungel aus, damals, als sich am Horizont des Meers die Wolken ballten und einen Sturm ankündigten. Ein Moment der Unachtsamkeit, ein kurzes Schließen der Augen, und das Gehirn platzte heraus.

Deshalb hatte Abdallah die Maske des Wolfs gewählt. Schlief das eine Auge, hielt das andere Wache.

»Den Ausweis!«

Angst überfiel ihn, ließ die kleinen, geröteten Augen flakkern.

Soldaten mit rotem Barett, Revolver und NATO-Gewehren riegelten die Straßen ab.

»Kontrolle!«

Die Leute stiegen aus den Bussen und Autos und erstarrten in Reih und Glied. Steif wie Denkmäler holten sie ihre Ausweise heraus.

»Ich bin Palästinenser.«

»Hast du einen Paß bei dir? Ist das der richtige Name?«

Er nickte bejahend.

2

Der Paß war genauso falsch wie diese einstmals existierende Stadt. Nur das Meer und der Felsen von Raouche besaßen die Beständigkeit der Wirklichkeit.

Vor zehn Jahren hatte die Fahrt über die Meere begonnen, von weit her war er gekommen, aus jenem Gebiet, das die Welt eines Tages erschüttert hatte aufhorchen lassen und plötzlich unter die Stiefel der Soldaten geraten war.

Er saß in einem kleinen Café, mitten unter jungen Leuten.

Einer von ihnen fragte: »Was machen Sie in diesem Land?«

Abdallah antwortete: »Die Frage ist falsch. Was machen wir, muß es heißen. Im Zeitalter der Massen hat das Individuum keinen großen Wert.«

»Ein einzelner verändert nicht die Geschichte.«

»Aber ist deshalb die Rolle des Individuums in der Geschichte aufgehoben?«

»Träumen Sie von der Veränderung der Welt?«

Er riß die Arme hoch und lachte. Plötzlich brüllte er wie ein Tiger und krümmte die Finger wie Krallen. »Wir, du mußt wir sagen! Wir träumen von der Veränderung der Welt.«

Der junge Mann grinste abfällig, Abdallah Ben Jahjawi lächelte stolz. Und aus der Richtung des Meers wehte ein matter Wind, der den Duft der fernen Heimat herantrug.

3

Sie waren überzeugt gewesen, daß die Stadt vor lauter Tanz, Drogen und Bankkonten müde war und schlief, aber als sie durch das Dröhnen des sich verlierenden Donners erwachte, brach sie mit Blitzen von Blut und Tod über sie herein.

Im Zeitalter von David, Chemie und Petrodollar waren der Tod und das Blut stets arabisch.

In der Polizeizentrale fragte ihn der Polizist, der das Verhör führte, nach seinem Namen.

»Abdallah Ben Jahjawi.«

»Ist das Ihr richtiger Name?«

»Hat der Mensch zwei Namen?«

»Na sicher, den ursprünglichen und den Tarnnamen.«

»Ich bin kein Widerstandskämpfer.«

Der Polizist grinste. »Lassen Sie dieses Spielchen.«

Als der Polizist ihm mit der Faust einen Schlag versetzte, spürte Abdallah etwas Heißes aus seinem Mund strömen. Mit bitterer Wut sagte er: »Ich war Widerstandskämpfer, aber ich habe mich davon gelöst. Jetzt mache ich bei niemandem mehr mit.«

4

Die Farbe des Meers war die der alten, fernen Heimat. Wie das Meer glänzte sie grün und sanft bei heiterem Himmel und tobte genauso wild, wenn der Sturm sie peitschte.

Abdallah war beim Befreiungskrieg* nicht dabeigewesen, aber sein Vater und sein Onkel waren als Märtyrer gestorben. Sein Vater starb bei der Folter, und sein Onkel wurde in den Bergen Orans getötet.

Abdallah hatte sich in der Universität aktiv an der politischen Arbeit beteiligt. Der Tod des Vaters hatte ihn schwer erschüttert. Auf dem Platz der Sorbonne rief er den versammelten Studenten zu: »Entfachen wir das Feuer im Land der Invasoren!«

An diesem Tag verhaftete ihn die französische Polizei und zerschlug ihm beim Verhör die Zähne.

Er war überzeugt, für eine große Sache bestimmt zu sein.

Diese Gewißheit war über ihn gekommen, nachdem er eine Reihe theoretischer Werke gelesen hatte und in dunklen Verliesen eingesperrt und verhört worden war. Er glaubte, auf dem Pfad des Lichts und des Todes zu wandeln. Er redete und redete und redete. Es war eine neue, ungewöhnliche, tiefe Sprache, die die Menschen hörten, aber sie verstanden sie nur höchst selten, weil sie voller komplizierter Tücken steckte. In den Arbeitsgruppen und Zirkeln trat er mit der festen Überzeugung auf, daß das Meer imstande

---

* Gemeint ist der algerische Befreiungskrieg gegen die Franzosen.

war, im Lauf der Zeit selbst den härtesten Felsen auszuhöhlen. Ein starker Stromschlag kann den Verstand wieder in die richtige Bahn lenken, und in Zeiten des Orkans bleibt das dröhnende Toben des Meers lange im Gedächtnis haften.

»Deine Sprache ist unverständlich«, warf ihm ein Kommilitone bei einer Diskussion vor.

»Was soll daran unverständlich sein?« fragte Abdallah.

»Ich meine«, verbesserte sich der andere, »daß sie von ›einerseits‹ und ›andererseits‹ strotzt und nicht akzeptabel ist.«

»Für wen ist sie nicht akzeptabel?«

»Für die einfachen Menschen.«

»Warum sagst du nicht, daß diese Sprache von den Tyrannen abgelehnt wird? Die einfachen, armen Menschen begreifen aufgrund ihrer Erfahrungen, ihrer Ausplünderung und ihres bitteren Alltags alles. Die Arbeiter sind die Basis des Volks, und ich spreche zu ihnen, weil sie die Götter der Zukunft sind.«

Funkensprühend stob er auf einem kaum zu bändigenden Pferd bis zum Äußersten: daß das Gedächtnis von Arbeitern grell wie der Blitz und scharf wie die Guillotine sei, daß sie immer schon, gestern wie heute, ausgebeutet und verachtet worden seien und daß das Wissen darum tief wie die Wurzeln im Boden ihres Inneren verankert sei. Wenn ihre Macht errichtet ist, und das kommt ganz gewiß, werden sie die Tyrannen des Kapitals und deren Henkersknechte hinwegfegen. Dann wird, das steht fest, alle Macht den Arbeiterräten gehören.

5

Oran, Paris, Rom, Kairo und schließlich Beirut. Eine schwere, aufreibende Reise, während der alles geschah – Verhaftungen, Schläge, versuchter Mord.

In Paris arbeitete Abdallah mit den immigrierten Studenten und Arbeitern zusammen. Geistige und praktische Arbeit verschmolzen miteinander, der Weg wurde festgelegt.

Als der Krieg beendet war, kehrte Abdallah in das Land zurück, dessen Befreiung viel Blut gekostet hatte; Freudenströme erfüllten ihn.

In jeder Gasse, jeder Straße genoß Abdallah Ben Jahjawi den Regen, das Gras und die Musik. Ganz Algerien war eine einzige Woge der Freude – endlich war das Volk aus dem großen Gefängnis entlassen, konnte es mit seinen Massen Städte und Dörfer überfluten und den Sieg bejubeln. Nun, da die Eroberer aus dem Land gejagt waren, leuchtete dem Volk nach schwerer, blutiger Nacht der Morgen.

Nach drei Jahren wurde der Vogel der Freude* meuchlings durch einen Schuß getötet, und das Meer schwieg.

Abdallah und viele andere wurden weit hinters Meer vertrieben, und er war sehr traurig. Beim Weggehen sprach er zu seiner trostlosen Seele: Wir kommen wieder. Nun zwitscherten keine Vögel mehr, sondern Habichte stürzten sich von den Gipfeln der Berge herab.

Von Exil zu Exil. Länder, abgeriegelt und mit engen Grenzen. Schrecken säumte die Gassen und Nächte in jedem arabischen Land, und Abdallah Ben Jahjawi glaubte, daß er, wo immer er hinkam, Brände entfachen würde. In seinem Herzen loderte ein heiliges, ewig glühendes Feuer, das die Sehnsucht in sich barg, Städte und Wälder brennen zu sehen. In Kairo fragte man ihn beim Verhör: »Warum sind Sie hier?« Und er erwiderte: »Weil das meine Erde, mein Land ist. Arbeiter haben kein begrenztes Vaterland.«

»Sie sprechen im Namen der Arbeiter, dabei sind Sie ein Kleinbürger!«

---

* Gemeint ist der erste algerische Staatspräsident Ben Bella, der 1965, drei Jahre nach seinem Regierungsantritt, von Boumedienne gestürzt und unter Hausarrest gestellt wurde.

»Die Zukunft gehört den Arbeitern.«

»Sympathisieren Sie mit den Studenten?«

»Was die Studenten hier erreicht haben, ist großartig. Sie haben das Gewissen Ägyptens wachgerüttelt, aber die Zukunft stellen sie nicht dar.«

Als ihn einer der Beamten fragte, ob er an das bestehende System glaube, lachte er höhnisch und sagte: »Ich glaube an kein System, das das Volk einsperrt. Also auch nicht an diesen Polizeistaat, der die Arbeiter wie Feinde behandelt.«

»Sie sind unverschämt, aufrührerisch und fremd in diesem Land.« Am nächsten Morgen wurde er ausgewiesen.

6

Beirut ist ein Weib aus Stein, während mehr als eines Vierteljahrhunderts von Maklern, Spionen, Mördern, Dieben gemeißelt, von Händlern, Politikern, Ölprinzen und Kleinfürsten entjungfert, mißbraucht und dann weggeworfen als stinkender Leichnam ans Ufer des Mittelmeers.

Übel war es Beirut ergangen, bevor es mit der Reinheit seines heiligen Feuers getauft wurde.

Abdallah Ben Jahjawi lebte außerhalb der Stadt, in einem Keller, wo er keine Sonne sah und die Feuchtigkeit ihn würgte.

Er lebte mitten in einem Gewühl aus Stapeln von Büchern, Zeitschriften und Zeitungen, Kolonnen von Kakerlaken, Ameisen, Mücken und wem sonst es von Gottes Geschöpfen gefiel, sich niederzulassen und seine Nähe zu suchen.

In dieser geheimen Höhle las und schrieb Abdallah, und hier traf er sich mit seinen Jüngern. Das Essen kochte er sich selbst, und er wusch auch seine Kleidung und wischte den Boden. Er ging spät schlafen und wachte früh auf. Er machte Frühsport und erfreute sich an der Musik Tschaikowskys.

»Bist du allein?« fragte ihn ein Freund, der überraschend vorbeischaute. Abdallah lachte. »Aber nein!« Und er wies auf die Bücher und die Kakerlaken, die umherstolzierten.

»Ich will mit dir über etwas reden.«

»Worüber?«

»Über den Widerstand.«

Mustafa war der einzige, dem Abdallah vertraute, auch wenn er ständig Streit mit ihm hatte.

»Warum arbeiten wir nicht beim Widerstand* mit?« fragte Mustafa.

»Ich verstehe nicht, werde deutlicher.«

»Ich weiß, wo für dich die Grenze ist und wie weit du gehst, aber diese Leute sind das einzige, was dem Land noch zur Ehre gereicht.«

»Aber das sind doch alles Stammesgeschichten!«

»Wir schließen uns ihnen an, nutzen ihre Erfahrungen und geben unsere Ideen an sie weiter. Außerdem gibt es bei den Arabern nur Stämme. Was macht es für einen Sinn, daß wir neutral bleiben, während der Wald an den Rändern zu brennen beginnt?«

»Wir werden verlieren.«

»Was?«

»Ich meine, wir werden scheitern.«

»Dann können wir immer noch dahin zurückkehren, wo wir sind.«

»Hör zu, wir hatten vereinbart, keine Kompromisse zu machen. Entweder Revolution oder gar nichts.«

»Aber es gibt fortschrittliche Gruppen, die die Totalität der Revolution begreifen.«

Abdallah lachte höhnisch. Der Lauf seines wilden Pferds drohte auf Erden, in der Geschichte, bei Sonnenaufgang

* Gemeint ist der palästinensische Widerstand gegen Israel und die – meist christlichen – rechtsgerichteten Gruppierungen im Libanon.

und Sonnenuntergang ins Stocken zu geraten. »Ha, ha! Eine kindische Linke. Sie sind alle krank im Kopf, leiden an Lokalpatriotismus. Sie sprechen von der Revolution gegen Israel, aber wir reden von der Revolution in den arabischen Hauptstädten, vom Kampf gegen die faschistischen Regime, die das Volk unterdrücken und ausbeuten.«

»Aber Strategie ist nicht alles.«

»Strategie ist die Grundlage!« fuhr Abdallah Mustafa an, und nun war er richtig wütend. Seine Nerven, angespannt wie die Sehne eines Bogens, drohten zu reißen.

Als sich Beirut mit einer Schärpe von Blut und Wehen schmückte, wurden die Ratten, Kröten, Fledermäuse und sonstiges nächtliches Getier von einem solchen Schreck ergriffen, daß sie sich in ihre Löcher verkrochen. Im Schutz der Fittiche der Nacht, die vor Angst flatterten, und in der Weite der Stille, die über Chiyah* und Aïn er Roummané** hereinbrach, ergriffen die Intellektuellen ihre Koffer, Gelder, Frauen, tintenblauen Schriften und Ausreden à la Don Quichotte und kehrten Beirut, das zu brennen begann, den Rücken.

Auf den Flugplätzen und in den Cafés von Paris, London, Rom, Damaskus und Bagdad plauderten sie für die Zeitungen, Radiosender und Fernsehstationen melancholisch über das geliebte Vaterland, seine Schönheit und seine blau schimmernde Ruhe, die den Klauen der kriegerischen Gruppen zum Opfer fiel.

Abdallah Ben Jahjawi, der kurz vor der Abreise stand, stellte seinem wilden Pferd die traurige Frage, warum nicht der Krieg der Arbeiterräte ausgebrochen war.

---

* Ärmerer christlicher Vorort im Süden Beiruts.
** Aïn er Roummané gegenüberliegender armer muslimischer Vorort. Zwischen beiden Vierteln spielten sich heftige Gefechte ab.

7

Einen Monat verbrachte Abdallah in den Stützpunken des Widerstands. Er aß, schlief, trainierte mit den Fedaijin*, und an den Abenden hielt er Gesprächszirkel ab und diskutierte mit dem ihm eigenen Eifer. In den ersten Tagen steckte er voller Energie, Tatkraft und Vertrauen. Jetzt, da er auf glühendem Boden, der von praktischem und schöpferischem Tun strotzte, ein aktives Leben führte, kam es ihm vor, als triebe er das Rad der Geschichte vorwärts.

Aber obwohl er meinte, für eine große Sache bestimmt zu sein, sollte er wieder einmal mit der Geschichte zusammenstoßen.

Die Fedaijin hatten die Fähigkeit, sich unendlich zu begeistern und waren vom Wunsch getrieben, ihr Bewußtsein zu schärfen. Aber was ihre Führung betraf, so sah das anders aus.

Als sein Pferd wieder einmal kaum noch zu bändigen war, schwang er sich in den Sattel und ritt dem Horizont seiner Visionen entgegen. Prompt stieß er mit der Führung zusammen, die er als bürokratisch, provinziell, theoretisierend, arrogant und selbstspalterisch bezeichnete.

Den Rückzug antretend, schrie er: »Diese Führung besteht aus lauter Totengräbern!«

Die Führung würde mit den Regime kollaborieren und nicht sehen, daß der Feind in den Palästen der arabischen Städte hockte; sie würde nur Israel im Blickfeld haben. »Als Teil der arabischen Arbeiterklasse und ihrer Verbündeten«, rief er, »ist es unsere Pflicht zu begreifen, daß es einzig und allein der Krieg der Volksmassen ist, der Palästina befreien und die Macht der Revolution errichten kann. Wir brauchen ein zweites Vietnam, sonst hält jeder von uns schon bald sein Leichentuch in der Hand!«

* Wörtl. den ›sich Aufopfernden‹, also den palästinensischen Widerstandskämpfern.

An dem Tag, als er das Zeitalter der Stetigkeit, Ruhe und Harmonie aufgab, fragte ihn die Frau: »Was tust du uns und dir selbst an? Du läufst davon, läßt uns allein zurück. Du legst dir selbst den Strick um den Hals und brichst auf in die Ausweglosigkeit. Ist das revolutionäre Arbeit?« An jenem Tag lastete die Trauer schwer wie Erde auf ihm. »In Zeiten des Kampfs«, sagte er zu ihr, »mußt du stark sein. Die Zukunft ist schwarz, wir haben uns freiwillig dem Licht und dem Tod geweiht und werden uns nur erhobenen Kopfes ergeben.«

»Du willst wirklich dein Heim und deine Familie zerstören und weggehen?«

»Meine Familie ist überall. Die Freunde werden sich um euch kümmern, wenn es euch schlecht geht.«

Die Frau begann zu weinen, schluchzte so laut, daß es Erde und Himmel und die künftige Trauer hörten. Tränenüberströmt sagte sie: »Du hast keine Freunde, nicht einen. Alle nennen dich nur den Verrückten, den Idealisten, den Fremden. Du bist mitten im Feuer allein, und wenn du in Flammen stehst, wird es außer uns niemanden geben, der dich beweint. Da sind keine Freunde, mein Lieber, in dieser schweren Zeit.«

Als er in der Nacht aus dem Haus schlich, hinterließ er der Frau ein paar Zeilen: »Ich verlasse euch nun. In meinem Kopf dröhnt das Heulen der Stürme, das Stöhnen der Verwundeten, Gefangenen und Vertriebenen. Ich muß teilhaben am revolutionären Kampf, wo immer er auch stattfindet. Dieses Vaterland wird entweder den Arbeitern gehören oder den Tyrannen des Kapitals. Mag die Sache jetzt auch aussichtslos wirken – ich bleibe dabei, bis zum Sieg oder bis zum Tod. Wenn deine Kinder groß sind, sage ihnen, daß ihr Vater kein Feigling war und sich nicht gebeugt hat. Bewahre dich vor jeglicher Schmach, und hüte die Kinder wie deine schönen Augäpfel. Mache deine Trauer zu Zorn. Ihr werdet immer in meinem Herzen sein.«

In jener stürmischen Nacht überließ er sich dem Wind und zog mit ihm davon.

8

Die Nacht fiel mit einem Himmel von Trauer über Beirut herab. Die Nacht umhüllte das Meer, und das furchterregende Dröhnen zerriß die Stille von Chiyah und Ain er Roummané. Chiyah das war: Widerstand, Volk, Revolution. Ain er Roummané war: Faschismus. Und die Nacht fiel auf den Fremden herab, der durch das stürmische Dunkel schritt.

Der Fremde zog weiter. Der trotzige Revolutionär ging von dannen. Die Pferde stoben hin zu fernen Horizonten, die der Blick nicht fassen konnte. Da war ein Traum, beim Auszug aus Beirut – eine arabische Kommune, die nicht fällt.

Unter dem Gedröhn der Geschütze sprach Beirut: Ich bin der gesegnete Baum, dessen Früchte zu früh gereift sind.

Beirut 1975

Aus dem Arabischen von Doris Kilias

Sonallah Ibrahim

Beirut, Beirut

Am nächsten Morgen war vor dem Haus alles Kriegerische verschwunden. Als ich auf die Straße hinaustrat, war von der Flagge der Murabitûn nichts mehr zu sehen.

Ich bestieg ein Servicetaxi Richtung Meer. Dabei kam ich neben einem bärtigen jungen Mann mit einer Haschischduft ausströmenden Zigarette zu sitzen, der in die Lektüre einer Zeitung vertieft war. Über seine Schulter hinweg erblickte ich das Bild, das die meisten Zeitungen brachten und das die nackten Leichen von drei jungen Christen zeigte, die man aus einem Brunnen in Hamâna gezogen hatte.

Wir durchquerten die schicke Rauscha-Gegend mit ihren hohen, modernen Gebäuden, den schlaflosen Nachtclubs, den Cafés und den prunkvollen Restaurants. Dann ging es hinaus ans Meer, vorbei an dem berühmten Felsen, von dem sich gescheiterte Liebhaber gerne stürzen. Der ganze Strand war besetzt mit Wagen, wo es Kaffee und Softdrinks gab, und Ständen, an denen Kleider und Schuhe, Haushaltsgeräte und Gemüse verkauft wurden.

Auf der anderen Seite sah ich die Fassade des Cafés »La Dolce Vita«, das einst in den sechziger und frühen siebziger Jahren eines der Symbole für das schicke Beiruter Leben war. Jetzt zeigte es Spuren der Vernachlässigung und des Alters in ähnlicher Weise wie die zerstörten Gebäude rundum.

Wir verließen die Küstenstraße und bogen in die Masraa-Corniche. In der Nähe der sowjetischen Botschaft stieg ich aus, nachdem ich eine Lira bezahlt hatte. Ich überquerte die Straße, ging an einem »Super Market« und verschiedenen modernen Läden vorbei, versunken in die Lektüre der Schilder, die über den Eingängen der Gebäude und an den verschiedenen Stockwerken hingen. Schließlich hatte ich mein Ziel erreicht.

Der Direktor des Verlags »Der Fortschritt« empfing mich in einem Büro, in dem ein großes farbiges Bild von Lenin hing. Er, der Direktor, zeichnete sich durch eine ungeheure Ruhe aus, die ein geordnetes, angenehmes Leben verriet. Diesen Eindruck verstärkten noch die Fülle seines Leibes und seine bemerkenswerte Eleganz.

Ich gab ihm den Brief eines Freundes, in dem dieser um die noch ausstehenden Tantiemen für eines seiner Bücher bat. Er las ihn gründlich, dann klingelte er und inspizierte anschließend aufmerksam seine Fingernägel, bis ein junger Mann hereinkam. Diesen bat er, ihm das Dossier über meinen Freund zu bringen und für mich einen Becher Kaffee zu bestellen. Nachdem der junge Mann die verlangte Akte gebracht hatte, betrachtete der Direktor sie einen Augenblick und überfiel mich dann mit der Mitteilung, vom Buch meines Freundes seien bisher erst 990 Exemplare verkauft worden. »Er hat erst ab dem tausendundersten Exemplar Anspruch auf eine weitere Zahlung.«

»Ich hatte ihn so verstanden«, sagte ich, »daß es zwischen Ihnen und ihm gar keinen Vertrag über einen Anteil an den verkauften Büchern gebe.«

»Die Abrechnung erfolgt auf der Grundlage von zehn Prozent.«

»Ich glaubte, er bekäme fünfzehn Prozent.«

»Wir bezahlen einem Autor nie mehr als zehn Prozent, das ist unsere Politik.«

Ich überschlug rasch, wieviel ich für die Veröffentlichung meines Buches auf dieser Berechnungsgrundlage zu erwarten hätte, und beschloß, ihm das Manuskript, von dem ich ein paar Kopien bei mir hatte, nicht zu überlassen. Nachdem ich meinen Kaffee getrunken hatte, stand ich auf und sagte noch: »Ich werde Ihre Worte an ihn weitergeben.«

Es gab einen weiteren Verlag, »Der zeitgenössische Verleger« genannt. Er befand sich in der Nähe der Gamal Abdel Nasser Moschee und hatte Anfang der fünfziger Jahre seine Arbeit aufgenommen. Bekannt geworden war er durch die Übersetzung von Bestsellern aus dem Westen. Doch der Erfolg dieser Bücher währte nicht lange. Außerdem entstand ihm auch eine Konkurrenz, die aufs großzügigste von den arabischen Erdölstaaten subventioniert wurde. Das führte zum Verfall dieses Verlags Anfang der siebziger Jahre, bis er schließlich drauf und dran war, völlig vom Markt zu verschwinden. Doch in den letzten Jahren hatte er eine überraschende Aktivität erlebt, was nur heißen konnte, daß sein Inhaber auf eine üppige Finanzierungsquelle gestoßen war.

Der Verlagsleiter war nicht in seinem Büro, und ich ließ ihm eine Kopie des Manuskriptes samt einer kurzen Notiz mit Telefonnummer zurück. Danach nahm ich ein Taxi zur Hamra. Ich hatte keine Schwierigkeit, zum Sitz jenes Verlags zu finden, den Safwân Mulham zwei Jahre zuvor gegründet hatte.

Eine braunhäutige, nicht sehr große junge Dame empfing mich. Sie hatte große Augen und strenge Gesichtszüge. Gleich darauf kam Safwân heraus, wir umarmten uns und gingen in sein Büro.

Kaffee trinkend unterhielten wir uns über die gute alte Zeit Ende der sechziger Jahre, als wir uns kennenlernten. Er war damals ein mickriger Redakteur bei einer libanesischen Zeitschrift, die von der ägyptischen Botschaft finanziert wurde.

Ich gab ihm einen ähnlichen Brief wie denjenigen, den ich dem Direktor vom Verlag »Der Fortschritt« gegeben hatte. Es ging um ein anderes Buch desselben Freundes, das Safwân zu Beginn seiner Tätigkeit veröffentlicht hatte. Er holte aus einem Schrank hinter sich einen Ordner und blätterte darin herum. Dann notierte er auf einem Blatt Papier einige Zahlen, die er mir bedauernd lächelnd vorlegte.

»Er hat nichts gut. Bislang haben wir von seinem Buch nicht mehr als 990 Exemplare verkauft, und mit dem Geld, das er schon bekommen hat, sind seine Tantiemen und sogar schon mehr abgegolten.«

»Aufgrund von wieviel Prozent?« wollte ich wissen.

»Fünfzehn.«

Er stand auf und zog mich am Arm. Ich folgte ihm in ein Nebenzimmer, wo Haufen von Büchern lagen. Noch immer über den ganzen Mund bedauernd lächelnd, sagte er:

»Der Vertrieb, das ist die Hauptschwierigkeit. Ein Buch wird erst zum Erfolg, wenn uns irgendeine Regierung tausend Exemplare davon abnimmt, und sie wählen natürlich die Bücher nach sehr strengen Kriterien aus. Danach kommen die bürokratischen Formalitäten, dann die zahlreichen ›Vermittlungsgebühren‹. Das Ergebnis ist, daß ich in einer permanenten Krise stecke.«

Ich wühlte in den Büchern herum. Als er mich aufforderte zu nehmen, was mich interessierte, wählte ich ein Buch über die Rolle Saudi-Arabiens bei der finanziellen Unterstützung des internationalen kapitalistischen Systems, ein anderes über die iranische Revolution und ein drittes über Israels Pläne für die Region im kommenden Jahr.

Wir gingen zurück in das Vorzimmer, wo ich, auf der Suche nach der braunhäutigen jungen Dame, meinen Blick umherwandern ließ. Vergeblich. Wir kehrten in sein Zimmer zurück.

»Ich hoffe doch, du hast mir etwas mitgebracht«, sagte er, während er sich an seinen Schreibtisch setzte.

Ich holte mein Manuskript aus der Tasche und reichte es ihm.

»Leider habe ich es schon Adnân al-Sabâgh versprochen. Aber wenn er nicht in der Lage ist, es herauszubringen, gebe ich es dir.«

Er nahm das Manuskript.

»Der Arme!« sagte er. »Er hat immense Verluste gehabt. Aber er wird unschwer wieder auf die Füße kommen. Schließlich wird er von vielen Seiten finanziert.«

»Zum Beispiel?«

»Hör mal, mein Lieber, die Quellen sind bekannt. Es besteht keinerlei Veranlassung, sie zu erwähnen.«

Eine Dame in den Vierzigern trat ein. Sie trug eine grüne Wildlederjacke über einem bestickten Kleid und hielt eine Brille in der Hand. Sie war hellhäutig und blondhaarig, letzteres eindeutig künstlich.

Sie überfiel Safwân mit der Ankündigung: »Ich muß morgen früh abreisen.«

Er stellte sie mir als jordanische Schriftstellerin vor. Sie war aber nicht an mir interessiert und richtete das Wort nur an ihn: »Hast du den Vertrag fertig?«

»Heute abend ist er bereit.«

»Dann gehe ich jetzt.«

»Was schreibt sie denn?« fragte ich ihn, wobei ich mit dem Kopf auf die Tür wies, durch sie verschwunden war.

»Dinge im Stil von *Unter den Linden** und *Sturmhöhe***. Wenn sie nicht für das Papier und die Druckerei bezahlen würde, würde ich nichts von ihr veröffentlichen.«

Ich stand auf und sagte:

»Ich kann dich al-Sabâghs Antwort wegen des Manuskripts in den nächsten zwei Tagen wissen lassen.«

»Bis wann hast du vor, in Beirut zu bleiben?

»Höchstwahrscheinlich bis Ende der Woche.«

»Du mußt mich heute abend besuchen kommen.«

»Ich weiß gar nicht, wo du wohnst. Ich habe Angst, mich zu verirren.«

»Ich komme um sieben mit dem Auto bei dir vorbei oder schicke jemanden.«

Ich fragte ihn nach dem Weg zum Büro von Wadî, das in

---

* Es handelt sich um den Roman *Sous les Tilleuls* von Jean-Baptiste-Alphonse Karr (1808-1890), der von dem Ägypter Mustafa Lutfi al-Manfaluti (1876-1924) 1917(?) ins Arabische übertragen wurde und sich großer Popularität erfreute.

** Gemeint ist *Wuthering Heights* von Emily Jane Brontë (1818-1848).

einer Straße in der Nähe lag. Er begleitete mich zur Tür, die Braunhäutige saß an ihrem Schreibtisch über ein Buch gebeugt. Sie spürte meine Blicke, aber sie schaute nicht auf.

Ich fand Wadî in seinem Büro, er hörte Radio.

»Was gibt's Neues?« fragte ich, während ich mich in einen Sessel fallen ließ.

»Heute morgen sind in Ostbeirut zwei Autobomben aus 28 Kilogramm Dynamit explodiert. Neun Tote und achtzig Verletzte, außerdem beschädigte Läden, Wohnungen und Autos.«

»Und wer war's?«

»Wie üblich ein Unbekannter. Aber das Motiv ist bekannt.«

»Wie das?«

»Eine Racheaktion gegen den Westteil der Stadt.«

Ein junger Mann brachte mir eine Dose Bier, die ich gierig trank.

»Und du, was hast du so getrieben?« fragte mich Wadî.

Ich erzählte ihm in Kürze von meinen Begegnungen.

»Hast du wirklich geglaubt«, kommentierte er die Geschichte mit den 990 Exemplaren, »du würdest von denen etwas kriegen?« Dann, nach einem Augenblick, fragte er mich: »Hast du schon Lamja angerufen?«

»Ich hab' sie nicht gefunden und hab' ihr meinen Namen und meine Telefonnummer hinterlassen.«

»Es ist klar, daß du uns für einige Zeit erhalten bleiben wirst. Das ist sehr schön.«

»Warum?«

»Ich hab' was zu tun für dich.«

»Darauf bin ich gar nicht eingestellt. Ich bin erschöpft und völlig unfähig, mich zu konzentrieren.«

»Die Sache wird dich sicher interessieren.«

»Worum handelt es sich?«

»Du sollst einen Text für einen Dokumentarfilm über den Bürgerkrieg schreiben.«

»Aber ich verstehe rein gar nichts von diesem Krieg. Bis jetzt weiß ich noch immer nicht, wer mit wem und wer gegen wen kämpft und warum.«

»Das ist kein Problem. Die ganze Geschichte ist leicht zu verstehen.«

»Wäre es nicht besser, ein libanesischer Schriftsteller machte es oder wenigstens jemand, der den Krieg miterlebt hat? Es gibt viele Schriftsteller in Beirut.«

»Die Regisseurin glaubt, es sei besser, wenn jemand von außerhalb den Text schreibt, weil dann der Blickwinkel objektiver und etwas weniger abgenützt ist.«

»Regisseurin?«

»Ja sicher. Antoinette Fachûri.«

»Ich habe von ihr gehört. Sieht sie gut aus?«

»Nicht übel.«

»Und wer ist der Produzent? Wer steht dahinter?«

»Was interessiert dich das?«

»Ich möchte mich nicht am Ende als Werkzeug in der Hand eines Regimes wiederfinden.«

»Was ist daran so schlimm? Erinnerst du dich an deinen Freund Abdalsalâm? Er hat eine Biografie von Saddam Hussein verfaßt, von der mehrere Millionen Exemplare gedruckt wurden. Die Dinare sind nur so auf ihn niedergeregnet. Zu seinem Glück hat sich Saddam Hussein dann von den meisten Kampfgefährten getrennt, die in dem Buch erwähnt wurden. Deshalb wurde es vom Markt genommen, und er erhielt den Auftrag, ein weiteres derartiges Buch zu schreiben. Nun ist er auf immer seine materiellen Sorgen los. Dann gibt es noch einen weiteren Freund von dir, der seinen Übertritt zum Islam unter Ghaddafi publik machte. Auf jeden Fall steht keine Regierung hinter dem Film. Produzieren tut ihn ein Kollektiv aus jungen libanesischen Cineasten.«

»Und welcher politischen Richtung gehören sie an?«

»Sie haben keinerlei Anschluß an irgendeine Partei oder Bewegung. Ganz generell sind es Linke.«

»Und es steht wirklich niemand hinter ihnen?«

»Da kannst du getrost sein. Für den Film ist allein Antoinette verantwortlich. Und sie gehört zu denen, die man als saubere Fortschrittliche bezeichnet, das sind solche, die noch immer in törichten Idealismen leben.«

»Zahlen sie was, oder betrachten sie die Arbeit als einen Beitrag für die gute Sache?«

»Sie zahlen natürlich, jedes Ding hat seinen Preis.«

»Wieviel, glaubst du?«

»Weiß ich nicht, aber es wird anständig sein.«

Ich dachte eine Weile nach und sagte dann: »Natürlich muß ich zuerst den Film sehen.«

»Bon, wie die frankophonen Libanesen sagen. In anderthalb Stunden gehen wir zu ihr. Sie arbeitet in einem Studio, das der PLO gehört.«

Wir aßen ein Döner-Sandwich und tranken eine Dose Bier. Gegen drei Uhr verließen wir das Büro. Ein Taxi brachte uns in das dicht bevölkerte und betriebsame Fakihâni-Viertel.

Wir passierten das hohe Gebäude, das die palästinensischen Informationsbüros beherbergt, dann bogen wir in eine Straße voller Cafés und einfacher Restaurants. Neben einem Standplatz für Sammeltaxis hielten wir an. »Fahrgast nach Damaskus gesucht«, tönte es ständig herüber.

Wir betraten ein Gebäude, das von zwei Bewaffneten bewacht wurde. Sie inspizierten uns genau, nachdem sie sich per Telefon vergewissert hatten, daß wir tatsächlich erwartet wurden. Ein verdreckter Aufzug brachte uns in den dritten Stock, wo Antoinette in einem kleinen Zimmer mit einem Schreibtisch, einem Aktenschrank und ein paar Stühlen arbeitete.

Sie war schlank, mittelgroß, Ende Zwanzig und trug Jeans und Jeansjacke. Sie streckte mir eine rauhe Hand entgegen, mit der sie die meine kräftig und ernsthaft drückte, während ich in zwei schöne grünliche Augen sah und ein bleiches Gesicht, aus dem schlechte Ernährung oder Erschöpfung und Anspannung sprachen.

Sie führte uns in ein anderes Zimmer, in dem eine Moviola für die Montagearbeiten stand.

»Leider habe ich keinen Vorführungsraum reservieren können«, entschuldigte sie sich, »aber du kannst dir an der Moviola immerhin eine Vorstellung von dem Film machen.«

An dem Tisch saß ein junger Mann mit langen Koteletten, vor ihm eine Platte aus aufgerauhtem Glas über einer kleinen Lampe und umgeben von einer Anzahl Spulen, von denen eine das schwarze Band für das Bild trug, eine andere das braune Band für den Ton.

Wadî und ich setzten uns auf zwei Sessel hinter dem jungen Mann. Antoinette beugte sich über ihn und folgte seinen Händen, die die beiden Streifen aneinanderfügten und sie über die benachbarten Zähne des Synchrongeräts spannten.

Sie löschte die Lampe im Zimmer. Es war dunkel bis auf das matte Licht, das vom Tisch ausging. Der junge Mann berührte mit der Hand eines der Räder, da setzten sich die beiden Bänder gemeinsam in Bewegung. Musikgeröchel drang an unser Ohr, während die Aufnahmen über den kleinen Bildschirm liefen.

Zunächst blieb es dunkel, danach kamen verzerrte Bilder mit Zeichen wie Schnitte und Kreise. Schließlich erschien ein großer Titel mitten im Bild mit einem Tilgungszeichen darauf:

Was geschah dem Libanon?

Es folgten Aufnahmen von Dörfern und Beiruter Straßen, reichen und armen Vierteln, von Schaufenstern und Plakaten an den Wänden, von Fernsehwerbung und Bildern der Führer des Landes. Dazu die zauberhafte Stimme von Fairûs in verschiedenen Liedern. Schließlich nochmals der große Titel: *Was geschah dem Libanon?*

Dann der Name von Antoinette in ihrer Eigenschaft als Drehbuchautorin und Regisseurin samt den Namen ihrer Assistenten. Danach begann der Film.

Zu Beginn war ich imstande, den verschiedenen Ereignissen zu folgen und die einzelnen Persönlichkeiten auseinanderzuhalten. Dabei kam mir zu Hilfe, daß der Film sich der alten Stummfilmtechnik bediente und zur Erläuterung von Einzelheiten Zwischentitel verwendete, die den ganzen Bildschirm füllten. Aber bald schon war ich dazu nicht mehr in der Lage und vermochte Personen und Orte nicht mehr auseinanderzuhalten.

Der Film dauerte eineinviertel Stunden. Als das Licht im Zimmer anging, nahm Antoinette ihre Brille ab und hielt mir eine Schachtel amerikanischer Zigaretten hin. Ich nahm mir eine und gab auch ihr Feuer.

»Was denkst du darüber?« fragte sie mit einem unsicheren Lächeln.

»Der Film ist ganz sicher fesselnd und politisch wirklich interessant. Aber ich müßte lügen, wenn ich behauptete, alles verstanden zu haben.«

Ihre Gesichtszüge entspannten sich, ihre Augen strahlten, als sie sagte:

»Das ist genau unser Problem. In dieser Form wird den Film nur voll verstehen, wer den Libanon gut kennt. Deshalb habe ich von Anfang an die Zwischentitel eingesetzt. Aber es ist klar, daß sie das Problem nicht gelöst haben, sondern vielmehr ein neues, das der Ausgewogenheit des Films, geschaffen haben. Die Lösung, zu der ich nun gelangt bin, lautet: Ersetzung der Zwischentitel und der untermalenden Musik durch einen durchgehenden gesprochenen Kommentar, der alle Lücken füllt und zum dramatischen Aufbau des Filmes beiträgt.« Und mit einer nervösen Handbewegung fügte sie noch hinzu: »Also etwas, was den ganzen Film zusammenhält.«

Ich nickte verständig zu dem, was sie sagte, eine Geste, die sie als meine Zustimmung zur Anfertigung des gewünschten Kommentars betrachtete.

»Bon«, sagte sie. »Ich habe dir ein paar Bücher und ein paar Berichte und Zeitungsausschnitte bereitgelegt, die dir eine klare Idee vom gesamten libanesischen Problem geben werden. Lies sie erst mal durch, dann können wir uns darüber unterhalten.«

Wadî half mir, eine Anzahl Bücher und Dossiers zu einem Auto zu tragen, das dem Informationsbüro gehörte. Es fuhr mich zur Wohnung, dann brachte es Wadî in sein Büro.

Inzwischen war es beinahe sechs Uhr. Ich nahm rasch ein Bad und zog etwas anderes an. Dann füllte ich mir ein großes Glas mit Whisky und setzte mich in den Salon vor den Fernseher. Gegen Viertel nach sieben kam das Taxi, das Safwân mir versprochen hatte.

Bei ihm traf ich die jordanische Schriftstellerin vom Morgen wieder; ebenso die braunhäutige junge Dame aus seinem Büro, außerdem zwei junge Männer von der libyschen Botschaft. Wir saßen in einem großen Salon, der mit prunkvollen Möbelstücken vollgestellt war, von zwei Louis-XV-Kanapees, von denen jedes anderthalb Quadratmeter in Anspruch nahm, bis zu enormen geschnitzten Tischen mit schwarzer Marmorplatte.

Die beiden Libyer saßen nebeneinander auf dem Rand eines dieser Kanapees den beiden Frauen gegenüber, von denen die Braunhäutige, ein Glas Whisky in der Hand, sich auf ihrem Sessel locker und entspannt gab, während die Jordanierin stocksteif auf dem Sesselrand thronte, einen Schlüsselbund in der Hand, als wollte sie jeden Augenblick aufstehen.

Ich setzte mich zu den beiden Libyern, und zwar direkt der Braunhäutigen gegenüber. Safwân brachte mir ein Glas Whisky, dann erschien seine Frau mit einem Schälchen. Sie war größer als er, aber deutlich jünger. Sie gab sich betont desinteressiert, und als sie mir die Hand schüttelte, lächelte sie, aber das Lächeln kam nicht über ihre Lippen.

Ich hörte, wie die Braunhäutige mit Randa angesprochen wurde, und als ich bemerkte, daß sie ihr Glas geleert hatte, füllte ich es ihr wieder. Die Jordanierin wollte nichts trinken. Sie ließ den Blick zwischen den Anwesenden hin und her wandern, dann stand sie plötzlich auf und sagte, sie müsse jetzt gehen, weil sie früh am Morgen abreise.

Safwân versuchte, sie umzustimmen. Als er damit keinen Erfolg hatte, begleitete er sie zur Tür. Dann, nachdem er ein Band mit Fairûs aufgelegt hatte, nahm er neben den Libyern Platz. Seine Frau aß und trank nicht mit uns, sie setzte sich lediglich auf den Platz der Jordanierin, nahm das Rohr einer Wasserpfeife und begann zu rauchen. Ihre Blicke wanderten weit weg.

Randa trank gierig und entschlossen ihren Whisky, ich schaute mehrfach zu ihr hinüber, aber sie wich meinem Blick aus.

Schließlich stand ich auf und setzte mich neben sie.

»Die Art, wie du das trinkst, gefällt mir«, sagte ich.

Sie lachte, erwiderte aber nichts. Dann richtete sie ihre Aufmerksamkeit auf das Gespräch zwischen Safwân und den beiden Libyern.

Ich füllte mein Glas und hörte, wie sie zu Safwân sagte:

»Sie kriegen tausend Exemplare von jedem Buch.«

»Wir haben noch nicht entschieden«, warf der Ältere der beiden rasch ein, worauf der andere, in dessen Augen das Trinken schon Spuren hinterlassen hatte, bemerkte:

»Dieser Herr ist schuld daran, daß schon eine geflüchtet ist, und jetzt will er, daß die zweite auch noch davonläuft.«

»Immer schön ruhig!« sagte Randa. »Nichts dergleichen wird passieren.«

Sie stand auf, verließ mich und ging um die Tische herum, bis sie vor den beiden jungen Männern stand.

»Macht mir mal Platz zwischen euch«, sagte sie.

Die beiden gehorchten freudig, und Safwân stand auf, setzte sich neben mich und stieß mit mir an.

»Der iranisch-irakische Krieg hat mir einen tödlichen Schlag versetzt. Als die iranische Revolution ausbrach, haben wir darüber eine Anzahl Bücher veröffentlicht, mit dem Ergebnis, daß die Iraker mein ganzes Sortiment boykottiert haben, ja sie haben sich sogar geweigert, mir zu bezahlen, was sie schon bekommen hatten.«

Ein junger Libanese tauchte auf. Er war schick gekleidet, hatte ein frisches Gesicht und trug einen Samsonite-Aktenkoffer. Bei seinem Anblick strahlte Safwâns Frau. Er sah Safwân ziemlich ähnlich, war aber jünger. Safwân stellte ihn mir als seinen Bruder vor.

Safwâns Frau ließ die Wasserpfeife im Stich, stand auf und präparierte dem jungen Mann ein Glas Gin und einen Teller mit Häppchen.

Ich fragte ihn, ob er auch im Verlagswesen tätig sei, worauf die Frau seines Bruders rasch einwarf:

»Es reicht, wenn einer in diesem Hungerleidergeschäft arbeitet.«

Er sei im Schlagerbusineß tätig, antwortete er, und Safwân erklärte:

»Er verdient an einem Tag, was ich in einem Jahr verdiene.«

Seine Frau verzog den Mund. »Wo ist denn das, was du im vergangenen Jahr verdient hast?« fragte sie ihn.

Safwân verharrte in Stillschweigen und versank in der Betrachtung seines Glases. Dann wandte er sich an mich: »Du hast mir noch gar nicht erzählt, was es in Ägypten so Neues gibt. Weißt du, ich war seit zehn Jahren nicht mehr dort.«

»Du würdest es nicht wiedererkennen, wenn du es jetzt sähest. Alles hat sich in diesen zehn Jahren verändert. Sogar die Luft, meinen manche.«

»Wie das?«

»Die Straßen sind mit Edelkarossen verstopft und mit Superluxusgebäuden und mit Schlaglöchern, Dreck, Müll und Ausländern. Die Geschäfte sind vollgepackt mit importierten Waren und verdorbenen Lebensmitteln. Die Zeitungen mit Lügen und das Trinkwasser mit Würmern.«

»Und die Leute, wie können die dazu schweigen?«

»Die Leute sind geplagt vom Schlangestehen nach Brot, Zigaretten und Hühnerfleisch, von Epidemien, Lärm und Schmutz, von Wasser-, Elektrizitäts- und Telefonunterbrechungen, von unerträglichen Transportmitteln und ständigen Demonstrationen. Jeden Morgen wird man in Hunderte von Stücken zerstreut und ist nicht imstande, sich am Abend wieder zusammenzulesen. Sogar die nationale Großzügigkeit ist bedeutungslos geworden, was erwartest du von ihnen? Außerdem hat Nasser bei ihnen jede Fähigkeit zu kollektivem Wirken ausgelöscht.«

Die beiden Libyer standen auf und äußerten ihren Wunsch zu gehen. Auch Randa erhob sich und ging mit ihnen.

Ich wollte ebenfalls gehen, aber Safwân drängte mich, noch ein wenig zu bleiben, und wollte mir nochmals das Glas füllen. Aber ich wehrte ab.

»Ich muß morgen früh mit der Arbeit beginnen.«

»Kannst du ihn mit dem Auto zurückfahren?« fragte er seine Frau. »Ich glaube nicht, daß ich mit soviel Alkohol noch fahren kann.«

»Warum trinkst du auch, wenn du jemanden da hast, den du zurückfahren möchtest?«

»Ich werde ihn fahren«, schaltete sich der Bruder ein. Als ich mich erhob, standen alle anderen auch auf. Safwâns Frau trat zu seinem Bruder und legte ihm die Hand auf die Schulter.

»Bleib doch, schlaf doch bei uns«, sagte sie.

»Ich kann auch ein Taxi nehmen«, schlug ich vor.

»Um diese Zeit?« zweifelte der Bruder. »Ich muß sowieso gehen, weil ich früh am Morgen nach Damaskus fahre. Also bitte sehr.«

Ich ging vor ihm zur Wohnungstür, Safwân und seine Frau folgten uns schweigend.

Die beiden folgenden Tage blieb ich zu Hause und widmete mich ganz den Büchern und Dokumenten, mit denen mich Antoinette versehen hatte. Zunächst war ich völlig verloren zwischen all den Ereignissen und den Namen von Personen und Orten, und meine Ratlosigkeit wurde noch verstärkt durch die mannigfachen Widersprüche der verschiedenen Standpunkte, die natürlich alle mit einem Arsenal aus eindeutigen und schlüssigen Beweisen bestückt waren. Aber sehr bald wurde mir klar, wie nützlich dieses Vorgehen war, denn es erlaubte mir, den Weg des Vergleichs verschiedener Ansichten zu gehen. Wadî half mir mit seinen persönlichen Erinnerungen und Beobachtungen, und bald bahnte ich mir, nicht ohne Mühe, meinen Weg.

Zahlreiche Einzelheiten blieben mir unklar, aber die Zeit drängte, und ich wußte aus Erfahrung, daß die Dinge sich immer während der eigentlichen Arbeit klären.

Ich rief Antoinette an und verabredete mich mit ihr. Kaum hatte ich aufgelegt, da klingelte das Telefon. Ich nahm den Hörer ab und hielt ihn wieder ans Ohr.

»Herr …?« tönte eine zarte Frauenstimme.

»Wer spricht da bitte?« fragte ich zurück und versuchte mich dabei im libanesischen Dialekt.

»Bei Gott, reden Sie doch Ägyptisch!« sagte die Besitzerin der Stimme sanft.

Ich lachte und sagte: »Wie Sie wollen.«

»Ich bin Lamja, Lamja al-Sabbâgh.«

»Einen schönen guten Tag. Ich habe schon mehrmals versucht, Sie anzurufen.«

»Ich weiß. Aber erst war ich im Dorf und dann damit beschäftigt, die Zerstörungen zu reparieren.«

»Ach je, das ist ja furchtbar.«

»Lassen wir das, das gehört hier allmählich zur Normalität. Herr ..., heute hat mich mein Mann aus Paris angerufen.«

»Kommt er nicht nach Beirut?«

»Zur Zeit wohl nicht. Aber wichtiger ist, es ist was Blödes passiert. Er hat mir gesagt, er hätte das Manuskript Ihres Buches verloren, noch bevor er es lesen konnte.«

Ich schwieg, unfähig zu einem Kommentar.

»Hallo ... Haben Sie wohl noch eine weitere Kopie davon?« fragte sie zögernd.

»Hab' ich.«

»Und wären Sie wohl so freundlich, mir diese zu überlassen?«

»Um sie ihm zu schicken?«

»Ja, selbstverständlich.«

»Ich wollte eigentlich die Sache rasch abschließen.«

»Bis wann bleiben Sie in Beirut?«

»Vielleicht noch eine Woche.«

»Wir werden sehen. Wann haben Sie Zeit?«

»Wann immer es Ihnen paßt. Morgen vormittag zum Beispiel. Um zehn Uhr?«

»Okay. Ich erwarte Sie. Sie wissen, wo ich wohne?«

»Dort, mitten in der Zerstörung?« erkundigte ich mich erstaunt.

Sie lachte.

»Die Detonation war im Erdgeschoß, wo Läden sind. Die Büros selbst sind nicht groß in Mitleidenschaft gezogen worden. Wir haben alles repariert, und es ist, wie es war.«

»So rasch? Ich werde schon hinfinden.«

»Also um zehn.«

Ich hängte auf und zündete mir eine Zigarette an. Es war noch früh am Tag, und trotzdem spürte ich das Bedürfnis nach etwas Trinkbarem. Ich präparierte mir ein Glas Gin. Dann setzte ich mich hin und blätterte in einem großen Band über den Ablauf des libanesischen Bürgerkriegs.

Am frühen Nachmittag rief mich Wadî an und teilte mir mit, er gehe mit einem Freund essen. Ich solle mich des Kühlschrankinhalts bedienen und mir etwas zum Essen machen.

Ich machte mir ein Spiegelei und verzehrte es mit ein paar Oliven und Salat. Dabei studierte ich eine Anzeige in der Zeitung vom Vortag, worin die Araber aufgefordert werden, in die bewaffneten Streitkräfte Libyens einzutreten, »des revolutionären Kerns des Vereinigten Arabischen Staates«, um »der brutalen Aggression entgegenzutreten, der sich die arabische Nation seitens des Imperialismus, des Zionismus und der arabischen Reaktion ausgesetzt sieht«. Neben der Anzeige entdeckte ich eine kleine Meldung über das Ausmaß der libyschen Einmischung im Tschad an der Seite des Regierungschefs Goukouni Oueddei gegen dessen Rivalen Hissène Habré, den die Vereinigten Staaten stützten. Es fand sich auch ein Hinweis auf einen Leitartikel der Kairoer Zeitung *al-Ahrâm*, in dem Amerika aufgefordert wurde, sein Ansehen und seine Stellungen wiederherzustellen und seine Verantwortung zur Erhaltung des Friedens zu übernehmen, außerdem, feindseligen Akten entgegenzutreten, Expansion zu verhindern und jegliche Form von Hegemonie und Terrorisierung von Völkern durch Aggression und Einmischung abzulehnen.

Nach dem Essen verspürte ich den Wunsch nach etwas Ruhe. Aber ich raffte mich auf, zog mich um und verließ die Wohnung.

Ein Taxi brachte mich zum Büro von Antoinette. Ein Bewaffneter begleitete mich bis in ihr Zimmer. Bei ihr saß, in einem Sessel neben ihrem Schreibtisch, ein untersetzter Mann in den Fünfzigern.

Sie stellte mich ihm vor und sagte dann:

»Abu Nâdir, der Chef der Filmabteilung der PLO. Vielleicht hast du schon von ihm gehört?«

»Wer hätte nicht von ihm gehört?« sagte ich und schüttelte ihm herzlich die Hand.

Die Fedajin-Aktion, die er mitten in Tel Aviv durchführte, war fast schon ein Mythos geworden. Die Israelis hatten ihn danach festgenommen und zum Tode verurteilt. Aber es gelang ihm zu entkommen, nachdem er eine schwere Verwundung erhalten hatte, die ihn lange Zeit bewegungsunfähig machte.

Ich nahm ihm gegenüber Platz, und er setzte eine mit Antoinette angefangene Unterhaltung fort:

»Der Spielraum ist enger geworden. Morgen wirst du die Bestätigung dafür bekommen. Du kennst meine Prophezeiungen und wie sie sich bewahrheiten. Es ist so etwas wie Intuition. Hab ich dir je von der Aktion in Tel Aviv erzählt?«

Sie nickte, aber er fuhr, an mich gewandt, fort zu erzählen:

»Vor uns stand ein israelischer Soldat mit einer Maschinenpistole. Sein Finger lag am Abzug, er war bereit, jede Sekunde das Feuer auf uns zu eröffnen. Aber irgendwie spürte ich, daß er es nicht tun würde, und trat näher, bis meine Brust die Mündung berührte. Dann streckte ich die Hand aus und nahm ihm die Waffe ab.«

Plötzlich wechselte er das Thema und fragte mich:

»Wie geht's denn so in Ägypten? Ich war nur ein einziges Mal dort, das war im Jahre 1968. Da hab' ich Gamal Abdel Nasser getroffen. 1970 hätte ich nochmals hin sollen, aber die Geschichte mit den Russen ...«

»Wie das? Ich meine, warum?« wollte ich erstaunt wissen.

Er lächelte.

»Bei meiner ersten Fedajin-Aktion sind wir von Jordanien aus in die besetzten Gebiete eingedrungen. Und weißt du, wer damals das Feuer auf uns eröffnet hat? Die Jordanier. Damals habe ich zu meinen Kameraden gesagt: Der Grund für unsere Katastrophe sind immer unsere Freunde, nicht unsere Feinde.«

»Aber was hat das mit den Russen zu tun?« fragte ich.

»Ich weiß, was du sagen willst«, unterbrach er mich. »Glaub mir, von ihnen haben wir nichts als leere Worte zu erwarten.«

»Genau das sagt auch Sadat«, schaltete sich Antoinette ein. »Als ob sie die Waffen an unserer Statt tragen sollten.«

»Wir sind doch nichts als Schachfiguren im Spiel zwischen den Russen und den Amerikanern.«

»Wenn das Begin gehört hätte, wäre er vor Freude an die Decke gesprungen«, entgegnete sie heftig.

Sein Lächeln wurde breiter.

»Als sie mich einsperrten, fragten sie mich nach meiner Haltung den Russen gegenüber. Da hab' ich ihnen die Wahrheit gesagt. Aber das hat sie nicht daran gehindert, mich zum Tode zu verurteilen. Was soll's? Antoinette hat mir erzählt, der Film hätte dir gefallen.«

»Ja, wirklich.«

»Glaubst du, er würde ein Erfolg in Ägypten?«

»Der Dokumentarfilm hat in Ägypten im allgemeinen kein Publikum. Außerdem hat die Sadatsche Propaganda das Interesse der Menschen an arabischen Fragen abgewürgt.«

»Habe ich dir nicht gesagt«, frohlockte er, zu Antoinette gewandt, »daß das Buch ein geeigneteres Medium ist als der Film?« Und zu mir gewandt fuhr er fort: »Weißt du eigentlich, daß ich einen großen Roman geschrieben habe? Alle, die ihn gelesen haben, waren begeistert und haben mir versichert, ich hätte den Beruf verfehlt.«

Ich zeigte Interesse.

»Darf ich ihn mal lesen?«

Er schaute uns an. Dann stand er auf. »Ich gehe jetzt«, sagte er, »und lasse euch arbeiten.« Nachdem er weggegangen war, sagte Antoinette:

»Abu Nâdir ist ein außergewöhnlicher Mensch, auch

wenn er seine ganz eigenen Ansichten hat. Hat dir das Material, das ich dir gegeben habe, genützt?«

»Durchaus, aber ich möchte gern den Film nochmals sehen.«

»Selbstverständlich. Ich habe heute den Vorführungsraum für dich reserviert.«

Sie stand auf und nahm einige Papiere von ihrem Schreibtisch. Sie trug dieselben Jeans, die ich schon beim ersten Mal an ihr gesehen hatte, aber sie hatte die Jacke durch eine kurzärmlige, mit Zweigen gemusterte Bluse ersetzt.

Sie ging mir voraus die Treppe zum Obergeschoß hinauf. Wir betraten einen Vorführungsraum von der Größe eines Wohnzimmers. Darin standen mehrere Reihen bequemer Stühle, in der Mitte ein kleiner Tisch mit zwei Aschenbechern darauf. Nur zwei Schritte trennten diesen von der Leinwand, die die gesamte Wand bedeckte.

Ich nahm auf einem der Sessel in der ersten Reihe Platz und zündete mir eine Zigarette an. Antoinette ging zur Projektionsluke und sprach mit dem Operateur. Dann löschte sie das Licht und richtete sich auf dem Platz neben mir ein. Die Vorführung begann. Diesmal war ich besser in der Lage als beim ersten Mal, den Sequenzen des Films zu folgen.

Es war heiß, und ich zog meine Jacke aus, deponierte sie auf dem Platz neben mir und legte meinen rechten Unterarm auf die Lehne. Ich trug ein kurzärmliges Hemd. Als ich ihren nackten Arm dicht neben mir spürte, machte ich die erste Bewegung. Unsere Unterarme berührten sich, klebten einige Augenblicke aneinander. Dann zog sie, in aller Freundlichkeit, den ihren weg.

Ich konzentrierte mich auf den Film, und sehr rasch war ich so von den Bildern absorbiert, daß ich nicht mehr merkte, wie die Zeit verging, bis ich das Wort »Ende« las. Antoinette stand auf und machte das Licht an. Die Hände in den Hosentaschen, drehte sie sich um und kam näher. Vor mir blieb sie stehen, neigte eine Schulter nach vorn und stützte sich auf den Rand des Stuhles, auf dem sie gesessen hatte. Ich bemerkte einige Flecken auf ihrem bleichen Gesicht.

Ich bot ihr eine Zigarette an. Sie nahm sie und zog ein goldenes Feuerzeug aus ihrer Tasche, das sie mir hinhielt. Ich zündete meine Zigarette an und sagte:

»Es gibt zahlreiche Zwischentitel. Man wird sie in den Text einfügen müssen. Ich brauche für meine Arbeit die Bilder vor mir.«

»Du kannst an der Moviola arbeiten.«

»Nein. Mein Problem ist, daß ich nicht an einem festen Ort und zu einer Zeit arbeiten kann. Hast du nicht ein Drehbuchskript?«

»Das enthält nur die große Linie. Alles ist hier drin«, erklärte sie und zeigte auf ihren Kopf.

»Nicht einmal eine Liste mit den Sequenzen?«

»Doch, ich habe eine, die dir aber nichts nützen würde. Sie besteht nur aus Ziffern und Zeichen.«

»Also bleibt mir nichts anderes übrig, als mir selbst eine Liste zu machen. Ich werde mir das Ganze auf der Moviola ansehen und den Inhalt der Sequenzen notieren.«

»Aber der Film hat sechs Teile, abgesehen von der Einleitung.«

»Es wird sicher ein wenig mühsam sein, und ich werde einige Zeit brauchen. Aber so komme ich auch richtig in den Film rein. Ich habe nur eine Bedingung.«

»Und die wäre?«

»Daß an dem, was ich schreibe, ohne meine Zustimmung keinerlei Veränderungen vorgenommen werden. Ich kenne die Bedürfnisse des Films und werde versuchen, sie soweit wie möglich zu berücksichtigen. Aber ich werde keinen Versuch akzeptieren, in meinen Text einzugreifen, egal in wessen Interesse.«

»Das steht dir zu. Wann kannst du anfangen?«

Ich schaute auf meine Uhr.

»Jetzt«, sagte ich. »Probieren wir es mit der Einleitung!«

Ich zog meine Jacke an, und wir gingen hinunter in ihr Büro. Der Operateur folgte mit den metallenen Behältern mit dem Film. Gemeinsam brachten wir sie in den Montageraum. Antoinette machte mit geübten Fingern Ton- und Bildspur fest. Dann gab sie mir ein paar weiße Blätter und löschte, nachdem sie ihre Brille aufgesetzt hatte, das Licht. Ich zog einen Stuhl neben sie und holte einen Kugelschreiber aus meiner Tasche.

Es begann, dunkel und verzerrt. Dann erschien der Titel des Films, und ich setzte den Kugelschreiber auf das Papier, ohne meinen Blick von dem kleinen Bildschirm abzuwenden. Ich begann zu notieren, was ich sah:

Allgemeine Naturaufnahmen. Schneebedeckte Berggipfel. Zedern schauen durch den tauenden Schnee. Grüne Matten am Berg. Maulbeer-, Feigen- und Orangenbäume. Bach unter Nußbaum. Sonnenstrahlen, die auf dem Wasser glitzern. Grüne Tabakpflänzchen. Braune Tabakblätter auf Tüchern am Wegrand. Daneben Bauern in weißen Kleidern und Pluderhosen. Ziegenhirten. Transistorradio auf Esel. Fairûs singt: Oh du mein Bienenfresser.

Steiler Weg zu großem Palast auf einem Hügel. Geräumiger Balkon, darauf Bey in Bauerntracht, niedriger, geneigter Tarbusch auf dem Kopf. In der Nähe seine »Garde«, Befehle erwartend.

Straße quer durchs Dorf. Staubige Gassen, niedrige Häuser. Vor einem hockt alter Mann auf Steinbank, raucht Wasserpfeife. Kaufladen, ein paar Holztische mit Burschen darum herum, spielen so was wie Flipper.

Dorf bei Nacht. Junge Männer in Hemd und Hose, ziehen herum mit Taschenlampen. Rufen: Wir wollen die Einheit, je früher desto besser, mit unserem Führer Abdel Nasser.

Fairûs singt: Ich hab' dich geliebt im Sommer, ich hab' dich geliebt im Winter.

Nochmals Fairûs, andere Lieder, mit raschen, westlichen Rhythmen.

Die Lieder waren im libanesischen Dialekt, und ich verstand die Texte nicht. Ich gab Antoinette ein Zeichen, sie nochmals zu spielen. Sie stoppte die Vorführung, griff nach einem Rad, das mit der Achse der Moviola verbunden war, und spulte den Film langsam zurück.

Das Lied kam mir bekannt vor, aber ich verstand den Text noch immer nicht. Doch plötzlich begriff ich, was mich hatte aufmerken lassen. Es war die Melodie eines populären europäischen Schlagers. Die Mischung aus libanesischem Dialekt und westlicher Tanzmusik wirkte seltsam.

»Das Lied heißt: ›Es war einmal‹«, erklärte ich Antoinette.

Sie nickte und ließ den Film weiterlaufen. Ich fuhr fort, mir Notizen zu machen.

Die Hamra in Beirut. Elegante Schaufenster. Plakate über ganze Gebäudewände. Schnittige Autos. Blinkende Lichter. Juwelen- und Flipperläden. Feine Mäntel. Prunkvolle Kinos. Mini-, Midi- und Maxi-Jupes. Gedämpftes Rotlicht in Nebenstraßen. Café La Dolce Vita. Verschiedene Cafés entlang der Küste bis zum Rauscha-Felsen. Gedränge wie am Jüngsten Tag. Kopfbedeckungen vom Golf und weiße Galabias. Halbnackte blonde Mädchen in einer Bühnenrevue.

Bildschirmfüllende Nahaufnahme, Text:
Touristen-Casino Libanon
Offeriert Ihnen allabendlich
Die üppigste Schlemmertafel
Und die wohlschmeckendsten orientalischen Speisen.
Wir erfüllen Ihnen alle Wünsche.
Weitere Nahaufnahme:
Libanon, Oase der Freiheit.
Fairûs' Engelsstimme: Besucht mich alle Jahre wieder, vergeßt mich nicht.

Flughafen Beirut. Flugzeug aus Afrika, eine Gruppe Afrikaner und Libanesen steigt aus. Fülliger Libanese (weiß gekleidet, kahlköpfig, weißes Seidenhemd, Bauch hängt über Hose, Schnurrbart bis zur halben Backe, Samsonite-Koffer in der Hand) folgt aufmerksam und besorgt einer großen Pappschachtel, die vor ihm aus dem Flughafengebäude geschoben wird.

Flitterwochen-Erinnerungsfoto von Fairûs und Âssi al-Richbâni, Kairo 1955.

Zwischentitel:

Während des Bürgerkriegs hielten allabendlich um sieben Uhr die Kämpfe inne, damit alle Libanesen dem Programm von Sijâd al-Richbâni, dem Sohn von Fairûs, im libanesischen Radio zuhören konnten.

Sijâds Stimme: Wir leben noch.

Sijâd mit kränklich magerem Gesicht, in gestreiftem Pyjama, auf einer Bühne. Schild über dem Eingang des Theaters, darauf Titel des Theaterstücks, das er verfaßt hat und in dem er mitspielt:

Ein langer amerikanischer Film

Zwischentitel über den ganzen Bildschirm:

Was geschah dem Libanon?

Zwischentitel bleibt, rechts und links davon folgen Namen der an der Produktion Beteiligten.

Antoinette hob ihre Hand von dem Moviolarad. Die Vorführung war zu Ende. Sie setzte ihre Brille ab und legte ihre Arme auf den Tisch, während sie mich im matten Licht lächelnd ansah. Dann stand sie rasch auf und ging zum Lichtschalter und machte Licht.

Ich schaute auf die Uhr. Es war beinahe acht. Während ich die beiden Filmstreifen betrachtete, die sich in einer Stoffschachtel neben der Moviola häuften, sagte ich:

»Die Einleitung hat uns jetzt annähernd zweieinhalb Stunden gekostet. Wenn ich so weitermache, kann ich alles in weniger als einer Woche durchhaben.«

»Dann noch eine weitere Woche zum Schreiben?« sagte sie, nachdem sie sich wieder neben mich gesetzt hatte. »Nicht wahr?«

»Ja, so etwa.«

»Paßt dir das?«

»Ganz und gar nicht«, sagte ich, boshaft lächelnd.

Sie war damit beschäftigt, die beiden Filmstreifen aufzuspulen und die Rollen in ihren jeweiligen Behälter zurückzulegen. Als sie fertig war, half ich ihr, die Behälter in ihr Zimmer zurückzutragen. Sie ließ mich einen Augenblick allein, während sie eine Wolljacke und ihre Handtasche holte.

»Und wohin gehst du jetzt?« fragte sie, während sie einen Schlüssel aus ihrer Tasche holte.

»Nach Hause.«

»Ich auch«, sagte sie, während sie mir voraus aus dem Zimmer ging und hinter uns die Tür abschloß.

»Wo wohnst du denn?«

»In Ostbeirut.«

Ich schaute sie verblüfft an, da lachte sie und fragte:

»Überrascht?«

»Das heißt, du gehst jeden Abend dorthin zurück und kommst jeden Morgen hierher?«

»Vergiß nicht, daß es eine einzige Stadt ist«, sagte sie, während wir auf die hell erleuchtete und belebte Straße hinaustraten. »Auch während des Krieges bin ich jeden Tag hierhergekommen. Ich verlasse meine Familie in Bluse und Jupe oder im Kleid, und kaum hier angekommen, ziehe ich einen Militäroverall an und schnappe mir die Kalaschnikow. Und am Abend, um nach Hause zu gehen, ziehe ich mich wieder um.«

»Sind deine Leute ...?«

»Genau. Fanatische Maroniten.«

»Dann bist du also wie Sijâd al-Richbâni?«

»Sijâd hat gegen seine Mutter rebelliert.«

»Und du?«

»Ich rebelliere gegen die Gesamtsituation.«

Sie öffnete ihre Tasche und holte eine Zigarette heraus, was mir Gelegenheit bot, einen Blick auf den Tascheninhalt zu werfen. Ich schaute in die Mündung einer kleinen Pistole.

Ich gab ihr Feuer und zündete mir auch eine Zigarette an. Wir gingen zu einem alten Volkswagen.

»Kennst du Wadî schon lange?« fragte sie mich plötzlich.

»Wir waren zusammen auf der Schule.«

Sie ließ nicht locker: »Kennst du ihn gut?«

Ich wußte nicht recht, was antworten. Sie zog die Wagentür auf und sagte:

»Steig ein, ich nehm' dich mit.«

Aus dem Arabischen von Hartmut Fähndrich

Mahmud Darwish

Kaffeeduft und Brandgeruch

Drei Uhr. Ein Morgen, der mit dem Feuer gebracht wird. Ein Alptraum, der vom Meer kommt. Hahnenschreie aus Metall. Rauch. Eisen, das das Festmahl des Eisens richtet. Ein Morgen, der in allen Sinnen anbricht, bevor er erscheint. Und ein Dröhnen, das mich aus dem Bett jagt und in diesen schmalen Flur schleudert. Ich will nichts, ich wünsche nichts. Ich verliere die Kontrolle über meine Glieder in diesem totalen Chaos. Für Vorsichtsmaßnahmen bleibt keine Zeit – der Zeit bleibt keine Zeit. Wüßte ich doch, wie ich diesen Ansturm des Todes bändige, wüßte ich doch nur, wie ich diese Schreie befreie, die sich in einem Körper aufstauen, der nicht mehr mein Körper ist, so sehr versucht er, dieser ungeregelten Abfolge von Bombardements zu entkommen. Es reicht ... es reicht – habe ich geflüstert, um zu sehen, ob ich imstande war, etwas zu tun, woran ich mich erkenne ... und was den genauen Ort dieses Abgrunds aufzeigt, der sich in allen sechs Richtungen auftut. Ich will mich diesem Schicksal nicht ergeben, aber ebensowenig kann ich es bekämpfen. Ein Eisen, das aufheult, und ein anderes, das zurückbellt. Das Fieber der Metalle ist die Hymne dieses Morgens ...

Würde diese Hölle nur fünf Minuten innehalten! Danach komme, was wolle! Fünf Minuten. Ich könnte auch sagen: Bloß fünf Minuten, in denen ich meine einzige Vorkehrung treffe, dann will ich mich um Leben oder Tod kümmern. Ob fünf Minuten reichen? Ja ... sie genügen mir, um mich aus diesem schmalen Flur zu schleichen, der zum Schlafzimmer führt, zur Bibliothek, zum Bad ohne Wasser und zur Küche, die ich seit einer Stunde betreten will, aber ich schaffe es nicht ... ich werde es nie schaffen.

Vor zwei Stunden war ich eingeschlafen. Ich stopfte mir zwei Wollknäuel in die Ohren und schlief ein, nachdem ich die letzte Nachrichtensendung gehört hatte. Es wurde nicht gemeldet, daß ich tot bin. Das heißt, ich bin noch am Leben. Ich inspizierte meine Glieder und fand sie vollzählig: zehn Zehen unten, zehn Finger oben. Zwei Augen, zwei Ohren, eine lange Nase. Ein Glied in der Mitte. Und was das Herz betrifft: Es ist unsichtbar. Es gibt nichts, was darauf hindeutet, als diese eigenartige Fähigkeit, meine Glieder zu zählen, und eine Pistole, die auf einem der Bücherregale abgelegt ist ... eine schmucke Pistole, sauber, glänzend, von kleinem Format, ungeladen. Zu der Pistole gab man mir eine Schachtel Patronen, von der ich nicht mehr weiß, wo ich sie vor zwei Jahren versteckt habe – aus Furcht vor einer Torheit, vor einer kopflosen Zornesaufwallung, vor einer unbedachten Kugel. Ich lebe also noch, genauer gesagt: Ich existiere.

Niemand hört auf meine Bitte, die wie eine weiße Flagge über dem Rauch gehißt ist: Ich will fünf Minuten. Ich kann diesen Morgen, das heißt dem, was ich noch von ihm spüre, anders nicht auf die Beine helfen, bin nicht bereit, diesen Tag zu betreten, der aus dem Wehklagen geboren ist. Ist es August? Ja, es ist August, und der Krieg hat sich in eine Belagerung verwandelt. Ich versuche durch das Radio, das zu einer dritten Hand mutiert ist, herauszufinden, was zu dieser Stunde passiert, aber es gibt keinen Zeugen und keine Nachricht. Das Radio schläft.

Ich frage mich nicht mehr, wann das Geheul des Stahl gewordenen Meeres aufhört. Ich wohne im achten Stock eines Gebäudes, das jeden Schützen zum Treffer verlockt, und wie steht es wohl mit der Kriegsflotte, die das Meer in einen Quell der Hölle verwandelt hat? Die Nordseite des Hochhauses erfreute die Bewohner mit dem Anblick der gekräuselten Fläche des Meeres, denn sie ist die Seite der Fenster, doch jetzt ist diese Seite umgestülpt in eine tödliche Nacktheit. Warum bin ich hierhergezogen? Was für eine idiotische Frage! Seit zehn Jahren wohne ich nun hier und habe mich nie über die Blöße des Glases beschwert.

Wie aber komme ich in die Küche?

Ich will den Duft des Kaffees. Nichts als den Duft des Kaffees. Von allen Tagen möchte ich nichts als den Duft des Kaffees – um mich wieder zu fangen, um auf beiden Beinen zu stehen, um mich von einem Kriechtier in einen Menschen zu verwandeln und meinem Teil an diesem Morgen auf die Beine zu helfen. Damit wir, der Tag und ich, gemeinsam auf die Straße gehen und nach einem anderen Ort suchen können.

Wie lasse ich den Geruch des Kaffees in meine Zellen strömen, während die Granaten vom Meer auf die Seite der Küche mit dem Blick aufs Meer niederdonnern und den Geruch des Sprengstoffs und den Geschmack der Vernichtung verströmen? Ich habe angefangen, den Abstand zwischen zwei Granaten zu messen. Eine Sekunde ... eine Sekunde ist kürzer als der Abstand zwischen Stöhnen und Seufzen, kürzer als der Abstand zwischen zwei Atemzügen. Eine Sekunde reicht nicht, um an den Gasherd zu gehen, der an der Fensterseite mit dem Blick aufs Meer steht. Eine Sekunde reicht nicht, um eine Wasserflasche zu öffnen, eine Sekunde reicht nicht, um das Wasser in den Kessel zu schütten. Sie reicht nicht, um das Streichholz zu entzünden. Aber sie reicht, um zu verbrennen ...

Ich habe das Radio ausgedreht. Ich frage mich nicht mehr, ob die Wände dieses schmalen Flures mich wirklich vor dem Raketenhagel schützen. Mir kommt es nur darauf an, daß eine Wand diese Luft vor mir verbirgt, die mit dem unmittelbar tödlichen, zerfetzenden, würgenden Metall verschmolzen ist. Unter solchen Umständen ist ein dunkler Vorhang imstande, in der Einbildung als sichere Deckung zu gelten. Denn der Tod besteht darin, den Tod zu sehen.

Ich möchte den Duft des Kaffees. Ich möchte fünf Minuten ... einen Waffenstillstand von fünf Minuten für den Kaffee. Ich habe kein weiteres Anliegen, als eine Tasse Kaffee zuzubereiten. Mit dieser Manie sind alle meine Ziele und Aufgaben definiert. Alle meine Sinne sind auf einen einzigen Ruf fixiert und strecken sich durstig einem einzigen Ziel entgegen: dem Kaffee ...

Für jemanden, der so süchtig nach Kaffee ist wie ich, ist der Kaffee der Schlüssel zum Tag. Für jemanden, der den Kaffee kennt wie ich, bedeutet Kaffee, daß du ihn mit den eigenen Händen zubereitest, nicht, daß er dir auf einem Tablett gebracht wird. Denn wer das Tablett bringt, der bringt auch Worte mit, der erste Kaffee aber wird von den Worten verdorben, er ist die jungfräuliche Braut eines wortlosen Morgens. Der Tagesanbruch, mein Tagesanbruch ist das Gegenteil des Geredes. Und der Duft des Kaffees saugt die Stimmen auf, selbst ein Gruß wie »Guten Morgen« würde ihn verderben.

Daher ist der Kaffee genau dieses frühmorgendliche, bedächtige und einzigartige Schweigen, bei dem du ganz für dich allein, noch träge, an den Wasserhahn trittst, in neugewonnenem Frieden mit dir selbst und den Dingen, und das Wasser in aller Ruhe in das dunkle kupferne Gefäß gießt, das geheimnisvoll gelb-bräunlich schimmert, dann stellst du es auf ein schwaches Feuer ... ach, wäre es nur ein Holzfeuer!

Entferne dich ein bißchen von der kleinen Flamme, um auf die Straße zu blicken, die auf der Suche nach ihrem Brot gerade auflebt, wie immer schon, seit der Affe vom Baum gestiegen ist und auf zwei Beinen steht; eine Straße, die auf den Obst- und Gemüsekarren getragen wird, auf den Stimmen der Verkäufer, die sich nur unterscheiden hinsichtlich des Tons ihrer Anpreisungen und der Art, wie sie die Ware in ein Attribut des Preises verwandeln. Atme die nachtkühle Luft ein, dann kehre zur kleinen Flamme zurück – wär' es nur Holzfeuer! – und beobachte liebevoll und bedächtig das

Verhältnis der Elemente: das Feuer, das sich grün und blau färbt, das Wasser, das sich kräuselt und kleine weiße Bläschen wirft, die sich in eine weiche Haut verwandeln und dann größer werden, immer größer werden und sich schließlich aufplustern zu richtigen Wasserblasen, sich ausdehnen, zerplatzen, sich wieder ausdehnen und zerplatzen, danach dürstend, zwei Löffel groben Zuckers zu verschlingen, bis sie sich nach einem kurzen Zischen und Pfeifen beruhigen, nur um einen Augenblick später wieder zu schlürfenden Strudeln zu werden, die sich nun einer anderen Materie entgegensehnen, der Kaffeebohne, diesem Gockel aus Duft und orientalischer Männlichkeit...

Nimm die Kanne vom Feuer, um das Gespräch der von Tabak und Tinte noch unberührten Hand mit der ersten ihrer Schöpfungen beginnen zu lassen, mit einer ersten Schöpfung, die dir, von diesem Moment an, den Geschmack des Tages und den Kreis deiner Schritte bestimmen wird. Sie bestimmt dir vorher, ob du arbeiten mußt oder den Kontakt mit jemandem den ganzen Tag meiden solltest. Denn das, was aus dieser ersten Bewegung und ihrem Rhythmus, aus der Welt des Schlafs und dem, was darin vom vorangegangenen Tag bewahrt wird, und schließlich aus den im Schlaf enthüllten Abgründen deiner Seele resultiert, wird deinen neuen Tag ausmachen.

So ist der Kaffee, die erste Tasse Kaffee, der Spiegel der Hand. Die Hand, die den Kaffee macht, verströmt den Charakter der Seele, die sie bewegt. Der Kaffee ist eine öffentliche Lesung im aufgeschlagenen Buch der Seele, der verborgen wirkende Zauberer dessen, was der Tag an Geheimnissen bringen wird.

Der bleierne Morgen will nicht aufhören, von der Seite des Meeres mit Geräuschen aufzuwarten, die ich nie vorher vernommen habe. Das ganze Meer ist in herumschwirrende Granaten gehüllt. Das Meer ändert seine Meeresnatur und metallisiert sich. Hat der Tod so viele Namen? Wir haben gesagt, daß wir Beirut verlassen. Warum also wird dieser rot-grau-schwarze Regen über denen vergossen, die die Stadt verlassen, ebenso wie über denen, die bleiben werden, seien es Menschen, Bäume oder Steine? Wir haben gesagt, daß wir gehen werden. Und sie sagten: auf dem Seeweg. Und wir sprachen nach: auf dem Seeweg. Warum also bewaffnen sie die Wellen und den Schaum mit diesen Kanonen? Damit wir schnelleren Schritts zum Meer gehen? Zuerst müssen sie die Belagerung des Meeres aufheben, müssen den letzten Weg für das letzte Rinnsal unseres Blutes freigeben. Aber solange es ist, wie es ist, können wir die Stadt nicht verlassen – so werde ich mir also einen Kaffee zubereiten.

Die Vögel der Nachbarn haben um sechs Uhr morgens angefangen zu zwitschern. Sie pflegen diese Tradition des neutralen Gesangs, seit sie mit dem ersten Licht alleine waren. Für wen singen sie inmitten dieses Gewühls aus Raketen? Sie singen, um ihre Art von der vorangegangenen Nacht zu heilen, sie singen für sich, nicht für uns. Haben wir dies schon vorher gewußt? Die Vögel haben sich ihren ureigenen Raum im Qualm der verbrannten Stadt geschaffen. Die Pfeile ihrer Stimmen wanden sich um die Bomben und zeigten auf ein Stück friedlicher Erde in diesem Raum. Der Mörder soll morden. Der Kämpfer soll kämpfen. Und der Vogel soll singen. Aber ich habe es aufgegeben, nach Vergleichen zu suchen, habe es aufgegeben, zu deuten, da es die Natur der Kriege ist, Symbole verächtlich zu machen und die Verhältnisse der Menschen, des Orts, der Elemente und der Zeit auf ihren Rohzustand zurückzuführen, so daß wir froh sind über ein bißchen Wasser, das aus einem gebrochenen Rohr auf der Straße hervorsprudelt, denn hier kommt das Wasser als Wunder zu uns.

Wer hat gesagt, daß Wasser keine Farbe, keinen Geschmack, keinen Duft habe? Wasser hat eine Farbe, die sich mit dem Durst auftut. Wasser hat die Farbe der Vogelstimmen, besonders des Spatzen, der Vögel, die sich nicht um diesen vom Meer her kommenden Krieg kümmern, solange ihr artgemäßer Raum unberührt bleibt. Wasser hat den Geschmack des Wassers, und sein Duft ist der Duft einer Nachmittagsbrise auf einem Feld, das weithin von schweren Ähren wogt, wenn die würdevollen Flügel eines kleinen Spatzen, der niedrig über die Felder fliegt, das Licht durchschneiden, als wollten sie kleine Flecken von Schatten darauf hinterlassen. Denn nicht alles, was fliegt, ist ein Flugzeug. Ja, womöglich ist dies das schlimmste arabische Wort: die weibliche Form des Wortes Vogel (Tâ'ir), nämlich Flugzeug (Tâ'ira). Die Vögel sangen weiter und bekamen festere Stimmen inmitten des Grollens der Kanonen vom Meer. Wer also hat gesagt, daß das Wasser keinen Geschmack, keine Farbe und keinen Duft habe? Und wer hat gesagt, daß dieses Flugzeug die weibliche Form dieses Vogels sei?

Doch plötzlich schweigen die Vögel. Seit der Sturm des fliegenden Eisens wirbelt, haben sie aufgehört, sich zu unterhalten und wie gewohnt durch die morgendliche Luft zu kreisen. Sind sie wegen seines stählernen Grollens verstummt oder wegen der unausgewogenen Ähnlichkeit hinsichtlich Gestalt und Name: zwei silberne Flügel aus Eisen gegen zwei Flügel aus Federn? Eine Brust aus Eisen und Elektronik gegen einen Schnabel, der singen kann. Eine Fracht aus Raketen gegen ein Weizenkorn und einen Strohhalm. Die Vögel haben aufgehört zu singen, endgültig niedergeschlagen vom Krieg, da die Erde ihres Himmels nicht mehr die alte sein wird.

Der Himmel senkt sich, als wäre er ein herabfallendes Dach aus Zement. Das Meer verwandelt sich in Festland und kommt näher. Himmel und Meer sind aus einem Stoff. Himmel und Meer ziehen den Würgegriff um meine Kehle enger. Ich habe das Radio wieder angeschaltet, um Neuigkeiten vom Himmel zu hören. Nichts ist zu hören. Die Zeit erstarrt. Sie hat sich auf mich gesetzt, um mich zu würgen.

Die Düsenjäger sind durch meine Finger geflogen, haben meine Lunge durchbohrt. Wie komme ich an den Duft des Kaffees? Wie kann ich ausgetrocknet sterben, ohne den Duft des Kaffees? Ich will nicht, ich will nicht – wo ist mein Wille?

Aus dem Arabischen von Stefan Weidner

Elias Khoury

Die Reise des kleinen Gandhi

Alice sagte, daß er gestorben sei.

»Ich kam hin und erblickte ihn, habe ihn mit Zeitungen zugedeckt, niemand war da, auch seine Frau nicht, alle sind verschwunden, ich war ganz allein.«

Alice sagte, daß sie ihn zum Friedhof gebracht und dabei Leute ohne Gesichter gesehen hätte. »Die Leute haben ihre Gesichter verloren«, sagte sie mir. Sie redete sie an, aber hörte ihre Antworten nicht, also ließ sie sie stehen und ging fort. So sei die Geschichte ausgegangen.

»Erzähl mir von ihm«, sagte ich ihr.

»Wie soll ich dir von ihm erzählen«, entgegnete sie. »Ich habe mit ihm gelebt und kenne ihn doch nicht. Wenn du mit einem lebst, achtest du nicht darauf. Ich hab' auf nichts geachtet, also weiß ich's nicht.« Sie schüttelte den Kopf und wiederholte den Satz: »Ich weiß nur, daß er tot ist. Tot für nichts und wieder nichts.«

Ich entsinne mich an Alices Worte und versuche mir vorzustellen, was geschehen ist. Aber ich entdecke Löcher in der Geschichte. Alle Geschichten sind voller Löcher. Wir wissen nicht mehr, wie man erzählen kann, wir wissen gar nichts mehr. Die Geschichte vom kleinen Gandhi ist zu Ende. Seine Reise und sein Leben sind zu Ende. So endete die Geschichte von Abdalkarim Husn al-Ahmadi al-Mughayyiri, welcher den Beinamen der kleine Gandhi trug.

Der kleine Gandhi stand auf, der kleine Gandhi konnte nicht schlafen in jener Nacht. Jene Nacht unterschied sich von allen anderen Nächten dieses merkwürdigen Sommers. Beirut stand auf, als könnte es nicht schlafen. Da war das Salz. Alle sagten, weißes Salz sei über die Straßen ausgestreut worden. Als hätte es Salz geregnet. Aber es hatte nicht geregnet. Die Stadt war in Schweigen getaucht. Beirut schwamm in der Dunkelheit und ging unter. Der kleine Gandhi spürte, daß die Stadt unterging. Das Schweigen rankte sich am Hals des kleinen Mannes hinauf, der allein in seiner gewohnten Ecke im Keller des Burdj-Salam-Gebäudes saß, wo er seit sechs Jahren wohnte. Der kleine Gandhi hatte Angst. Eine Angst, die nichts mehr mit dem Beben zu tun hatte, das seinen Rücken erfaßte, wenn er den Lärm der Flugzeuge hörte, die die Stadt angriffen. Es war eine andere Angst. Eine Angst, die die Augen mit zwei großen Steinen verschließt. Der kleine Mann war unfähig, seine Augen zu öffnen, aber schlafen konnte er auch nicht. Er sah etwas, das dem Schatten seiner kleinen dicken Frau ähnelte, die im Zimmer herumging, als wollte sie etwas sagen, und doch nichts sagte.

Plötzlich begann dieses Dröhnen, das die Türen aus den Angeln hob. Dutzende von Flugzeugen kreisten in niedriger Höhe, fraßen die Luft und streiften beinahe die Dächer. Der kleine Gandhi rührte sich nicht von der Stelle. Es schien, als schliefe er, doch er glaubte, er schlafe nicht. Der Schlaf überfiel ihn inmitten eines Gefühls von Wachheit, und er wußte nicht mehr, ob er sah oder träumte. Er öffnete seine kleinen Augen und sah nichts. Er sah sich in der Ecke des Zimmers sitzen, dort, wo er sich tatsächlich befand. Die Angst verschluckte ihn. Er lehnte sich an die Wand und fühlte, wie die Wand fast zusammenbrach. Er öffnete die Augen und sah nichts. Er schlief und sah nichts. Die Dunkelheit, schon vom ersten Weiß des beginnenden Morgengrauens angekratzt, verlieh den Dingen eine seltsame Frage. Er befeuchtete mit der Zunge seine Lippen, und sein Mund füllte sich mit dem Geschmack von Salz. Gestern hatte es Salz geregnet. Der kleine Gandhi sah das Salz in den Straßen. Der weiße Belag sah aus wie die Zunge eines toten Tieres, die auf der Straße ausgestreckt war.

»Ihr seid das Salz der Erde«, sagte er zum bejahrten Altsyrer, als er sich gestern abend in seinem Laden befand. Das war am 14. September 1982. Die israelische Armee stand vor den Toren Beiruts, und die Explosion in Aschrafiye* gab ihm das Gefühl, daß die Stadt ins Meer stürzen werde. Und er erinnerte sich an den Priester Amin, als er noch jung war. Einmal blieb er vor ihm stehen und streckte ihm seine weiß-braunen Schuhe hin. Gandhi war ratlos, weil er nicht wußte, wie er die kleinen Löcher im Leder mit Schuhcreme beschmieren sollte, ohne den Zorn des Priesters hervorzurufen. Er erinnerte sich an die Schuhe und das hellbraune Gesicht des Priesters mit den weißen Zähnen, mit denen er einen Satz formulierte, den er regelmäßig wiederholte: »Ihr seid das Salz der Erde; wenn aber das Salz kraftlos geworden ist, womit soll gesalzen werden?« Der Priester sprach durch die Zähne, aber wie würde er wohl sprechen, wenn er eines Tages altersschwach war und seine Zähne ausfielen? Und Gandhi sah den altersschwachen Priester vor sich, der aufgehört hatte zu reden. Er sah ihn wie einen Idioten vor der Sayyida Niyah-Kirche stehen und nur noch griechische Gebete vor sich hin murmeln. Er erinnerte sich an den Priester, aber seinen eigenen Namen hatte er vergessen, er hatte vergessen, warum man ihn Gandhi nannte, wo er doch gar nicht wußte, wer dieser Gandhi war. Und als der große Amerikaner ihn davon unterrichtete, daß Gandhi ein indischer Führer und Held war, lachte der kleine Gandhi heimlich vor sich hin, obwohl er es nicht mehr gewagt hatte zu lachen, seit er im Restaurant von Salim Abu Uyun arbeitete. Sein Lachen ähnelte mehr einem Gähnen. Als er gestern die Nachricht von der Explosion und dem Tod des Präsidenten hörte, reagierte er mit einem Lachen darauf. Da ließ er sein Lachen vor dem Spirituosenladen von Abu Taqiya und lief nach Hause.

* Gemeint ist die Ermordung des am 23. 8. neu ernannten Präsidenten Bechir Gemayel bei einem Bombenanschlag in Ost-Beirut. Als Reaktion darauf rückte die israelische Armee in Beirut ein.

Der Besitzer des Ladens, der die ganze Zeit über hinter seinem Tisch saß und die Fliegen um sich verscheuchte, sprach vom baldigen Ende des Krieges. Der gebrechliche Altsyrer stimmte ihm zu. Gandhi haßte diesen Altsyrer mit der großen Nase, der sich vor allen verbeugte. Es stimmt, daß er seine und seiner Kinder Schuhe geputzt hatte, aber das war schon lange her. Der kleine Gandhi hatte die Schuhputzerei vor fünf Jahren aufgegeben. Es war nicht das erste Mal, daß er seinen Beruf aufgegeben hatte. Er hatte es vorher bereits einmal getan, als er ein Restaurant auf Kosten des amerikanischen Hundes aufgemacht hatte. Er erinnerte sich an seine Geschichte mit Mister Davis, einem Professor für Philosophie an der Amerikanischen Universität in Beirut, der ihn mit dem Priester Amin bekannt gemacht hatte und zum Gebet in die Kirche einlud. Gandhi war nur ein einziges Mal in die Kirche gegangen, aber hatte sich mit dem Hund von Mister Davis angefreundet. Und dank dieser Freundschaft wurde er Restaurantbesitzer.

Einmal kam Mister Davis zu ihm und bat ihn, ihm beim Füttern des Hundes zu helfen.

»Ich habe aber nichts außer Schuhcreme«, entgegnete Gandhi.

Doch der amerikanische Professor, der die Beiruter Umgangssprache beherrschte wie ein Beiruter, bat ihn, einen leinenen Sack zu holen und ihm zu folgen. Gandhi folgte ihm ins Restaurant und begann, die Speisereste aufzusammeln und im Sack zu verstauen. Dann ging er damit zum Haus von Mister Davis. Der Sack brachte ihn auf einen Gedanken, und er fing an, mehrere Säcke mitzunehmen. Einen davon gab er dem Hund von Davis, mit den anderen ging er zu sich nach Hause. Dort vor seinem Haus eröffnete er ein Restaurant: Joghurt, Käse, Fleisch, Köfte, Hommos und Gemüse, je nachdem, was es gerade gab. Ein Teller Joghurt zu zehn Groschen, eine Fleischplatte ein halbes Pfund, Gott gefiel es, und so lebte Gandhi auf Kosten des Hundes. Als der Hund starb, schlug er Mister Davis vor, einen anderen Hund zu kaufen, doch Davis war traurig, und außerdem wurde kolportiert, daß er sich von seiner Frau scheiden ließe und daß die Frau den Hund getötet habe, weil sie eifersüchtig auf ihn war. Das bewahrte Gandhi nicht davor, sich selbst einen Pekinesen zu kaufen und ihn bei sich zu Hause großzuziehen. Seine Frau wäre fast verrückt geworden, und Suad schrie andauernd. All das nützte aber nichts, da Mister Davis abreiste und der Priester sich weigerte, den Hund aufzunehmen. Unterdessen hatte der Hund Gandhi liebgewonnen, so daß dieser gezwungen war, ihn zu töten und ins Schuhputzgewerbe zurückzukehren.

Aber dieses Mal verließ er das Gewerbe für immer und besorgte sich etwas Besseres, indem er für die Sauberkeit des Viertels verantwortlich zeichnete. Fauziya, seine Frau, sagte, daß er vom Schuhputzer zum Straßenfeger geworden sei. Aber das stimmte nicht, denn er war jetzt ein Verantwortlicher, während ein Straßenfeger kein Verantwortlicher ist. Ein Straßenfeger kehrt die Straßen, sammelt den Müll auf und geht wieder. Aber Gandhi war für den Müll verantwortlich vom hinterletzten Pups bis zum Salam Alaikum. Er verteilte die Müllsäcke an die Anwohner, holte sie wieder ab, warf sie fort und paßte auf, daß keiner die Ordnung verletzte.

Sie saßen vor dem Laden und sprachen über das Ende des Krieges. Der kleine Gandhi blieb stehen, nicht, weil niemand ihn zum Sitzen aufgefordert hätte, auch nicht, weil er es vorzog, zu stehen, sondern weil er nicht wußte, was er machen und sagen sollte. Er blieb stehen. Er hörte ihrer Plauderei zu. Der Altsyrer sprach über die Essensreste für die Katzen, die während der Belagerung vom Markt verschwunden waren, und Frau Nadjat sprach über den Nutzen des Jods, das jetzt überall im Meer war. Gandhi versuchte zu verstehen, warum sie so glücklich waren. Da sah er plötzlich, wie ihre Gesichter lang wurden. Das Radio hatte die Meldung der Explosion von Achrafiye gebracht, und die Leute rannten in ihre Häuser. Lang wie Masken wurden die Gesichter. Masken rannten durch die Straßen der Stadt, und die Straßen leerten sich. Nicht einmal Schritte waren zu hören. Der Besitzer schloß seinen Laden, und Frau Nadjat rannte zu ihrem Haus. Gandhi lief ziellos durch die Straßen. Diesmal verstand er, daß der Krieg nicht geendet hatte. Als er seinen Sohn vor drei Wochen auf den Straßen weinen sah, dachte er, daß der Krieg aufgehört hätte. »Der Krieg hat aufgehört«, rief er, während er seinen Sohn umarmte und ihn ins Haus brachte. Das Weinen des Sohns war die Erklärung des Kriegsendes. Die palästinensischen Freischärler waren auf See, und das israelische Heer stand vor den Toren Beiruts.

»Alles ist vorüber«, sagte er seinem Sohn, »morgen kommt der große Amerikaner wieder, alles kommt wieder, uns geht's wieder wie früher.« Er sagte es in der Nacht auch seiner Frau, nachdem er seine Tochter Suad gefüttert hatte, indem er sie zwang, den Mund zu öffnen, und sie mit Schlägen bedrohte. Das Mädchen lief fort und preßte sich an die Wand. Schließlich gab sie nach und setzte sich wie ein Huhn vor ihm hin, und er fütterte sie, als wollte er sie ausstopfen. Dann warf sie sich auf die Matratze, die auf dem Boden lag, und schlief ein. Er sagte seiner Frau, daß alles wieder werden würde, wie es war, und daß sein Sohn, der Friseur, sein Leben von neuem beginnen könne.

In diesen Tagen wurde der Krieg zu Masken auf den Gesichtern der Leute. Die Menschen wurden zu Masken ohne Augen, wie von Sinnen liefen sie durch die Straßen der Stadt. Der kleine Gandhi ging. Er kehrte nicht nach Hause zurück. Wußte er, daß er sterben würde, machte er sich deshalb auf seinen letzten Gang? Stimmt es, daß die Menschen, die sterben werden, den Tod riechen, bevor er kommt, und ihm entgegengehen? Blieb Gandhi vor der Bar stehen, um ein letztes Mal Abschied zu nehmen? Er zögerte lange, bevor er eintrat und Alice an ihrem gewohnten Platz unter dem gedämpften roten Licht stehen sah, drei Blumen in der Hand. Er fragte sie nicht, wo sie sich während der Belagerung versteckt hatte. Er selbst wußte ja nicht mehr, wo er war, er erinnerte sich aus dieser Zeit an nichts mehr, außer daß er alles vergessen hatte. Er hatte die Leute vergessen und die Arbeit. Seine Frau sagte ihm, daß er debil würde, weil er anfinge, alle Namen zu vergessen.

Alice fragte nichts. Er kam zu ihr und setzte sich ihr gegenüber an den Tisch. Sie reichte ihm ein Glas Brandy, das er mit einem Zug leer trank, legte ihre Hand auf seine und begann endlos zu reden. Das jedenfalls hätte Gandhi mir gesagt, wenn er mir die Geschichte berichtet hätte. Er würde gemurrt haben wegen ihrer vielen Rederei und hätte geschwiegen. Aber was mich betrifft, so bin ich in einer anderen Situation, denn wenn Alice nicht soviel reden würde, wüßte ich nichts von der Sache. Aber warum hat Gandhi ihr all dies mitgeteilt? Hat er es ihr wirklich mitgeteilt, oder hat sie es erfunden und erzählt es nun aus eigenem Antrieb? Sie sagt, daß sie aus dem Vergnügungslokal Balwaab geflohen sei, als der Zwischenfall mit Kamal al-Askari und Asad Awad geschah. Ihr wißt das nicht, aber sie weiß es. Sie behauptet, daß der Krieg im Balwaab begonnen habe, und weswegen? Wegen gar nichts. »Schande über sie, die sie töteten, die die Männer töteten und dann verdufteten, die Schurken.« Und an dem Tag, da sie floh, begegnete sie Gandhi, und wäre sie ihm nicht begegnet, hätte er ihr nicht seine Geschichte erzählt, und wäre Gandhi nicht gestorben, hätte mir Alice die Geschichte nicht erzählt, und wäre Alice nicht verschwunden oder gestorben, würde ich nicht schreiben, was ich jetzt schreibe.

Alice ergriff seine rechte Hand und versuchte, sie an ihre Lippen zu führen. Schnell zog der kleine Gandhi seine Hand zurück.

»Der Tod kommt, der Tod ist wie das Salz«, sagte er.

»Was soll das Geschwätz«, entgegnete sie, »los, geh zu deiner Frau und deinen Kindern.«

»Ich weiß es, ich rieche den Tod«, sagte er und erhob sich.

Sie fragte ihn nicht, wohin er ging. Sie ließ ihn in den Tod gehen. Und sie wußte es, sie sagte mir, daß sie wußte, daß er sterben würde.

»Er hatte Angst vor dem Tod, ging zu ihm und starb«, antwortete mir Alice, während vor uns der Besitzer des Saloniki saß und seine Augen ins Leere schweifen ließ.

Der Mann ging nach Hause und versuchte zu schlafen. Niemand weiß, was er in dieser Nacht dachte, hatte er Angst um seinen Sohn Husn, der noch nicht heimgekommen war, oder spulte sich sein Leben wie ein Film vor ihm ab, wie die Romanschriftsteller behaupten? Was wir wissen, ist, daß er früh aufstand und das Gefühl hatte, er habe nicht geschlafen. Dies, sagt Rima, habe er ihr gesagt. Das Dröhnen der Flugzeuge lag ihm in den Ohren. Er machte sich eine Tasse süßen Kaffee, so wie er ihn liebte, und vernahm ein leichtes Klopfen an der Tür. Seine Frau schlief, und seine Tochter wälzte sich in ihrem Bett hin und her, als würde sie nicht mehr schlafen. Er öffnete die Tür und sah Rima. Sie stand da mit ihren krausen blonden Haaren, als hätte sie einen Hut auf dem Kopf, und zögerte einzutreten. Sie fragte nach Ralf*, und als er ihr sagte, daß er nicht hier sei, wollte sie gehen. Aber Gandhi bat sie, einzutreten und eine Tasse Kaffee mit ihm zu trinken. Er sagte ihr, daß sein Sohn nicht im Haus geschlafen habe, vielleicht habe er in der Barbierstube übernachtet. Es war, als ob sie nicht zuhörte, sie ärgerte sich über den Kaffee, weil er zu süß war, dann fragte sie ihn nach Neuigkeiten. »Die Juden sind in Beirut«, sagte Gandhi, »und Bachir Gemayel ist tot.« »Tot«, entgegnete sie mit leiser Stimme und brach in Tränen aus. Sie konnte

* Husn, Gandhis Sohn, nennt sich im Friseursalon ›Ralf‹.

186

wegen allem weinen. Gandhi verstand nicht, ob sie wegen den Juden weinte, weil sie Angst um Husn hatte oder weil sie um den ermordeten Präsidenten trauerte. Sie weinte sehr eigenartig. Ihr ganzer Körper fing an zu zittern, und die Kaffeetasse glitt ihr aus der Hand, wobei sie sich schüttelte, als wollte sie tanzen. Sie stellte die Tasse auf den Tisch und ging überstürzt fort, den Oberkörper vornübergebeugt, während die krausen Haare auf ihrem Kopf wippten. Gandhi hielt sie nicht. Er ließ sie gehen und dachte an sein Schicksal. Er schaltete das Radio ein und hörte die Nachricht vom Einmarsch der Israelis in Beirut. Der Explosionslärm schwoll wieder an. Er dachte nicht an seinen Sohn Husn, auch nicht an seine Tochter, die auf der Erde lag, er dachte an niemanden. Er dachte an seinen Schuhputzkasten und stand eilig auf, um ihn aus der Ecke des Zimmers zu holen, wo er achtlos verstaut worden war, und ihn zu reinigen.

Ständig hatte Gandhi an Alice gedacht. Seit jener Begegnung hatte er das Gefühl, als einziger für sie verantwortlich zu sein. Alice war stark genug. Und seit dem Moment, als Gandhi sie in die Bar Montana im Hamra-Viertel mitgenommen hatte, stand sie auf eigenen Füßen. Es stimmt, daß Hassan as-Saylaa derjenige war, der die Sache geregelt hatte, aber Alice verstand es, sich einzugewöhnen, und wurde schließlich Blumenverkäuferin in der Bar. Die Kundschaft änderte sich in jenen Tagen. Soldaten und andere Gruppen Bewaffneter kamen nun in die Bar und schlürften ihre Becher leer, als müßten sie Rizinusöl trinken. Die angenehmen Tage, wo die Kunden friedlich dasaßen, ihre Geschichten zum besten gaben und den Geschichten der Mädchen zuhörten, waren vorüber. Die neue Atmosphäre gefiel Alice nicht besonders, aber sie fügte sich, und es gelang ihr, einige Kunden für ihre Blumen zu gewinnen und davon zu leben.

Nach zwei Jahren Ungewißheit infolge der Schließung des Balwaab-Lokals vermittelte Gandhi sie mit Hilfe von

Zailaa an diese Bar weiter. Zailaa ist eine Geschichte für sich, denn nachdem er seine ältere Schwester umgebracht und sich selbst umzubringen versucht hatte, schloß er sich einer der Bürgerkriegsmilizen an und wechselte später zu anderen Milizen, bis er bei einer schließlich der Verantwortliche für die Abteilung »Bars« wurde.

Alice sagte, daß seine Augen vor Unschuld tränten, trotz seiner Blässe, seines Dreitagebarts und der Angeberei, er sei zu einem Verbrechen fähig. In dieser Bar sollte Alice Gandhi regelmäßig treffen, weil er fast jeden Abend auf dem Nachhauseweg dort ein Glas Brandy trinken ging.

Sie fanden ihn auf dem Boden neben dem Schuhputzkasten. Sie sagten, daß er Angst gehabt hatte. Er hatte gehört, daß die Israelis alle verhaften. Er hatte Angst vor dem Kerker, Angst, wieder in die Höhle geworfen zu werden, in die sie ihn damals eingekerkert hatten. Er hatte Angst, daß sie ihm vorwerfen würden, er arbeite mit den Freischärlern zusammen, da er für die Sauberkeit des Viertels zuständig war. Er hatte Angst, nahm den Schuhputzkasten, legte sich den ledernen Gurt, an dem der Kasten hing, um den Hals, und ging los. Sie waren überall, sie riefen ihm zu, daß er stehenbleiben soll, oder sie riefen nicht, wer wüßte das? Jedenfalls eröffneten sie das Feuer und streckten ihn über seinem Schuhputzkasten nieder. Sein Hals hing an der Kante des Schuhputzkastens, und sein Körper war vornüber gebeugt.

Alice lief zu ihm und bedeckte ihn mit Zeitungen. Sie kam aus der Bar, wo sie in dieser Nacht geschlafen hatte. Sie erblickte ihn und sah das Wasser, das auf die Stadt niederging. Sie deckte ihn zu, und das Salz, das in der Stadt verstreut war, zerging inmitten der Regentropfen, während die Blätter, mit denen sie ihn zugedeckt hatte, feucht und matschig wurden. Alice stand da in ihrem langen schwarzen Kleid, während der Regen auf die von der Belagerung ausgelaugte Stadt niederging.

Alice sagte: Das alles ist lange her. »Du denkst, daß ich Alice bin, aber das stimmt nicht, mein Sohn, Alice war einmal, ›jetzt‹ heißt ›es war‹, und ›es war‹ heißt, das ist lange her, alles ist lange her, so was wie ›jetzt‹ gibt's nicht.« Mehr sagte sie nicht. Sie verschwand in den Straßen, über die der Tod hereinbrach. Lange suchte ich nach ihr, ohne sie zu finden. Als sei sie fortgegangen, um in den Ruinen, die sie an sich zogen, zu verschwinden.

Aus dem Arabischen von Stefan Weidner

Raschid al-Daif

Der Eigenmächtige

Noch bevor ich fertig gegessen hatte, spürte ich eine gewisse Schläfrigkeit. Normalerweise bin ich nachmittags, nach dem Mittagessen, erst einmal etwas schlapp, zumal mit fortschreitendem Frühling und zunehmender Hitze. Im allgemeinen schlafe ich dann ein wenig. Ohne diesen Mittagsschlaf, und dauere er auch nur ein paar Minuten, bin ich den ganzen Nachmittag über nervös, giere nach einer Zigarette, rede, ohne zuzuhören, und sehe mich außerstande, irgend etwas zu tun, das auch nur die geringste Anstrengung erfordert.

Doch es war jener Tag der Woche, der mich immer zwang, diese Gewohnheit zu durchbrechen. Zwischen ein und drei Uhr hatte ich nämlich einen Kurs zum Thema Übersetzung. Diese Zeit war mir aus Gründen auferlegt, die sich dem Willen der Allgemeinheit entzogen. Das Land befand sich im Kriegszustand, und seit Beginn des Krieges war die Universität gezwungen, die nachmittäglichen Unterrichtszeiten vorzuziehen und die Stunden schon um ein Uhr beginnen zu lassen. Denn weder Dozierende noch Studierende, noch Angestellte wagten es, sich lange nach Sonnenuntergang außerhalb ihrer Wohnungen aufzuhalten. Ich hatte also diese Stunden akzeptiert, weil ich gar keine andere Wahl hatte. Umstände haben ihre eigenen Regeln. Außerdem hatte diese Lösung trotz allem ihr Gutes: Sie erlaubte mir, lange vor Sonnenuntergang nach Hause zu gehen.

Ich beendete mein Mittagessen, ohne satt zu sein, was mein Schlafbedürfnis etwas verringerte. Dann nahm ich meine hübsche Samsonite-Aktentasche und ging in die Uni.

Es war also ein Übersetzungskurs, und meine Strategie

war es, kurze Stücke von verschiedenen Autoren, wenn möglich französischen, auszuwählen, mit dem Ziel, dadurch die Studierenden mit verschiedenen Stilarten bekannt zu machen.

Wir waren dabei, jenen Abschnitt aus den ersten Seiten von Albert Camus' »Die Pest« zu übersetzen, in dem erzählt wird, wie Dr. Bernard Rieux am Morgen des 16. April aus seiner Praxis tritt und auf dem Treppenabsatz über eine tote Ratte stolpert, die er beiseite schiebt, ohne sie weiter zu beachten …

Am vorangegangenen Freitag waren wir bis zu der Stelle gekommen, wo es heißt:

Ce n'était pas au rat qu'il pensait. Ce sang rejeté le ramenait à sa préoccupation. Sa femme, malade depuis un an, devait partir le lendemain pour une station de montagne.

(Er dachte nicht an die Ratte. Das verspritzte Blut brachte ihn wieder auf seine Sorgen. Seine Frau, die seit einem Jahr krank war, sollte am nächsten Tag in einen Kurort in den Bergen abreisen.)

Hier hatten wir innegehalten und versucht, den Satz ins Arabische zu übertragen. Ich analysierte und kommentierte ihn mit enormem Vergnügen. Es war das Vergnügen von jemandem, der seinen Verdrängungen freien Lauf läßt. Ich setzte zu einem Exkurs an und vertiefte mich in die Bedeutung dieses Satzes und seine Richtigkeit vom Anbeginn der Zeiten bis heute. Denn die enorme Gefahr bedroht uns, uns alle, und doch werden wir, aus welchem Grund auch immer, davon abgehalten, uns ihr zu stellen. Die Ratte ist der Beginn der Pest, dieser Pest, die die Bewohner ebenso wie die Besucher der Stadt vernichten wird. Aber die Menschen, zu denen auch der Arzt gehört, kümmern sich nicht darum, sind beschäftigt mit ihren Problemen, die, wenn auch nicht weniger wichtig als die allgemeine Gefahr, sie doch an Dringlichkeit nicht übertreffen.

Diese Ratte nun ist nichts anderes als ein Symbol für jede

Art Gefahr, die die Menschen bedroht – jeden einzelnen –, ohne daß diese sich darum kümmerten. Die Ratte unterscheidet sich nicht von dem Abbruchhammer in Fellinis Film »Prova d'orchestra«, wo die Musiker sich streiten, sich schlagen und sich gar umbringen, während der Abbruchhammer am Gebäude wirkt. Und auf den übriggebliebenen Trümmern der Mauern und im Staub der Zerstörung geht es im Takt des Stöckleins des Dirigenten im Nazi-Look diszipliniert weiter.

Die Ratte unterscheidet sich auch nicht von Ionescos Rhinozeros, jenem Tier, das in uns wächst, bis wir mit ihm eins werden und es mit uns.

Sie unterscheidet sich schließlich auch nicht, ganz einfach gesagt, von den Passagieren eines Schiffs, die aus allerlei zwingenden Gründen nicht auf das Wasser achten, das ins Schiff eindringt und es zu versenken droht.

Als ich so richtig in Fahrt (ich meine in Exkurs) gekommen war, fiel mir plötzlich auf, daß ich über den Unterrichtsgegenstand hinausgegangen war. Ich kappte also den Strang meines Exkurses und erklärte den Studierenden:

»Dieser Exkurs war notwendig, um Sie in die Atmosphäre dieses Textes zu versetzen, damit Sie sich darüber klar werden, welche Art Vokabular und welche Art von Stil Sie wählen müssen.«

Ich sagte dies, obwohl ich genau wußte, daß meine Worte, auch wenn sie stimmten, auf etwas anderes abzielten. Dann – wir machten uns gerade daran, den Satz ins Arabische zu übertragen (es war genau halb drei Uhr) – wackelte der Hörsaal mit allem, was sich darin befand.

Es wackelte Niet- und Nagelfestes und das andere sowieso, als ob der Unterschied zwischen beidem nur eine Illusion gewesen wäre. Der Stuhl wackelte ebenso wie die Wand. Der Lärm des Glases übertönte etliche andere Geräusche. Glas scheint zu den schreckenerregendsten Dingen zu gehören.

Einige Augenblicke lang wackelte alles. Danach war es wieder ruhig. Ich starrte auf die Studierenden, diese auf mich, dann sagte ich:

»Jemand hat die Schallmauer durchbrochen.«

»Ganz gewiß, Herr Professor«, bestätigte einer von ihnen, »sicher ein israelisches Flugzeug.«

Alle schienen einverstanden. Niemand zeigte auch nur den geringsten Zweifel. In Sachen Detonationslärm waren wir alle inzwischen Experten. Jemand konnte beispielsweise das Geräusch einer Granate beim Abschuß und bei der Detonation am Zielpunkt unterscheiden. Auch die Geräusche der verschiedenen Granatwerfer konnte er unterscheiden. Ja, er konnte sogar bei Gewehrschüssen erkennen, ob sie in die Luft oder auf ein bestimmtes Ziel abgegeben worden waren.

Also zweifelte keiner, daß das, was wir gehört hatten und was alles zum Erzittern gebracht hatte, Resultat einer Schallmauerdurchbrechung war, verursacht durch ein israelisches Flugzeug am Himmel über Beirut. Derartiges kannte man, es war längst Normalität. Denn seit einigen Jahren schon tummelten sich israelische Flugzeuge über dem Libanon. Und meistens flogen sie, die Schallmauer durchbrechend und einen Höllenlärm erzeugend, durch den Himmel über der Hauptstadt Beirut. Im Laufe der Zeit war das Teil unseres täglichen Lebens geworden, ja es war eigentlich schon eher beruhigend als beunruhigend oder gar furchterregend, denn es hieß, daß es sich nicht um eine Autobombe gehandelt hatte und auch nicht um eine Granate, die in der Nähe niederging.

Wir kehrten zu unserem Satz zurück. Die Studierenden vertieften sich wieder in die Übertragung, und ich erklärte ihnen ein weiteres Mal, diese müsse durch einen arabischen Satz erfolgen, der das mangelnde Interesse von Dr. Bernard Rieux an der Ratte ebenso zum Ausdruck bringt wie die Tatsache, daß sein mangelndes Interesse an der Ratte untrennbar mit seinem Interesse an etwas anderem verbunden ist. Denn wofür sich Dr. Rieux interessiere, das sei eben nicht die Ratte, sondern etwas anderes, viel Wichtigeres als diese Ratte, aus deren Mund das Blut hervorquoll. Ich spürte, daß ich drauf und dran war, in einen weiteren Exkurs abzugleiten, für den ich länger brauchen würde, als die dafür noch verfügbare Zeit. Also schwieg ich. Aber ich kam mir vor wie jemand, der etwas Angenehmes begonnen, es aber zu früh beendet hat. Ich genieße es nämlich, über dieses Thema zu reden, wie jemand es genießt, über einen Freund zu sprechen, der ihn verraten hat, der nicht den Erfordernissen der Freundschaft entsprach, der ihm das Schöne nicht durch Gleiches vergalt oder der ihn in allerschwierigsten Situationen verlassen hat. Ich genieße es, über dieses Thema zu sprechen, wie jener es genießt, über die Fehler seines Freundes zu sprechen, der die Partei verlassen hat, der sie gemeinsam angehörten. Oder wie jemand, der mit seinem Bruder verfeindet ist. Bin ich mit dem Krieg verfeindet, daß ich ihn tadeln müßte?

Dann wurde das Klassenzimmer von neuem erschüttert. Danach folgten die Erschütterungen unmittelbar aufeinander. Da wurde es den Studierenden langsam unheimlich, und eine Unruhe machte sich breit. Alle drängten an die Wand. Wie Schafe, die vor einem sich verfinsternden Himmel Angst haben. Die Seite des Zimmers zur Straße hin bestand nämlich völlig aus Glas. Und Glas ist ein gefährlich Ding. Schnell im Zorn, schnell im Verderben. Wenn es nicht imstande ist zu widerstehen, so zerstört es sich selbst, ohne sich darüber Rechenschaft zu geben, welche Wirkung ein solcher Selbstmord auf die Umgebung hat. Die Wand dagegen ist in kritischen Situationen wie eine Mutter. Bei der einen suchst du Zuflucht wie bei der anderen. Suchst Schutz bei ihr. Die Wand ist ein festes Wesen. Sie läßt dich erst allein, wenn sie total zerstört ist. Erst dann wirst du zur Waise. Denn wenn sie dich allein läßt, hast du keine Zuflucht mehr. Sogar ihre Trümmer werden dir zum Feind. Aber solange sie sich senkrecht halten kann, ist sie ein sicherer Wächter und schützt dich. Vertraue ihr, suche Zuflucht bei ihr, geh zu ihr, tritt näher! Sie wird dir treu bleiben, solange ein Stein auf dem anderen ist. Wenn sie aber zusammenbricht, wird es wirklich ernst.

Die Studierenden waren inzwischen alle auf der Wandseite. Die Detonationen wurden immer zahlreicher und kamen immer näher. Alle drängten sich zusammen. Jeder wollte die Wand berühren. Die Wand ist sanftmütig, wohingegen die Glassplitter mit jedem neuen Lärm überall herumflogen. Und immer in der Pause zwischen zwei Detonationen, so kurz sie auch war, hörte man Glas splittern.

Die Detonationen wurden noch zahlreicher und kamen noch näher, so daß wir allmählich glaubten, man habe es auf uns abgesehen. Daran änderte auch die Tatsache nichts, daß man es auf die Kasernen abgesehen hatte, die die Universität von drei Seiten umgaben. Sie umzingelten uns förmlich, klebten an uns, und wir konnten jeder Granate, die gegen uns gerichtet war, zum Opfer fallen.

Wir mußten unbedingt den Seminarraum verlassen, und zwar schnell, zumal dieser im fünften Stock lag. Wir mußten runter, und zwar schnell!

Wir gingen hinaus ins Treppenhaus, wo sich schon andere Studenten und Studentinnen drängten, die aus allen Räumen desselben Stockwerks quollen, vermehrt durch eine weitere Flut, die aus den oberen Stockwerken herabdrängte.

Mein ganzer Kurs einschließlich meiner selbst wurde Teil eines Stroms, den die Hörsäle speisten und der sich von den oberen in die unteren Stockwerke ergoß.

Dieser Strom ergoß sich langsam nach unten. Nicht weil alle bedächtig oder langsam gegangen wären, sondern weil sie nicht vorwärts kamen. Es ging einfach nicht schneller.

Von Zeit zu Zeit hörten wir Getöse, das wie israelische Luftangriffe klang. Aber wenn ich den Kopf hob, um die Quelle des Lärms auszumachen und mehr darüber zu erfahren, sah ich nichts.

Was mich am meisten überraschte, während ich mit dem Strom nach unten strömte, war, daß ich nicht vor Furcht zitterte, obwohl ich im allgemeinen, ich gestehe das offen ein, schnell Angst habe. Nicht, weil ich ein Hasenfuß wäre; das bin ich nämlich nicht. Ich habe einfach Angst. Jeder vernünftige Mensch hat Angst. Wer Augen hat zu sehen, hat Angst, wer Ohren hat zu hören, hat Angst.

Aber in jenem Augenblick habe ich nicht vor Angst gezittert, sondern weil ein Gefühl von weiblicher Gegenwart in mir erwacht war. Und es war, als verhinderte dieses jedwedes andere Gefühl. Eigentlich alle waren Studentinnen. Furchtsame Studentinnen. Ich sah nur Studentinnen, wenn ich von der Treppe aufschaute. Und wenn ich darauf achtete, wo meine Füße standen, spürte ich nichts als ihre Gegenwart. Sie waren gegenwärtig und niemand sonst. Die Existenz der männlichen Studenten spürte ich nicht. Sie hatten keinen Platz in meinem Bewußtsein. Und wenn ich doch aus dem einen oder anderen Grund die Anwesenheit eines Studenten spürte, so empfand ich diese als eine Verletzung meiner Intimsphäre. Ich hatte dann das Gefühl, daß dieser Kerl unter meine Kleider kroch; es war, als wäre er in meinem Schlafzimmer und beobachtete mich beim Ausziehen oder in meinem Klo, wie ich drücke, wische, mir die Hände wasche. Wenn ein solcher Student mir aus irgendeinem Grund seine Präsenz aufdrängte, hatte ich das Gefühl, er sei unverschämt und besitze nicht den Anstand, sich aus meinen ganz persönlichen Angelegenheiten herauszuhalten. Es war, als wollte er meine Gefühle ausspionieren, wollte mich bloßstellen, und das ganz besonders, wenn wir uns kannten. Dann schaute ich in die andere Richtung, um ihm nicht die Gelegenheit zu geben, mich zu grüßen.

An einem solchen Ort, in solch schrecklichen Augenblikken, da du dich vor dem Tod nur retten kannst, indem du vergißt, was geschieht, läßt dich die Anwesenheit eines Studenten um eine hübsche Illusion ärmer werden, die Illusion, daß du hier der Pol bist und daß alles, was sich um dich herum abspielt, auf dir aufbaut. Die Anwesenheit eines Studenten vervielfältigt die Zentren, und du, der Professor, bist nicht mehr das Zentrum.

Außerdem stellt eine solche Präsenz eines anderen Mannes jeglichen Versuch der Verführung bloß, den du in Richtung Weiblichkeit unternimmst. Ja, mehr noch, ich hatte das Gefühl, daß die Anwesenheit männlicher Studenten eine Gefahr für uns darstelle.

Wir erreichten den zweiten Stock. Die Detonationen wurden noch zahlreicher und kamen noch näher, so daß wir schließlich glaubten, die Kasernen um uns herum müßten alle schon dem Erdboden gleichgemacht sein und nun seien wir Ziel ihrer Angriffe.

Auf diesem Stockwerk kam unser Exodus zu einem völligen Stillstand, weil das Treppenhaus nicht beleuchtet war. Die Glühbirne, die die Beleuchtungsaufgabe hätte erfüllen sollen, war schon vor langer Zeit durchgebrannt und nie ersetzt worden – wie alles in der Universität, das kaputtging und es blieb. Die Toiletten zum Beispiel waren verschlossen, damit sich darin nicht der Dreck anhäufte. Das Wasser war abgestellt, damit es nicht die Klassenräume überschwemmte. Die Glasscheiben waren zerbrochen und blieben es auf immer und ewig. Und die Heizung arbeitete nicht, weil die Leitungen schadhaft waren. Je länger der Krieg dauerte, desto mehr verfiel die Universität. Und wenn man weiß, daß der Verfall, einmal angefangen, kein Ende nimmt, wird man den folgenden Vorfall verstehen.

Einmal kam ich in einen Unterrichtsraum und war überrascht, daß niemand in den vordersten beiden Reihen saß.

»Warum dieser Rückzug?« fragte ich scherzhaft.

Das Wort »Rückzug« in dieser Kriegszeit klang wie Pferdegewieher, und alle grinsten. Ich ließ sie aber, aus Furcht, Zeit zu verlieren, nicht lange grinsen, sondern begann sofort mit meinen Ausführungen über grundlegende Punkte des Kursthemas. Doch das Grinsen ließ mir keine Ruhe, und von Zeit zu Zeit blickte ich rasch einmal auf die leeren Stühle in den beiden vordersten Reihen, wo ich aber nichts sah als zwei Blatt Papier, die unter einem der Plätze direkt neben der Wand lagen.

Warum also dieser Rückzug?

War es das Fenster, das keine Scheiben hatte? Aber es gab seit langer Zeit überhaupt kein Glas mehr, und dieses Fenster war nicht das einzige ohne Scheiben.

Dann wurde mein Wissensdurst so groß, daß ich es nicht mehr ertrug, nicht zu wissen, was die Studierenden veranlaßt hatte, die vorderen beiden Sitzreihen zu meiden. Plötzlich hielt ich in meinen Ausführungen inne und fragte:

»Warum sitzt eigentlich niemand auf den vorderen Plätzen?«

Da schaute eine Studentin verlegen auf die beiden Blätter, worauf ich hinging und genauer hinsah. Darunter war Kacke. Und gleich erfüllte auch ein ekelhafter Gestank den Raum. Ich schwieg, alle anderen auch. Natürlich fragte ich nicht, wer das war. Wir alle wußten, daß die Klassenräume allgemein zugänglich waren und daß sich alle möglichen Leute – Kaugummiverkäufer, Bewaffnete, Milizionäre – bei Tag und Nacht im ganzen Gebäude herumtrieben. Häufig geschah es sogar, daß mitten in der Unterrichtsstunde die Tür aufging, ein Kaugummiverkäufer hereinkam und, seine Ware anbietend, zwischen den Studierenden umherging. Oft trat er auch zum Dozenten, um ihm etwas anzubieten. Man fürchtet, ihn zurechtzuweisen, weil man nicht hören will, daß er durch den Krieg vertrieben worden sei und nun seinen Lebensunterhalt verdienen müsse. Oder man wagt nicht, ihn zurechtzuweisen, weil er möglicherweise Protegé einer bewaffneten Organisation ist und man beim Verlassen des Hörsaals allerhand Unannehmlichkeiten bekommen könnte. Vielleicht auch schon vorher. Also flüchtet man sich in Stillschweigen und hält den Mund, rafft seine Unterlagen zusammen und geht hinaus. Ich ging hinaus.

Jeder von uns suchte nach einer Stelle für seinen Fuß, Stufe für Stufe, als plötzlich eine Frau aufschrie. Wir glaubten, sie selbst oder jemand in ihrer Nähe sei getroffen. Dann war von irgendwoher zu hören, wie die denn einen Krieg führen wollten, wenn sie nicht mal eine Lampe in der Uni reparieren könnten. Schließlich erfuhren wir, jemand sei aus Versehen einer Studentin auf den Fuß getreten und habe ihr weh getan. Da kehrten unsere Nerven in ihren früheren Zustand der Erschlaffung oder Anspannung zurück, und wir achteten wieder auf unsere Füße, für die wir auf den Stufen Platz suchten.

Unten an der Treppe, oder genauer am Eingang, oder noch genauer auf dem Vorplatz des Gebäudes angekommen, waren wir überzeugt, daß es sich hier um einen israelischen Luftangriff auf Örtlichkeiten handelte, die den palästinensischen Widerstand beherbergten. Wir konnten mit eigenen Augen die angreifenden Flugzeuge sehen, die kreuz und quer über Beirut flogen. Die Bodenabwehr beobachtete sie von Stellungen aus, die sich direkt an die Universität anschlossen. Die Erde war ein Inferno, ebenso der Himmel. Wo immer man hinschaute, sah man detonierende Granaten. Aber wir alle stellten fest, daß die Bodenabwehr keine nennenswerte Wirkung hatte. Sie war nicht imstande, die israelischen Flugzeuge daran zu hindern, ihre Arbeit zu tun, also die Ziele zu treffen, die sie treffen wollten, und zwar ohne selbst getroffen zu werden. Kein einziges Mal geschah es, daß diese Abwehr ein Flugzeug herunterholte. Die Verantwortlichen wußten das auch, weshalb sie in ihren Erklärungen über die Angriffe sich hüteten, feindliche Verluste zu vermelden, und sich schlicht mit der Erwähnung begnügten, man hätte die feindlichen Flugzeuge daran gehindert, »ihre Ziele zu erreichen«.

Angesichts dieser Sachlage blieb uns nichts als unser Zorn. Aber unser Zorn schützte uns nicht vor der Gefahr eines Flugzeugs, das Bomben abwirft, und bewahrte uns nicht vor Brand oder Zerstörung. Es blieb uns also nur, unseren Zorn hinunterzuschlucken und in den Luftschutzraum zu rennen, um uns dort in Sicherheit zu bringen. Aber in welchen Luftschutzraum sollten wir rennen? Luftschutzräume kannten wir nur aus den Verlautbarungen der Milizen oder aus Büchern. In Büchern konnten wir lesen, daß Zivilisten sich bei Luftangriffen in dafür bereitgestellten Luftschutzräumen in Sicherheit bringen. In Beirut, d. h. außerhalb der Verlautbarungen und der Bücher, wurden Luftschutzräume – obwohl der Krieg schon mehrere Jahre im Gange war – als Lagerräume für alle möglichen Waren benutzt. Schließlich braucht man für Waren Lagerräume. Und wer könnte schon einen Luftschutzraum von den darin gelagerten Waren leeren und ihn für den Schutz der Leute herrichten? Das ginge sowieso nur, wenn die Waren nicht einer bewaffneten Organisation gehören oder der Händler ein Protegé von ihr ist oder wenn er nicht Schutzgeld bezahlt, oder sagen wir, seinen Anteil zur Deckung der Ausgaben für die Verteidigung von und so weiter und so fort. So wird man das Gefühl nicht los, daß dieser Krieg kein Krieg für jemanden und kein Krieg gegen jemanden ist, sondern nur eine Mikrobe wie die, von der Albert Camus in seinem Buch »Die Pest« spricht, und zwar an dem Punkt, als die Leute glaubten, sie hätten die Pest endgültig besiegt, während Dr. Rieux – die Hauptfigur des Romans – begriff, daß der Sieg kein endgültiger war.

Während Rieux den Freudenschreien lauschte, die aus der Stadt empordrangen, erinnerte er sich nämlich daran, daß diese Fröhlichkeit ständig bedroht war. Denn er wußte, was dieser frohen Menge unbekannt war und was in den

Büchern zu lesen steht, daß der Pestbazillus niemals aus-
stirbt oder verschwindet, sondern jahrzehntelang in den
Möbeln und der Wäsche schlummern kann, daß er in den
Zimmern, den Kellern, den Koffern, den Taschentüchern
und den Bündeln alter Papiere geduldig wartet und daß
vielleicht der Tag kommen wird, an dem die Pest zum Un-
glück und zur Belehrung der Menschen ihre Ratten wecken
und erneut aussenden wird, damit sie in einer glücklichen
Stadt sterben.

Der Krieg ist also eine Mikrobe. Man weiß nicht, wo sie
auftaucht, wann, wie und warum. Damit ist der Tod eine
Absurdität, einfach so, umsonst, für nichts und wieder
nichts. Plötzlich bekam ich schreckliche Angst. Kein Zögern
war mehr erlaubt, denn die Bombardierung zog inzwischen
auch die Gebäude der Universität in Mitleidenschaft. Über
allem lag Rauch; Staub stieg auf, und man sah kaum noch
etwas. Geschrei wurde laut, die Leute rannten umher, jeder
seinem Selbsterhaltungstrieb folgend. Ich mußte rasch hier
wegkommen. Die ideale Lösung wäre es gewesen, nach
Hause zu gehen. Die Gegend dort war sicher. Aber daran
war gar nicht zu denken. Transportmittel waren jetzt nicht
gerade leicht zu bekommen, und sich zu einem Ort zu begeben, wo Sammeltaxis zu finden waren, wäre höchst riskant.
Die einzige verbleibende Lösung war also, sich hier zu verstecken. Jetzt, sofort. Aber wo hier, wo? Nach einem kurzen
Zögern, während dem ich fast von einem Splitter oder von
einem Einsturz getroffen worden wäre, befand ich mich
plötzlich in der Wohnung des Hausmeisters, im Souterrain.
Ich kenne den Hausmeister schon lange, er betreibt neben
seiner Hausmeistertätigkeit seit einiger Zeit auch eine Cafeteria. Gleich zu Beginn des Krieges hatte er den Raum, der
ihm für seine Arbeit zur Verfügung steht, mit Kaffee-, Tee-
und Sandwichautomaten ausgerüstet. Dort arbeitete er und
verdiente so noch etwas zu seinem Hausmeisterlohn hinzu. Die Universitätsverwaltung sah darüber hinweg, da sie

selbst sein Salär auch für unzureichend hielt; er war für eine große Familie verantwortlich. Diese ganze Geschichte kannten nur die alten Professoren, weil die jungen ebenso wie die Studierenden ihn überhaupt nur als Betreiber einer Cafeteria kannten. Ich suchte ihn häufig auf, und er mochte mich sehr. Ja, er achtete mich, und ich vergalt ihm diese Achtung durch beachtliches Trinkgeld.

Wie ich die Distanz zwischen dem Eingang des Gebäudes, wo ich mich ja schon befand, und der Behausung des Hausmeisters im Souterrain hinter mich brachte, daran erinnere ich mich nicht. Es ist nicht ganz abwegig, daß mich in einem einzigen Moment der Lärm einer Detonation dorthin getragen hat. Ich erinnere mich nur noch, daß ich nicht allein war, als ich die Treppe zur genannten Behausung hinunterhastete. Bei mir waren viele Studierende, die Mehrzahl davon weiblichen Geschlechts.

In dem Zimmer, in das wir uns flüchteten, war es dämmrig. Strom gab es keinen, und das Zimmer hatte nur ein einziges, nicht sehr breites Fenster mit dickem Glas, direkt unterhalb der Zimmerdecke, auf Trottoirhöhe.

Es war nicht leicht, die Gesichter zu unterscheiden. Mit einiger Mühe konnte man gerade einmal unterschiedliche Silhouetten ausmachen.

Im Zimmer standen ein Tisch, ein paar Stühle und ein Sessel. Es war voller Schutzsuchenden, so daß mehr Leute standen als saßen. Ich hatte auf einem Stuhl in einer Ecke Platz genommen. Vor mir stand, mit dem Rücken zu mir, eine Frau. Sie hatte langes Haar, das ihr auf Schultern und Rücken herabfiel. Verglichen mit den anderen, die da standen, war sie recht groß. Sie trug, der aktuellen Mode folgend, ein knielanges Kleid. Ihr Alter konnte ich nicht schätzen, konnte also nicht herausfinden, ob sie erst zwanzig oder gar schon über dreißig war. Unter dem Arm trug sie, fest an sich gepreßt, ein großes Heft. Ganz sicher das Heft mit ihren Kursnachschriften. Sie war also wohl Studentin. Von ihr ging der Duft einer Frau aus, die begonnen hat, sich den Träumen von ihrem Traumritter hinzugeben.

Plötzlich war, infolge einer gewaltigen Detonation, die einzige Lichtzufuhr blockiert, und wir standen da wie in dunkler Nacht.

Der Detonation folgten Geschrei und ein entsetzliches Getümmel. Nachdem dann klargeworden war, daß es im Raum keine Verletzten gegeben hatte, spürte ich, daß die junge Frau, die zunächst vor mir gestanden hatte, nun auf mir saß. Ihr Rücken berührte meine Brust, ihr Kopf lehnte an meiner Schulter. Von dem Heft, das sie unter dem Arm getragen hatte, keine Spur. Erst dachte ich, sie müsse ohnmächtig geworden sein, aber sie atmete regelmäßig. Ich spürte das und spürte dadurch ihren lebendig pulsierenden, wenn auch vielleicht ein wenig erschöpften Körper. Sie hat wohl Angst, dachte ich. Ihre Kräfte sind geschwunden, und sie kann sich nicht mehr auf den Beinen halten. Darum hat sie sich unfreiwillig auf mich gesetzt.

Ich regte mich nicht, blieb unbeweglich sitzen, erstarrte, wurde zum Stuhl, sagte kein einziges Wort. Ich erstarb, und wie kann man von einem Toten verlangen, daß!

Ich fragte nicht, ob ihr etwas Schlimmes zugestoßen sei, damit ihr nicht etwas Schlimmes zustieße.

Ich bot ihr nicht an, sich auf meinen Platz zu setzen, damit sie nicht merkte, daß sie auf mir saß. Außerdem, wie könnte man dies von mir erwarten, wo ich doch mausetot war!? Mich hatte die frisch detonierte Bombe umgelegt, denn eine Bombe legt dich auch um, ohne dich direkt zu treffen.

Und in der Tiefe dieser Nacht, in diesem kleinen Schutzraum, dessen Lichtquellen durch die Bombardierung ausgefallen waren, wurde ich zum König über die fünf Kontinente, und die Hauptstadt meines Reichs lag auf dem sechsten. Und wenn ihr wüßtet, welches der sechste Kontinent ist! Auf dem sechsten Kontinent lebt und stirbt der Mensch nicht, er ist nur. Er kennt auch weder Furcht noch

Sicherheit. Er hält nur die Grenzen seines Körpers besetzt und lebt fest in demselben. Das ist sein gutes Recht, das kann ihm niemand streitig machen.

Sie lag auf mir. Sie war still, ruhig, freundlich, sanft, glücklich und sorglos. Sie zu spüren machte, daß ich mich selber spürte. Ließ mich einen Körper spüren. Du fühlst, also bist du. Ist dein Gefühl schön, so ist es auch deine Existenz.

Die Ruhe im Raum war total. Von Zeit zu Zeit holten mich Schreie von draußen aus dem sechsten Kontinent zurück. Was lief draußen ab? Wo verbergen sich diejenigen, die keinen Schutzraum haben? Wo verkriechen sie sich?

Es mußten schon Minuten vergangen sein, seit das junge Mädchen auf mich gesunken war. Lebendig. Genauso wie ich, der hört, wie sie durch die Nase atmet, der spürt, wie sich ihre Brust, eng an mich gedrückt, hebt. Ich spüre, wie sie sich hebt und senkt im Gleichklang mit meinen Atemzügen; ihr Körper hebt sich, wenn ich einatme, und senkt sich, wenn ich ausatme. Ich spüre, wie sie auf mir sitzt. Sie sitzt an mich geschmiegt. Und ihre Schenkel erstrecken sich sorglos bis zu den Knien. Ich spüre ihre Kniekehlen, sie trägt ein Kleid. Eine Frau. Ein junges Mädchen. Entspannt und locker. Ich spüre. Ich fühle. Ich rieche. Ich höre sie atmen. Aber ich sehe nichts, weil es dunkel ist und weil ich leblos bin. Doch sie ist lebendig!

Und sie ist nicht bewußtlos.

Und sie liegt noch immer auf mir.

Minuten sind vergangen, und sie liegt noch immer auf mir! Minuten sind vergangen, und sie ist immer noch nicht aufgestanden.

Sie gibt sich also dem Wind hin. Sie gibt sich hin, sie gibt sich hin, sie gibt sich dem Wind hin. Sie hat eine Wolke festgehalten und sie an einen Felsen in der weiten Wüste gebunden. Sie hat sich auf ihren Schoß gesetzt und gibt sich ihrem Traumritter hin.

Ich bin der König von Spanien.

Ich bin der König von Spanien. Wie könnte es da eine Mexikanerin wagen, sich nicht meiner Weisheit zu unterwerfen? Wie!?

Ich suchte in der Dunkelheit nach ihren Händen, berührte sie an den Fingerspitzen und schloß meine Hände darüber, wie man die Hand über dem Schlüssel der Glückseligkeit schließt.

Sie rührte sich nicht.

Wer rührt sich schon auf dem sechsten Kontinent?

Ich nahm ihre Hände und legte sie auf ihre Brust, legte meine Hände darauf. Unsere vier Hände umfingen sich auf ihrer Brust, meine Finger waren mit den ihren verschränkt.

Welch schöne Gabe ist die Hand!

Wenn eine Frau dir ihre Hand mit ihren fünf Fingern überläßt, so überläßt sie dir all ihre Fertigkeiten. Sie überläßt dir die Führung.

Ich drückte ihre Finger ein wenig auf ihrer Brust. Erwartete keine Reaktion. Ich bin ja der König von Spanien. Dann bewegte ich meinen Mund in Richtung ihres Kopfes, der auf meiner Schulter lag, ihr vergessener Kopf, und küßte sie mitten auf die Wange.

Ihre Wange.

In ihr war keine Spur von Leben, keine Spur von Zorn. Keine Spur von Beunruhigung.

Sie wurde jetzt warm – wo verstecken sich diejenigen, die keinen Schutzraum haben?! Wo? Jetzt bestieg sie den Sturm, und dieser trug sie in die Regionen des jungfräulichen sechsten Kontinents. Und da fiel mir ein, daß der Sturm die ruhigen Regionen sucht.

Ich hob ihr Gesäß ein wenig an und zog den Saum ihres Kleides nach oben. Dann schob ich ihren Schlüpfer bis zur Hälfte der Oberschenkel hinab, die warm und weich waren.

Aber wieso erreichen Gefühle ein Stadium jenseits des Beschreibbaren? Wie beschreibt man eine Hand, die gierig zwei Schenkel entlangstreicht, die von ihrer Eigentümerin immer unter einem Kleid versteckt werden, damit sie unsichtbar bleiben. So sind sie, behütet für sich selbst, beschützt für sich selbst, und dieses Selbst gehört nicht einmal ihnen, es gehört dir.

Der Schenkel der Frau ist ein Schatz, den deine Hand nicht zu halten imstande ist. Deshalb legst du sie darauf, vielleicht.

Du machst deine Hand zur Gefangenen zwischen den Schenkeln, du wirst zum Küken unter dem Flügel der Glucke. Du spielst mit dem Haar, dort, wo sie zusammenwachsen, und da ist es, als ob Ameisen an deinen Zahnwurzeln krabbeln.

Die Hand zeichnet Menschen vor anderen Lebewesen aus, jawohl. Die Hand offenbart die Geschicklichkeit, sie offenbart die Intelligenz. Davon überzeugst du dich selbst, wenn deine Hand Gefangene zwischen den Schenkeln ist, unterhalb des Bauches. Dort wo ... Ich öffnete meinen Hosenladen und drang ein ... versperrte alle Öffnungen, schloß alle Türen, alle Fenster. Ich holte alle Antennen ein, die mich mit der Außenwelt verbanden und richtete mich in meinem Gefühl ein. Und wie das Böse bodenlos ist, wie der Zusammenbruch bodenlos ist, wie der Krieg bodenlos ist, so war auch mein Genuß bodenlos. Ich schwamm in meinem Selbst und hielt die Flamme am Brennen durch die Wonne, deren Quell sie war. Ich gelangte, durch Erfahrung, zur Gewißheit, daß der Mensch ursprünglich ein Tier war, in des Wortes vielfacher Bedeutung. In der erhabensten Bedeutung des Wortes hatte ich mir den Genuß des ersten Tieres zurückgeholt. Ich erfuhr den Genuß, den unser Ahn, das Tier, erlebte, von dem wir später abstammten.

Und so wurde sogar der Lärm der Granatdetonationen draußen zum Gewitterdonner – schäumend und schön, schrecklich und schön, vertraut und schön. Vom Himmel regnete es am Abend auf die Häuser unserer Dörfer. Wir lagen abends im Bett, wir, die Kleinen auf der einen, die Großen auf der anderen Seite, und unsere Mutter, die Königin, in der Mitte. Und kein König übertrumpfte ihren Willen.

Als die Trümmer von den Öffnungen des Schutzraums weggeschafft waren, gingen wir hinaus, weil wir hinausgehen mußten. Schließlich kann man nicht ohne einen triftigen Grund im Schutzraum bleiben. Ja, wenn du in einem Schutzraum bist, muß dein Aufenthalt darin zwingend begründet sein. Für einen kurzen Zeitraum. Danach muß man wieder hinaus ans Licht. Dann freuen sich die Leute über deine Rettung, beglückwünschen dich, daß du gesund und wohlbehalten bist. Die Freunde küssen dich. Freudentränen fließen, weil du lebendig zurück ins Leben gekommen bist. Denn ins Leben kann nur zurückkehren, wer lebendig ist.

Aus dem Arabischen von Hartmut Fähndrich

Hanan al-Scheich

Post aus Beirut

Liebe Jill Morrel,

seit zwei Tagen ist nun das Geiseldrama wieder in den Schlagzeilen und in aller Munde, nachdem diese Geschichte eine Zeitlang in den Hintergrund gerückt war. Die Leute haben mit ihren Alltagssorgen schon genug zu tun.

Im Zusammenhang mit der neuerlichen Ausschreitungswelle berichten die Radiosender hier und draußen unablässig über die Geiselnahme, zumal der Vorort, in dem die Geiseln versteckt gehalten werden, unter ständigem Beschuß steht, ohne daß so recht klar wird, wem das zuzuschreiben ist. Hizbollah und Amal* beschuldigen sich gegenseitig. Die Leute von der Hizbollah werfen der Amal vor, sie würden sie zu Unrecht beschuldigen, seien feige Verräter und steckten in Wirklichkeit selbst dahinter. Und seitens der Amal heißt es, die Hizbollah sei verantwortlich dafür, daß man in den Vororten seines Lebens nicht mehr sicher sei. Unser Haus liegt in der Nähe von al Horj, gar nicht weit von dem umkämpften Viertel, gehört aber nicht dazu. Darauf bestehe ich, obwohl es eigentlich keine klare Grenze gibt.

Wirklich tragisch finde ich aber, wie leicht man vergißt. Die fürchterlichsten Vorfälle habe ich vergessen. Neue Schreckensmeldungen stürzen über mich herein. Ich habe mich daran gewöhnt, und gerade das ist das Schlimme. Ich habe schon damals mit Ihnen gefühlt, wenn über Ihren Freund berichtet und Ihr Foto gezeigt wurde oder wenn ich Ihre Stimme und Ihre Aufrufe im Radio gehört habe. Sie

---

* Untereinander konkurrierende schiitische Milizen, die sich in der Endphase des Bürgerkriegs gegenseitig bekämpften.

wollten unbedingt Genaueres wissen, und ich hätte Ihnen gerne geholfen. Wenn ich in dem umkämpften Viertel und in den Vororten im Süden von Beirut unterwegs war, habe ich jedesmal an Sie gedacht, jedesmal, wenn ich mich im Labyrinth der Gassen verirrte, wenn der Weg sich hinzog wie ein Tag ohne Brot oder wenn er in finstere Gegenden führte, sich an seinem Ende das Maul des Walfischs öffnete und er im schwarzen Schlund verschwand. Jedesmal auch, wenn mir Gerüchte zu Ohren kamen, die Geiseln würden in einem bestimmten Haus oder einer bestimmten Garage gefangengehalten. Was kann ich bloß dagegen tun, daß ich schon wieder alles vergessen habe, während abermals neue Schreckensmeldungen über mich hereinbrechen? Was dagegen tun, daß ich mich zunehmend an das Ungeheuerliche gewöhne?

Ich will Ihnen ganz ehrlich sagen, was mir spontan in den Sinn gekommen ist, als ich das erste Mal vom Entführungsfall McCarthy, Ihrem Freund, gehört habe. Paul McCartney ist mir eingefallen und die Beatles. Ich weiß natürlich, daß der Name nicht genau derselbe ist. Was ist eigentlich aus meinen Beatlesplatten geworden? Ich habe nacheinander die Plattenhüllen an meinem geistigen Auge vorbeiziehen lassen. Besonders gut erinnere ich mich an das eine Cover, wo sie sich an eine Tür lehnen, und daneben steht eine Frauenbüste mit einem schwarzen Hut auf dem Kopf. Ich habe oft überlegt, wessen Hut das wohl ist. Der von John oder der von Ringo? Und wessen Idee es war, ihn der Statue aufzusetzen. Da fällt mir die dunkle Abstellkammer ein, in der alle meine Sachen liegen, die wegzuwerfen Semsem nicht übers Herz gebracht hat. Obwohl es eigentlich auf dasselbe hinausläuft, denn was in der Abstellkammer landet, ist genauso aus der Erinnerung gelöscht. Ich bekomme plötzlich Heimweh nach der Abstellkammer in unserem Haus, dem Haus, in dem ich geboren wurde und in dem ich bis zum Tod meines Vaters gelebt habe, dem Haus, das meine Mutter ums Haar in Brand gesteckt hätte, als sie nach dem Tod meines Vaters seine Sachen verbrannte.

Als seine Leiche nach Mekka ausgerichtet wurde und das Geheul der Totenklage einsetzte, eilte meine Mutter hin und her und warf alles ins Feuer, was mein Vater im Lauf der Zeit zusammengetragen hatte. Die Flammen schlugen die Wände entlang bis an die Decke hoch, und die Balken fingen schon an zu krachen. Gehuste und Geschrei war zwischen Klagen und Jammern zu vernehmen. Die Trauergäste fingen an, das Feuer zu löschen. Unter dem Klappern leerer Eimer, Schüsseln und Milchdosen schallten Zurufe hin und her. Wasser schwappte über. Die Klageweiber wurden naß gespritzt. Und zu guter Letzt brachen sie lauthals in Gelächter aus, als meine Mutter trocken bemerkte, daß der arme Mann, wenn er jetzt von den Toten erwachen würde und mit ansehen müßte, wie es hier aussah und wie seine Sachen im Feuer verbrannten, ganz sicher auf der Stelle tot umfallen würde.

Die Abstellkammer in unserem Haus war keineswegs verlassen und leer, sondern eine wahre Schatzkammer, denn dort lagerten die Vorräte an Öl, Fett und Oliven. Meine Mutter ging häufig dort ein und aus, obwohl sie gar nicht selbst unser Essen kochte – und wenn es doch einmal vorkam, brannte es ihr regelmäßig an, und zwar so, daß auch der Topf nicht mehr zu gebrauchen war. Trotzdem hing ihr Herz an diesem Raum aus einem bestimmten Grund, den sie niemandem verriet. Sie verkaufte nämlich ohne Wissen meines Vaters die Vorräte an ihre Freundinnen. Und von dem Geld kaufte sie sich lauter moderne Sachen, vor allem aus Plastik, denn Plastik brachte mein Vater nicht ins Haus. Sie verkaufte auch ihren Schmuck. Und schwor dann hoch und heilig, sie hätte ihn verloren oder er sei ihr gestohlen worden. Sie lebte im Reich der Filme mit Asmahan und mit Anouar Wajdi, dachte in Filmdialogen und fühlte in den Schlagern der Filmmusik.

Es hätte auch die Möglichkeit gegeben, daß ich in meinem Geburtshaus blieb, aber als meine Mutter sich entschloß, wieder zu heiraten und nach Amerika auszuwandern, war klar – ohne daß meine Mutter und meine Großmutter sich darüber verständigt hätten –, daß ich mit Oma und Semsem oder Isaf zusammen irgendwo in einem unserer Häuser wohnen und mit den Nachbarskindern aufwachsen würde. In unserer Familie wurden keine Entscheidungen getroffen, sondern man ließ den Dingen ihren Lauf und paßte sich den Gegebenheiten an.

Was ich Ihnen erzähle, ist für Sie nicht besonders interessant, das weiß ich. Paul McCartney ist für Sie ebenso unwichtig, obwohl er Engländer ist wie Sie. Er hat wahrscheinlich keine Ahnung von der Entführung, und wenn ihm etwas davon zu Ohren gekommen ist, dann wird es ihn wenig interessieren. Aber ich habe wieder die Plattenhülle vor Augen und die alten Beatleslieder im Ohr. Ich wollte damals Geld sparen, nach London fahren, John Lennon besuchen und ihn heiraten.

Sehen Sie, immer landet man bei seinen eigenen Geschichten, wie das Pferd, das findet auch immer allein zurück in den Stall. Selbst wenn ich jetzt an Sie denke, beschäftige ich mich im Grunde mit mir selbst. Im Moment habe ich das Gefühl, alles, was ich besitze, sind mein Körper und mein Bett. Mein Verstand gehört mir nicht mehr. Wenn ich mich zusammenreiße, mir meinen Verstand ganz kurz ausleihe und mit aller Kraft denke, dann wird mir klar, daß mein Körper mir gehört, daß sich aber in meinem Besitz kein Boden befindet, nicht einmal vorübergehend, auf den ich meine Füße setzen könnte. Was sollte das denn auch für ein Boden sein, ich besitze ja nicht einmal soviel Raum wie zwischen meinem Atem und meiner Luftröhre Platz ist. Ich bin praktisch genauso Geisel wie Ihr Freund, Geliebter oder Verlobter.

Was bedeutet das, entführt zu sein? Es bedeutet, daß man

zwangsweise aus seiner Umgebung gerissen ist, seine Familie, seine Freunde, sein Zuhause, sein Bett verloren hat. Nach dieser Definition bin ich ein schwerwiegender Fall und ganz besonders stark betroffen. Die anderen Entführten sind in ein Auto eingestiegen, das sie irrtümlicherweise in einer Horrorstadt abgesetzt hat. Ich wurde hingegen in eine Stadt entführt, die meiner Heimatstadt in schrecklicher Weise ähnlich sieht. Der Himmel ist genauso klar, dieselben Wolken kommen und gehen, alles stimmt bis ins Detail, bis zu den Thymiankuchen und dem Ruß außen auf der Mauer am Backofen. Ich bin nach wie vor am selben Ort und gleichzeitig in tragischer Weise ganz woanders. Das ist meine Stadt, aber ich erkenne sie nicht wieder.

Ich bin weit entfernt von meiner Stadt und gleichzeitig mitten drin. Die Straßen haben sich verändert, an den Kreuzungen stehen keine Ampeln mehr, das Licht wird nicht mehr am Lichtschalter angemacht, Wasser aus dem Wasserhahn ist nur noch eine vage Erinnerung an längst vergangene Zeiten. Aber daran liegt es nicht. Von den Autos blättert der Lack, und Karosserieteile fehlen, von einer Straße zur andern wechselt die Jahreszeit. Aber daran liegt es auch nicht. Regelrechte Wäldchen sind hochgeschossen, wo vorher Zement den Boden bedeckte, dafür wuchert in Gärten und Höfen wildes Gestrüpp aus Plastikflaschen. Häuser sind ganz oder teilweise eingestürzt, Neubauten warten auf den ersten Beschuß, ich erkenne meinen Gemüseladen nicht wieder. Aber auch daran liegt es nicht. Sondern daran, daß es von außen so aussieht, wie es aussieht, daß ich mich fühle wie in einem anderen Land. Hinter den Scheiben, auf den Häuserwänden prangt die iranische Flagge. Auf Plakaten wird für religiöse Würdenträger, für Anführer geworben, die ich nicht kenne. Und auch die Sprache verstehe ich nicht mehr. Ich weiß zwar, daß es Arabisch ist, aber die Aussagen sind rätselhaft geworden, die Buchstaben wirken auf mich wie eine Geheimschrift, wie Symbole. Das ist nicht die Sprache, die wir als Kinder gelernt haben und mit der wir groß geworden sind. Ich verstehe nicht, was gemeint ist. Deshalb habe ich es mit dem Wörterbuch versucht, aber ich habe keine Synonyme für die Wörter gefunden, die ich zu hören bekomme, obwohl ich mich wirklich angestrengt und genau auf den Kontext und die Intention geachtet habe, damit ich wenigstens etwas von dem verstehe, was gesagt wird. Ich kann einfach die Logik nicht nachvollziehen.

Ich habe mich auch mit einem Stadtplan zu behelfen versucht, als ich feststellte, daß sich die Straßennamen und Straßenschilder innerhalb einer Stunde und manchmal auch innerhalb einer Minute ändern können. Es ist, als ob die Erde bebt, aufreißt, sich umwälzt und ihre Bewohner ausgetauscht hat. Auf dem Balkon, von dem mir immer eine Bekannte freundlich zulächelte, streckt nun blöde ein Schaf seinen Kopf zwischen den Geländerstäben hervor. Von außerhalb sind Vertriebene nach Beirut gekommen, in die Stadt ihrer Träume, und in ihrer Begeisterung drehten sie mitten in den Wohn- und Geschäftsvierteln ihre Musik und ihre Lieder auf volle Lautstärke. Wenn ich unterwegs bin, wandle ich dahin wie in einer Riesenseifenblase. Sie rollt mit mir die Straßen entlang, was draußen vor sich geht, geht mich nichts an, und ich fasse nichts an da draußen. Ab und zu stoße ich auf andere Seifenblasen, aus denen meine Freunde heraussteigen. Wie soll ich eine Stadt wiedererkennen, die es in Ordnung findet, daß in ihr Leute mit verbissenem Gesichtsausdruck Jagd auf Leute mit blonden Haaren und blauen Augen machen, um sie zu verschleppen? Wie im Kindermärchen? Die es in Ordnung findet, daß eine hundert Jahre alte Palme mit einer Krone, die bis in den Himmel reicht, gefällt wird und anstatt dessen eine Kanone aufgestellt wird, die ohne Pause Feuer in die Luft speit, daß einem schier die Plomben in den Zähnen schmelzen.

Wie soll ich eine Stadt wiedererkennen, die mir nicht

preisgibt, was sie denkt, mich aber zusehen läßt, wie sie tanzt und mordet, mordet und tanzt, mich hören läßt, wie sie atmet, wie sie in den Kneipen und im Fernsehen ihr Gemisch aus arabischer und westlicher Musik singt, wie sie explodiert und Rettungsfahrzeuge mit lauten Sirenen durch ihre Straßen schickt, die mich riechen läßt, wie ihre Leichen stinken.

Wie Ihr Verlobter habe ich mich an das Dunkel gewöhnt. Ich sehe keinen Schatten mehr. Ich mache mir auch keine Illusionen. Ihm werden jedesmal die Augen verbunden, wenn er irgendwo anders hingebracht oder nur von seinem Schlafraum auf die Toilette geführt wird. Ich habe mich der Dunkelheit anvertraut, da ich ihr ohnehin nicht entkommen kann, manchmal zünde ich eine Kerze an, andere Male stelle ich mir vor, daß ich das Licht ausgesperrt habe, um zu kaschieren, daß auf meinem Gesicht die ersten Fältchen und in meinem Haar die ersten grauen Strähnen aufgetaucht sind.

Mein Tagesablauf ist genauso eintönig wie der Tagesablauf jedes Gefangenen. Auf die Toilette gehen, Gesicht waschen, Zähne putzen, Lagebeurteilung im Selbstgespräch, ein bißchen was essen. Den Geiseln schmeckt das Essen nicht mehr, und ich habe den Appetit ganz verloren. Zum Essen gehört eine Hand, um es zum Mund zu führen, gehören Zähne, es zu kauen, und eine Zunge, es zu schmekken. Ich bin schon völlig anämisch. Wenn ich meine Hand nach etwas zum Essen ausstrecke, stelle ich fest, daß ich keine Muskeln mehr am Unterarm habe. Wie es mit ein bißchen sportlicher Betätigung wäre? Ich kann es mir kaum vorstellen, denn dazu gehören Berge und sichere Straßen und sonnendurchflutete Räume.

Und wieder der eintönige Tagesablauf mit Toilettengang, Gesichtwaschen, Zähneputzen, Selbstgespräch zur Lagebeurteilung. Mit dem Gefühl, daß die Zeit stehengeblieben ist, daß jede Minute endlos verweilt und sich ziert und sträubt, bis sie schließlich den Platz räumt für die nächste. Immer wieder überdenke ich Möglichkeiten, wie ich die Entführer ausschalten könnte, aber es will nicht glücken. Und schließlich füge ich mich in die Entführung und passe mich an. Vielleicht erhalten sie ja den Befehl, mich freizulassen, und ich bekomme meine Stadt zurück. Allerdings habe ich mich mit meinen Entführern nie identifiziert und auch keine Beziehung zu ihnen aufgebaut, wie das Entführte oftmals nach einer bestimmten Zeit tun. Ganz im Gegenteil haben sich in meinem Verhältnis zu ihnen nur Abneigung und Haß verfestigt und die Überzeugung, daß sie miese, unreife Typen sind, die plötzlich eine Machtposition innehaben, an die sie mit Hilfe von gewaltverherrlichenden Sprüchen und ungepflegten Schnauzern und Bärten gekommen sind. Mit ihren Bärten lassen sie ihre Gesichter immer weiter zuwachsen. Sie tragen Goldkettchen und leere Patronenhülsen um den Hals und schreien immer gleich, wenn sie etwas sagen wollen. Ich erkenne die Stimme des Jungen wieder, der vor dem Krieg in meinem Gemüseladen arbeitete, mir Wassermelonen verkaufte, der bei Sonnenuntergang den Bürgersteig vor dem Laden mit Wasser besprengte, damit es dort frisch und angenehm wirkte und sich der Ladenbesitzer mit seinen Kumpels vor dem Laden zum Backgammonspielen hinsetzen konnte. Er sprang wie ein Grashüpfer zwischen ihnen und den Kunden hin und her, legte Kohle für die Wasserpfeifen nach und kochte Kaffee.

Es geht mir nicht anders als einer Entführten, ich finde keinerlei Entschuldigung für meine Gefängniswärter, für meine Wächter. Wissen sie eigentlich, was es heißt, vertrieben zu werden? Haben sie überhaupt jemals einen Vater, eine Mutter oder eine Frau geliebt?

Die Entführer sind nie die gleichen, man könnte meinen, sie werden regelmäßig in einer großen Fabrik in eine Maschine eingespeist, die mit jedem mechanischen Arbeitsgang neue Formen ausspuckt. Sie sind nicht faßbar, sie sind wie Haupt- und Zeitwörter ohne grammatikalisches System, die sich nicht beugen lassen, wie Rechenaufgaben, die keiner Logik gehorchen und über deren Lösung sich Schüler und Lehrer gemeinsam den Kopf zerbrechen. Vergeblich. Wo soll man auch Anhaltspunkte suchen, wenn die Feinde von heute die Verbündeten von morgen sind und umgekehrt?

Außer die ganze Welt zu hassen, fällt mir keine Lösung ein, aber auch das bringt keine Abwechslung in meinen todlangweiligen, monotonen Tagesablauf. Ich lese, spiele Karten, werde des Lesens überdrüssig, bekomme Kopfschmerzen vom Schachspielen. Schließlich lege ich Patiencen, sehe zwischen den Zahlenreihen Bilder auftauchen und überlege mir, ob ich daran glauben soll oder nicht.

Wie die anderen Entführten schüttele ich wieder einmal den Kopf. Man hat aber auch keine Chance durchzublikken. Wer hat die Geiseln entführt? Wer hat mich entführt? Ist das hier ein Bürgerkrieg oder ein Weltkrieg oder ein Wirtschaftskrieg? Oder was? Erstaunlich für mich wie für andere Entführte ist, daß wir uns doch so schnell an den eintönigen Tagesablauf gewöhnt haben. Und daß wir noch an der Hoffnung festhalten, es könnte sich einmal alles ändern und ein neues Leben anfangen.

Natürlich denke ich ständig an den Tod. Der Tod ist da, manchmal ganz nahe bei mir. Ich halte die Augen offen oder schließe sie, je nachdem ob ich etwas sehen, etwas essen und leben will oder ob ich zu nichts Lust habe und mir alles egal ist. Wenn ich so Augen-auf-Augen-zu spiele, sehe ich mal die Wand meines Zimmers, und mal sehe ich sie nicht, dasselbe mache ich mit der neuen Scheibe in meinem Fenster, die aus einem festen Stück Plastikfolie besteht, oder mit den Scherben meines Spiegels, der beim letzten Bombardement heruntergefallen ist. Ich habe die Scherben immer noch nicht aufgesammelt und auch die Stelle, an der er hing, nicht nachgestrichen. Ohnehin werden keine Häuser mehr instand gesetzt. Auch ich lasse alles einfach so, wie es ist. Mir geht es wie den Geiseln, ich habe nichts vor.

Wenn ich mich daran erinnern soll, wie ich entführt wurde, muß ich diesen Krieg ein paar Jahre zurückdrehen. Die Erkenntnis ereilte mich schockartig in einem Luftschutzraum, den ich ausnahmsweise und nur auf Bitten meiner Freundin Hayat aufgesucht hatte. Sie war gerade nach Beirut zu mir zu Besuch gekommen, als heftige Kämpfe ausbrachen. Sie hatte panische Angst wie Passagiere im Flugzeug, unmittelbar nachdem der Flugkapitän angekündigt hat, daß die Maschine in wenigen Sekunden mitten in der Luft explodieren wird. Sie hatte ihren Kopf gebeugt – zu den Geiseln sagten sie auch immer: »Kopf runter« –, in meinem Schoß vergraben und versuchte so zu verhindern, daß die üble Luft in ihre Lunge drang. Ich saß mit geschlossenen Augen da. Und während ich in der stickigen Luft in dem von dicken Mauern umschlossenen Raum regungslos dasaß, wurde mir klar, daß ich nicht frei war. Innerlich beschloß ich sofort, diesem Gefühl nicht nachzugeben, mich nicht von ihm in Besitz nehmen zu lassen. Ich mußte es unbedingt bekämpfen. Im nachhinein würde ich sagen, daß das damals die erste Entführung war, daß ich wieder zurückkehrte und daß ich danach noch einmal entführt wurde. Bei der zweiten Entführung war ich unterwegs durch viele kleine Straßen, umfuhr im Zickzack die Straßensperren vor Botschaften, Krankenhäusern oder Parteizentralen, bahnte mir unverdrossen zwischen verbeulten Autos ohne Licht hindurch meinen Weg zu dem Haus, in dem Simon wohnte. Ich verschaffte mir laut hupend Respekt und nahm allen frech die Vorfahrt, egal, wer da kam. Beglückt ließ ich mich von der Erregung leiten, die mich zu dem Treffpunkt mit Simon zog, einem Gefühl der Wärme und der Unruhe, das mich dem Tumult der Stadt und ihrer manchmal auch beklemmenden Stille gänzlich enthob. Das Chaos fokussierte in der Person von Simon, inmitten der schrecklichen Ereignisse, und gleichzeitig war das ganze Chaos damit auf die Person von Simon konzentriert und aus der Stadt herausgehoben, und ich auch. Jedesmal, wenn wir zueinander kamen, glänzten unsere Augen, und wir atmeten schneller. Ich wartete, bis wir nackt auf dem Sofa lagen, dann gab ich mich ganz der Betäubung, dem Verliebtsein und dem Gefühl hin, in vollen Zügen genießen und die Lust ausschöpfen zu wollen, egal, was passieren würde. Erst wenn wir aufstanden und uns wieder anzogen, fiel mir wieder ein, daß ich ihn eigentlich nicht liebte.

Ich war ganz in die Welt meiner Phantasien und Sehnsüchte entrückt, als es plötzlich nicht mehr weiterging und die Straße hoffnungslos verstopft war. Schüsse fielen, die Bürgersteige waren mit einem Schlag wie leer gefegt, und die Straßen verwandelten sich in einen angsterfüllten, hektischen Parkplatz. Ich überlegte mir gerade, ob ich lieber zurück nach Hause oder lieber zu Simon weiterfahren sollte, als mich plötzlich eine Bande Jugendlicher aus dem Auto zerrte. Ich blieb wie vom Blitz getroffen stehen und sah zu, wie sie mit ihren fremden Händen von meinem geliebten Auto Besitz nahmen und damit davonfuhren. Erst als das nächste Geschoß in meiner Nähe einschlug und ich Stimmen rufen hörte, schaute ich mich nach dem nächstliegenden Gebäude als Unterschlupf um. Ich tappte unsicher darauf zu, als mich plötzlich eine Familie zu sich holte, die sich in einem Raum mit unverputzten Zementwänden versammelt hatte. In dem Moment, als ich sie erblickte, schoß es mir durch den Kopf: Gefangene! Vor allem die Kinder, die in einer Ecke zusammengedrängt hockten. Und dann dachte ich: Sie sind entführt worden. Vom Spielplatz. Und auf dem tummeln sich jetzt böse Geister. In den Gesichtern der Kinder stand nackte Angst.

Es geht mir ganz bestimmt nicht anders als allen Geiseln, wenn ich mir nicht mehr vorstellen kann, daß es auch ein anderes Leben gibt. Ich habe nur noch den Drang, ganz nah bei den anderen Entführten zu bleiben. Obwohl das Leben eintönig verläuft, kann ich nicht konzentriert denken. Ich bin immer wieder von neuem schockiert darüber, daß ich entführt wurde. Darüber komme ich einfach nicht hinweg, auch wenn sie mich jetzt freilassen würden. Ich würde mich nach wie vor entführt fühlen, die bitteren Erinnerungen würden mich jederzeit verfolgen, das weiß ich. Ich komme gar nicht auf die Idee, daß es anderswo auch ein Leben gibt. Allein der Gedanke, es könnte andere Länder geben, kommt mir wie ein völlig absurdes Hirngespinst vor.

Ich habe vergessen, wie es ist, nachts spazierenzugehen, zu den Sternen aufzuschauen, den Wind in den Haaren zu spüren, den weichen Musselinschal auf die Schultern und weiter auf den Boden gleiten zu lassen. Außerhalb meines Zimmers, außerhalb meines Hauses gibt es kein Leben auf der Welt. Von draußen dringt nichts zu mir durch, und ich versuche nicht einmal ansatzweise, etwas zu unternehmen. Vielmehr gewöhne ich mich zunehmend an diese Untätigkeit ohne Zuständigkeiten und Verantwortung. Das gilt sogar für meine Augen. Ich schaffe es nicht einmal, die Zeitung zu lesen.

Ich habe der Vorstellung nachgegeben, daß ich für mein Schicksal nicht verantwortlich bin. Ich lasse die Menschen, die mir nahestehen – Hayat, meine Mutter, meine Freunde im Ausland –, im Ungewissen darüber, ob ich noch unter den Lebenden bin oder schon unter den Toten weile, wenn wieder einmal schwere Kämpfe ausgebrochen sind. Es ergeht ihnen dann wie Ihnen jetzt.

Liebe Jill Morrel, ich hoffe, Sie nehmen es mir nicht übel, wenn ich Ihnen erzähle, daß ich mehr als einmal mit dem Gedanken gespielt habe, meine eigene Entführung zu inszenieren. Den anderen die Nachricht zukommen zu lassen, ich sei entführt worden, und dann zu verschwinden. Das ist schon einige Jahre her, und ich war damals nicht in Beirut.

Manchmal denke ich, daß es jetzt so schlimm gekommen ist, wie ich es mir damals heftig gewünscht habe.

Als ich mir das erste Mal wünschte, entführt zu werden, war ich jedesmal, wenn ich Nassers Geruch in der Nase spürte, wenn ich in seinen Armen lag, wenn wir ein paar Minuten beieinandersaßen, überzeugt, daß die Wärme, die zwischen uns entstand, das Entscheidende war und er mich deshalb nicht nach Beirut zurückbringen, sondern irgendwohin entführen würde. Ich spürte seinen Geruch in der Nase, wenn ich an ihn dachte und daran, wie ich in seinen Armen lag. Die Wärme zwischen uns war in der Tat das Entscheidende, aber ich sollte ihn nicht mehr wiedersehen. Ich habe in Tunesien am Strand auf ihn gewartet, von Sonne und Sehnsucht aufgeheizt zu einem Stück glühender Kohle auf dem Sand. Mein Verlangen nach ihm war so stark, daß ich anfing zu phantasieren. Unbeweglich lag ich auf dem Sand und bildete mir ein, daß er mich von weitem beobachtete und seine Freude daran hatte, wie ich dalag und darauf wartete, daß er jeden Moment kommen, daß mich jetzt gleich eine Handvoll Sand treffen würde, womit er mich erschrecken wollte. Bei diesem Gedanken mußte ich dann immer lächeln. Und so träumte ich Tag um Tag von ihm, träumte von ihm und wartete auf ihn am Strand von Port Said, am Strand von Alexandria. Immer am Strand. Während die Wellen kamen und gingen. Jeder, dem ich das erzähle, denkt sicher unweigerlich, ich sei eine völlig realitätsfremde Frau, die in einer Traumwelt lebt. Vielleicht stimmt das ja auch, denn wie wäre sonst meine große Liebe zu Nasser und zu Beirut zu erklären?

Und trotzdem habe ich mich diesem Spanier an den Hals geworfen und versucht, ihn zu verführen, damit er mich auf spanischen Boden entführt. Der Gedanke, mich dort niederzulassen, war mir gekommen, als ich mit einem Freund von Nasser und dessen Frau in Spanien eine Straße zwischen voll erblühten Mandelbäumen entlangfuhr, die aussahen, als habe es gerade frisch geschneit. Vor mir lag das Land ausgebreitet und strahlte Sicherheit und Frieden aus. Wir bogen in eine Einfahrt ein, die links und rechts mit Tonkrügen bestückt war, in denen Kaktusgewächse korallengleich blühten. Ich beneidete die Leute, die das Glück hatten, hier leben zu dürfen. Eigentlich war ich zuvor schon neidisch geworden, als wir durch das kleine Dorf gefahren waren.

Das Auto fuhr eine lange Allee entlang und hielt auf dem herrschaftlichen Vorplatz vor der weit offen stehenden Haustür. Das Geräusch des bremsenden Wagens rief einen korpulenten Mann mit schütterem Haar auf den Plan, der herauskam, um uns zu begrüßen. Es gelang mir nicht recht, mich mit ihm bekannt zu machen, denn seine Aufmerksamkeit wurde plötzlich von einem riesigen Hund in Anspruch genommen, den er zurückpfeifen mußte, weil er an uns Neuankömmlingen hochsprang. Er bat uns herein und führte uns durch sein im traditionellen Stil gehaltenes Haus auf den Balkon, wo ich, um den Hausherrn auf mich aufmerksam zu machen, einen tiefen Seufzer ausstieß.

Vor der roten Sonne lag das gelbe Land unter einem rosa- und lilafarbenen Schleier. Schafe und Rinder blökten und muhten beim Näherkommen. Ich stand vorne am Balkongeländer und hielt nach ihnen Ausschau. Die Szenerie erinnerte mich an unser Dorf. Ich beobachtete, wie der Schäfer sich ungerührt eine Zigarette drehte, während sein Hund laut bellend um ihn herumsprang. Der Spanier kam auf mich zu, reichte mir ein Glas Wein, stellte sich neben mich und legte wie ich eine Hand aufs Geländer. Ich sah ihn an und dachte: der Herr des Hauses. So hätte auch mein Großvater dastehen können, mit einem modernen bunten Hemd und einer Jeans bekleidet, eine Zigarre in der Hand. Und meine Großeltern hätten sich ebenso vorstellen können, daß ich neben solch einem Mann stehe und zusehe, wie das Vieh am Abend von der Weide zurückkehrt. Selbst wenn es in unserem Dorf kein Vieh gibt, sondern ausschließlich Obstplantagen.

Langsam senkte sich die Dunkelheit über das Land, die Geräusche entfernten sich, Stille breitete sich aus. Die Natur ließ sich von der Nacht anhauchen und wandelte ihr Gesicht. Schatten legten sich über Baum und Strauch und ließen stumme Gespenster daraus hervorwachsen. Sogar die Zikaden verharrten bewegungslos unter dem Eindruck der hereinbrechenden Nacht und verstummten.

Hinter uns erklangen Schritte, so daß ich nicht dazu kam, dem Spanier zu sagen, daß auch ich ein Kind vom Lande sei. Ein mürrisch dreinblickender alter Mann brummelte kurz angebunden etwas in unsere Richtung, drehte sich um und verschwand wieder. Der Spanier lächelte und bat uns zum Abendessen herein.

Ich sackte auf meinem Stuhl zusammen. Beirut holte mich wieder ein und legte sich mir schwer auf Brust und Arme. Ich vergaß, wie gut es mir gegangen war überall da, wo die Welt in Ordnung war, wo kein Chaos und kein Krieg herrschten. Die hoffnungsvolle Zuversicht, daß ein sorgenfreies Leben existierte, hatte mich in der Zeit davor oft aufgerichtet, auch wenn sie mich schlaflose Tage und Nächte gekostet hat. Mein Neid, daß andere in Sicherheit leben durften, wog dabei besonders schwer. Der Gedanke, daß es das gab, hatte bis dahin alles überdauert, was ich in Beirut während der Unruhen und der Belagerung erlebt hatte. Und deshalb sollten meine Bekannten die Blicke niederschlagen und mir zuhören. Ich wartete ungeduldig darauf, daß sie von ihren Gesprächsthemen abließen, daß das Essen endlich vorbei war, daß der alte Diener nicht ständig unter neuem Vorwand hereinkam. Ich hüllte mich in Schweigen und wartete auf ihre Fragen. Es kamen aber keine Fragen, sondern eine Reihe von Aussagen, die echtes, aber nichtsdestoweniger flüchtiges Bedauern enthielten, woraufhin sie sich erneut ihren Gesprächsthemen zuwandten.

Wir erhoben uns, um das Anwesen zu besichtigen. Große Räume. Große Höfe. Eine große Vergangenheit. Dann eine kleine Kirche. Die Jungfrau Maria mit großen Augen. Ein kleiner Raum mit Bühne. Ein kleines Kino mit einer großen Leinwand.

Später kamen wir in einen endlosen Saal, der völlig leer war bis auf ein riesengroßes, seltsames Bett. Der Spanier wies auf ein Buch, das auf einer Holzkiste am Fußende des Bettes lag, öffnete es und zeigte uns darin ein Bild von ebendiesem Bett. Ich nickte zustimmend in seine Richtung, ohne ihm richtig zuzuhören, und überlegte mir, wie Nasser und ich wohl dieses Bett gefunden hätten. Hätten wir darüber gelacht? Wären wir hineingesprungen? Oder hätten wir die Matratze heruntergenommen und auf den Boden gelegt, wie jedesmal, wenn uns auf unserer Wanderschaft ein Bett nicht zusagte?

Ich befühlte mit den Händen die silbernen und goldenen Gravuren und die vier Eckpfosten, die mich an eine Tempelruine erinnerten. Nein, ich glaube nicht, daß uns dieses düstere Bett mit seiner Matratze, die feucht und modrig schien, gefallen hätte. Bestimmt hätten wir die Flucht ergriffen, hinaus aus diesem leeren Raum, der vor allem den Eindruck erweckte, als stimme etwas nicht.

Ich ließ die ganze Gesellschaft dort stehen und flog in Gedanken in andere Räume und Zimmer, in denen Nasser und ich zusammengewesen waren. Mal um Mal hatte ich mich mit ihm in immer anderen Zimmern getroffen, mehr und mehr waren es geworden. In einem wunderschönen Haus mit Jasmin auf dem Balkon, in einem Hochhaus mit lärmenden Nachbarn, in einer finsteren Wohnung, in die die Sonne nicht hineinschien, in die sich nicht einmal die Fliegen verirrten. Im letzten Zimmer hatte es keinen Strom gegeben. Davor waren wir in einem Hotelzimmer gewesen. Dort hatte im anderen Bett ein Freund von Nasser gelegen und im Fieber halluziniert. Wir hatten uns schiefgelacht über das,

was er von sich gab. Ein andermal ein vornehmes Wohnzimmer ...

Wir trafen uns auch bei verheirateten Freunden von Nasser. Ich war jedesmal enttäuscht, daß wir nicht allein sein
konnten, wenn ich Geräusche aus der Wohnung hörte, während ich an der Klingel stand. Ich sah mir die Ehefrauen mit
ihren Töchtern und Söhnen an und fühlte mich andererseits
wieder geehrt dadurch, daß Nasser mich überall mit hin-
nahm. Nasser spielte mit den Kindern, schnappte ihnen vor
der Nase den Keks weg, den ihre Mutter ihnen hinhielt, und
aß ihn zu ihrem großen Erstaunen tatsächlich auf. Wie gerne
wäre ich da an der Stelle des Kindes gewesen und hätte zart
meine Hand an Nassers Gurgel gehalten, durch die der Keks
hinuntergerutscht war.

Armselige Unterkünfte. Herrliche Räume. Wenn Nasser
mich anrief und mir die neue Adresse durchgab, versuchte
ich mir vorzustellen, wo wir dieses Mal zusammensein würden. In einer Wohnung? Einem Büro? Einem Haus? Würden
wir allein sein? Ich machte mir immer ein Bild. Wie sah der
unbekannte Stuhl aus, der darauf wartete, daß ich mich auf
ihm niederließ, und wo stand er? In einem Hotelzimmer,
das mich in eine Stadt am Meer versetzen würde, in der es
keinen Krieg gab? Trotz meiner Nervosität kam ich in den
Genuß der Segnungen von Aladins Wunderlampe, die mich
in eine andere Welt, vom Festland aufs Meer entführen
konnte – wie einmal, als wir an unserem Treffpunkt ein
Wasserbett vorfanden. Ich lag darauf, hingegossen wie eine
Filmdiva, glücklich über das kuschelig warme, wogende
Bett, über dem glatten, weinroten Bettbezug. Ich wurde sogar seekrank. Als tue ihm das aufrichtig leid, fragte mich
Nasser in scheinheiliger Sorge, ob dies bedeute, daß wir
nicht übers Meer fahren, nicht verreisen könnten. Übers
Meer? Verreisen? Wir waren doch zusammen auf hoher See,
hin und her geworfen von den Wellen.

Ich wußte, daß er ans Heiraten dachte, mehr als andere,

die ein normales, geordnetes Leben führen. Das war ganz wichtig für ihn. Auch wenn er zu Fuß unterwegs war, machte er sich immer seine Füße auf dem Boden bewußt und achtete darauf, daß er mit den Sohlen wirklich den Asphalt berührte. Ans Heiraten zu denken half ihm, die Zweifel und die Unsicherheit zu verjagen, die ihn in bezug auf sein politisches Engagement immer wieder plagten. Wenn ihm manchmal die Arbeit für die Revolution aussichtslos erschien, schöpfte er neuen Mut bei dem Gedanken, er kämpfe auch für seine Eltern und Geschwister und für eine Familie, die es einmal besser haben sollte.

»Jetzt bist du dran, Nasser«, hatte die Frau eines Freundes zu ihm gesagt, als sie ihr zur Geburt ihres Sohnes, der keine Tochter geworden war, ein Kätzchen geschenkt hatte. »Ich meine, jetzt seid ihr dran«, hatte sie sich dann zu mir gewandt korrigiert, und ich hatte mich gefreut, daß sie unsere Beziehung ernst nahm und es gerne sah, wenn wir uns in ihrer Abwesenheit in ihrer Wohnung trafen. Aber Nasser antwortete lachend. »Wie bitte? Bin ich denn so verrückt wie ihr und setze Kinder in die Welt, um sie jede Nacht in ein neues Haus zu schleppen? Weißt du, was Nadims Tochter in ihr Aufsatzheft geschrieben hat? ›Jede Nacht kommt eine Dämonin und trägt mich in Beirut herum.‹« Nasser wacht jeden Morgen woanders auf, mal unter einem Vordach, mal in einer Berghütte, mal in einer Strandkabine. Dann nimmt er eine Aspirin ohne Wasser und sagt, das sei seine Medizin gegen die Unvereinbarkeit, damit bringe er die Spaltung seiner Persönlichkeit zum Stillstand. »Wir arbeiten ja für eine Heimat und Stabilität. Und bis es soweit ist, müßte man seinen Kindern die Vertreibung zumuten, daß sie nicht da aufwachen können, wo sie einschlafen.«

Der Spanier war offenbar nicht ganz so begeistert wie die Frau von Nassers Freund, die mir zuflüsterte: »Asma, du wirst hingerissen sein von dem Garten!« Sie konnte ja nicht ahnen, wo ich gerade war und woran ich dachte. Ich wollte keine andere Stimme als Nassers Stimme hören, ich wollte nirgendwo sitzen außer neben ihm. Was ich zu sehen bekommen würde, interessierte mich nicht. Ohnehin nahm ich kaum etwas wahr. Ich hatte auch das Essen kaum geschmeckt. Ich ging mit ihnen zu dem gußeisernen Tor, kickte mit der Schuhspitze Steinchen weg wie ein bockiges Mädchen. Wie sollte ich bloß den Rest des Abends überstehen? Dann war der Schlüssel zum Garten unauffindbar, und eine aufgeregte Suche begann, und das brachte mich wieder zurück ins Hier und Jetzt.

Ich ging ein paar Schritte einen schmalen Pfad entlang. Es standen viele Bäume im Garten, in der Mitte war ein Teich angelegt. Da hat die Frau von Nassers Freund aber mächtig übertrieben, dachte ich und wollte gerade eine entsprechende Bemerkung zu ihr machen, als ich mich schon ausrufen hörte: Was für ein paradiesischer Garten. So konnte man sich die Paradiesbeschreibung aus den Heiligen Schriften Gottes vorstellen: ein Garten, in dessen Tiefe Flüsse strömen. Von dessen Höhen Wasserfälle herabstürzen. Weiden standen da und andere Bäume, die ich nie zuvor gesehen hatte, weder in Wirklichkeit noch in Büchern. Die Kronen der Bäume bildeten ein ineinander übergehendes Geflecht von Ästen, zwischen denen das Mondlicht hindurchschien, hell wie die Sonne.

»Ist das herrlich«, rief Nassers Freund und räusperte sich, woraufhin die Vögel aus dem Schlaf aufschreckten. Sie ordneten ihr Gefieder und kehrten wieder in ihre Nester zurück. Wurzeln traten aus der Erde herauf an die Oberfläche, als wollten sie nachsehen, wie ihre Töchter, die Bäume, herangewachsen, wie ihre Zweige geformt waren und welche Farbe die Blätter hatten. Luftwurzeln hingen wie Tarzans Lianen von den Bäumen herab, reichten hinunter bis in das Wasser, das zwischen Felsen dahinfloß. Über dem See ließen die Wipfel der Bäume durch eine kreisrunde Öffnung den Blick frei in die Tiefen des Himmels. Ergriffen sahen wir hinauf und verstummten. Der Spanier eilte zu einem Felsen, trommelte einen Rhythmus darauf und schreckte die Vögel damit auf. Erst nach einer Weile erkannten sie das Geräusch als nicht bedrohlich und kamen in den Nestern und Bäumen wieder zur Ruhe. Als wir einander auf einmal deutlich sehen konnten, merkten wir, daß der Mond in den kreisrunden Himmelsausschnitt getreten war und den Paradiesgarten beleuchtete.

Ich ging auf das Mondlicht zu, erklomm übereinanderragende Felsen wie Stufen einer Treppe aus Stein und gelangte an einen schmalen Pfad. Hinter mir vernahm ich eine Stimme. Wo ich hinwolle, hörte ich den Spanier fragen. Zum Himmel, war meine verwirrte Antwort, und an meinem Tonfall hörte ich, daß ich exzentrisch und verführerisch auf ihn wirken wollte. Er ging nun neben mir. Lächelnd ließ er mich wissen, daß der Weg in einer Sackgasse endete.

Offenbar war er ernsthaft um mich besorgt. Der Pfad wurde immer enger und endete schließlich an einem Aussichtspunkt über den Baumspitzen des nachtschwarzen Paradieses. Er faßte meine Hand, als müsse er mir an einer gefährlichen Stelle Halt bieten, und zu meiner eigenen Überraschung mochte ich sie gerne, seine warme, speckige Hand. Daß zu der Hand ein Gesicht gehörte, das ich gar nicht richtig wahrgenommen hatte, und ein Wesen, das ich überhaupt nicht kannte, daran verschwendete ich keinen Gedanken. Ich ging mit ihm mit und dachte mit jedem Schritt an das Haus, das mir wie eine trutzige Burg erschien, den Garten, der so ein herrliches Paradies war, und an Beirut und mein Leben und überhaupt ... War ich wirklich völlig aus dem Tritt, total desorientiert? Solche Gedanken kamen nicht auf, weil ich seine Hand spürte, sondern weil es so still und weil mir alles so fremd war. Ich befand mich an einem neutralen Ort, die Sprache, die Menschen, was sie dachten, was sie fühlten, das alles war mir fremd. Als wäre hier für mich der Anfang der Welt. Ich mußte einfach nur den leeren Becher austrinken und das Illusionen einflößende Betäubungsmittel genießen. Mit jeder Felsenstufe, die ich hinunterstieg, gewann der Gedanke dazubleiben immer deutlicher an Gestalt.

An einem Ort wie hier würde niemand von mir erwarten – und ich selbst zuallerletzt –, daß ich den Faden der Vergangenheit, aus der ich kam, aufgriff und weiterspann. Er würde ohnehin abreißen, sobald ich alleine und ohne meine Sachen hierbliebe. Blitzartig leuchteten folgende Szenen vor mir auf: Ich nehme Briefe entgegen, die mir der mürrische alte Diener auf einem goldenen Tablett reicht. Ich liege in dem antiken Prachtbett, auf der viel zu glatten, seidenen Bettwäsche und entnehme meine Post dem Mund eines Totenschädels. Die Briefe gehen mir sehr zu Herzen. In einer weiteren blitzartigen Szene zeige ich meinen Freunden den Paradiesgarten und stehe darin engumschlungen mit Nasser. An dieser Stelle riß meine Bilderschau ab. Sie war nicht in Einklang damit zu bringen, daß ich nur ein Gast war, und auch nicht mit der Art von Leben, die ich dafür hätte aufgeben müssen.

Ich würde das Haus in ein halb arabisches Haus verwandeln. In längst vergangene Zeiten würde ich eintauchen und die Kinder, die ich dann hätte, Bilkis, Tarek, Leila und Siyad nennen. Ich starrte den Spanier an. Er lächelte mir zu, und ich schloß daraus, daß er wußte, daß sein Haus nicht für Köder und nicht für Fische, sondern für edle Nixen geschaffen war. Einen Hinweis auf all das, was ich mir ausmalte, sah ich allerdings in seinem Lächeln nicht.

Ich behauptete, ich hätte zuviel getrunken, und schützte Kopfschmerzen vor. Zum ersten Mal wagte ich den Gedanken, daß es so schlimm auch nicht war, wenn Nasser angerufen hätte und niemand ans Telefon gegangen wäre. Der Spanier bot mir an, ich solle mich doch in einem anderen Zimmer ein wenig hinlegen, und brachte mir ein Glas Wasser. Vera bemühte sich, mich zu versorgen, aber es gelang ihr nicht, ihren Unmut über mich zu verbergen. Schließlich hatte ich ihren Freund in Beschlag genommen und ihm den ganzen Abend von Beirut erzählt. Beirut unter der Besatzung, meine abenteuerliche Abreise aus Beirut, Beirut vor dem Krieg. Und die Frau von Nassers Freund hatte mich angestarrt und nicht glauben können, daß ich dieselbe Frau war, die sie kreuzunglücklich und fern der Heimat aufgenommen und die bei ihr auf den Anruf ihres Liebsten gewartet hatte. Jedesmal, wenn der Anrufer nicht Nasser gewesen war, hatte sie von mir zu hören bekommen, daß er mich bestimmt vergessen hatte oder daß er vielleicht meinen Brief nicht bekommen hatte. Und nun hatte ich heftig mit dem Spanier geflirtet, meine Schuhe ausgezogen, herumgekichert und »Ich bin ja so beschwipst« geträllert. Und mich schließlich ins Bett gelegt.

Als ich gerade eindämmerte, nachdem ich noch gehört hatte, wie die Gäste sich verabschiedeten, spürte ich plötzlich eine Hand, die mir über die Stirn und übers Haar strich. Ich wachte in gespieltem Erschrecken auf. Als ich den Spanier erkannte, tat ich, als sei ich dadurch beruhigt, und schloß die Augen wieder. Er steckte die Wolldecke um mich fest. Dann beugte er sich über mich, und ich spürte seinen Atem und seine Hand, die mein Gesicht streichelte. Ich öffnete meine Augen wieder, lächelte ihn an und ließ zu, daß er seine Lippen auf meine Lippen legte. Er roch ein wenig nach Wein und Zigarre. Ich gab mich seinen Lippen hin und erwiderte den Kuß, ich wies auch seine Zunge nicht zurück, beschloß allerdings, ihn nicht weitergehen zu lassen. Er legte aber lediglich in Höhe meiner Brust die Hand auf die Decke, seufzte tief, strich mir über das Haar und wünschte mir eine gute Nacht.

Das Haus, das mir wie eine trutzige Burg erschien, hatte am Morgen noch mehr Schönes zu bieten als am Abend. Hähne krähten, in der Ferne schellten Glocken, als die Tiere

auf die Weide zogen, spanische Worte klangen herüber –
nicht anders als bei uns im Dorf, wenn die Bauern ihr Tag-
werk beginnen. Der Tag bereitete sich vor und vertrieb den
feuchten Geruch der Nacht. Der Busch, der den schönen
Namen »Königin der Nacht« trägt, hatte wohl die Fenster
geschlossen, aus denen am Abend zuvor sein betörender
Duft gestiegen war. Es drangen wieder Geräusche an mein
Ohr. Ich stellte mir vor, wie ich am Morgen als Gutsherrin in
diesem Haus aufwachte.

Ich stand auf und ging in dem weitläufigen Haus umher
und stellte fest, daß ich die großen Räume nicht mehr als
bedrohlich empfand, sondern mich darin geborgen fühlte.
Ich nahm alles in mich auf und hätte gerne Spanisch ge-
konnt, um nach dem Weg in den paradiesischen Garten zu
fragen. Zurufe schallten hin und her, ich fühlte mich wie zu
Hause auf dem Land bei den Bauern, die mich grüßten. Offenbar fanden sie nichts Ungewöhnliches daran, in dem
Haus zu jeder Tages- und Nachtzeit Frauen unterschied-
lichen Alters aus aller Herren Länder anzutreffen. Aber sie
ahnten sicher nicht, daß bei mir ein besonderer Fall vorlag.
Mir lag nichts an rauschenden Festen, Gold und Geld. Ich
wollte einfach nur in dieser wunderschönen Umgebung ein
neues Leben anfangen.

Der Spanier war in Eile. Er war Rechtsanwalt und hatte eine Aktentasche aus Leder wie ein gewöhnlicher Er-
werbstätiger, gar nicht wie ein Gutsherr. Damit wurde die
Vorstellung hinfällig, alle Leute, die dieses Haus, dieses
Zauberschloß, diese Burg betraten, verlören dadurch jede
Verbindung mit der Außenwelt. Egal. Dann war es eben
mein Schicksal, die meiste Zeit allein zu Hause zu bleiben.

Als ich im Auto saß, wurde mir klar, daß ich keinesfalls
die meiste Zeit allein in dem schönen Haus bleiben, sondern
daß ich ganz im Gegenteil nie wieder meinen Fuß hineinset-
zen würde. Der Spanier schlug mir ein gemeinsames Mittagessen in seiner Wohnung in der Stadt vor. Vera hatte

wohl Verdacht geschöpft. Mir war klar, daß ich aus dem Paradies vertrieben worden war. Vera hatte ihn fest an der Angel. So elend wie an diesem Tag hatte ich mich noch selten gefühlt. Es ging mir noch schlechter als zu den Zeiten, an denen ich Tag um Tag auf Nassers Anruf gewartet hatte. Ich hatte mich mit Haut und Haar in die Vorstellung von einem neuen Anfang in diesem Haus verrannt. Und war abgewiesen worden.

Liebe Jill Morrell, ich habe Ihre Geduld arg strapaziert, ich weiß. Aber so ist es, wenn man als Geisel gefangengehalten wird. Man lebt in der Vergangenheit, führt Zwiegespräche mit der Vergangenheit. Jetzt will ich wieder auf das Schicksal der Entführten, auf das Thema Geiselnahme und Geiselnehmer zurückkommen. Sie wollen Beruhigung und möglichst schnell etwas Konkretes erfahren, aber vielleicht habe ich Ihnen ja einen Einblick in etwas vermitteln können, was Sie vorher nicht mit einkalkuliert hatten. Lassen Sie mich Ihnen noch an einem Beispiel zeigen, wie sehr das Absurde an den Entführungen zu einer gewöhnlichen Begleiterscheinung des Kriegs geworden ist. Es gibt keine Regeln mehr. Der Krieg verändert sich mit den Dialekten und den Uniformen der Krieger. Komisches wird zum Heulen, und Tragisches wird lächerlich. Und Entführungen rechtens.

Ein Verwandter von Hayat wachte nach mehreren Monaten in Geiselhaft eines Tages auf und erhielt die Mitteilung, er würde heute rausgelassen. Er bekam daraufhin furchtbare Angst. Die Aussage seines Bewachers konnte ja auch bedeuten, daß sie ihn umlegen wollten. Sie verbanden ihm die Augen, brachten ihn in ein Auto und setzten ihn schließlich irgendwo ab. Dort nahmen sie ihm die Augenbinde ab und ließen ihn allein. Während sich seine Augen an das Licht gewöhnten und er allmählich den Straßenlärm, das Hupen der Autos, den Gebetsruf und die vielen anderen Geräusche an sich herandringen ließ, kam er zu der Überzeugung, das einzig richtige in seiner Situation sei, sich zu konzentrieren, wach zu sein und seinen Körper und sein Denken ganz in seinen fünf Sinnen aufgehen zu lassen. Er öffnete eine Tür und wurde mit dem Satz empfangen: »Gott sei Dank, daß Sie heil zurückgekommen sind. Kommen Sie, Ihre Familie wartet auf Sie.« Der junge Mann in Kampfkleidung, der gesprochen hatte, drückte ihm die Hand. Der Entführte kam aus dem Staunen nicht heraus. In dem Raum befand sich eine Menge junger Leute, alle in Kampfanzügen. Einer nahm den Wasserkrug und trank daraus. Reglos stand der Entführte da, der Mund stand ihm offen vor Staunen. Plötzlich mußte er weinen, nahm unter Tränen seine Hose und zog sie über den gestreiften Flanell-Schlafanzug, den sie ihm am Tag nach seiner Entführung gegeben hatten. Einen Schlafanzug aus Flanell. Und er hatte immer nur Seide auf der Haut getragen.

Wo waren jetzt die Entführer? Hatte seine Frau Lösegeld bezahlt?

Aber damit, daß er nach Hause zurückgekommen war, war die Geschichte nicht zu Ende, denn ein paar Tage nach seiner Freilassung meldeten sich die Entführer und wollten ihn unbedingt besuchen.

Sie kamen herein und begrüßten ihn wie einen alten Freund. Er habe ihnen gefehlt, sagten sie und sprachen davon, wie nahe man sich doch kennengelernt habe. Einer wandte sich mitfühlend an die Frau und erklärte, sie hätten oft an sie gedacht, ihr Mann sei ja anspruchsvoll, mal sei ihm das Essen zu salzig gewesen, mal hätte es ihm überhaupt nicht geschmeckt, mal sei es nicht lang genug gekocht gewesen. Wie die gnädige Frau ihn eigentlich die ganze Zeit ertrage, das hätten sie sich oft genug ernsthaft gefragt.

Dann kamen sie zur Sache. Sie hätten gar nicht bedacht, als sie ihn entführt hatten, wie teuer das werden würde, sie hätten eine ganze Menge unvorhergesehener Ausgaben gehabt. Die Lebensmittel hätten Geld gekostet, Hygieneartikel hätten sie kaufen müssen und verschiedene Medikamente. Ein paar Mitwissern im Viertel hätten sie Schweigegeld gezahlt, damit sie dichthielten. Auch die Frau, die für ihn gekocht hatte, wolle auf einmal mehr, als sie bezahlen konnten. Als sie lang genug gejammert und ihren Kaffee ausgetrunken hatten, verschwand der Verwandte von Hayat, der übrigens Munir heißt. Er kam mit einem Geldumschlag zurück, den er ihnen mit dem Hinweis gab, sie sollten auf jeden Fall die Köchin nicht vergessen. Er hatte gehört, wie sie sich bei den Entführern erkundigte, ob es ihm geschmeckt hatte. Sie hatte nach seinen Wünschen gekocht, und es war gut gewesen, auch wenn sie gerne mit reichlich Knoblauch und Koriander kochte, wovon er immer müde wurde. Er hatte es erstaunlich gefunden, daß für sie wichtig gewesen war, was er zu essen bekam und gar ob es ihm schmeckte, ihm, dem Gefangenen. Warum sie eigentlich nicht mehr in Disziplinarhaft seien, fragte Munir schließlich seine Entführer, das habe er doch gehört. Die Partei habe sie freigelassen, erwiderten sie, nachdem das religiöse Gutachten ergeben habe, daß die Entführung rechtens gewesen sei, insbesondere angesichts der Tatsache, daß der Entführte enge Kontakte zu Amerika unterhalte.

Munir beherrschte nur mühsam seinen Zorn, und seine Frau hätte den Gästen am liebsten den Rest des heißen Kaffees ins Gesicht geschüttet, den Umschlag wieder an sich gerissen und sie angeschrien, daß sie mit solchen Menschen nicht in einem Land leben könne. In derselben Nacht beschlossen die beiden, das Land zu verlassen.

Nehmen Sie es nicht so schwer, Jill Morrell. Machen Sie sich wegen der Kämpfe keine Sorgen um Ihren Geliebten. Das wird wieder anders. Das heillose Bombardement hört auch wieder auf. Dann sammeln sie die Toten ein, das Rote Kreuz oder der Rote Halbmond bringt die Verletzten weg, und es wird ein kurzer oder auch ein längerer Waffenstillstand ausgerufen.

Das ist ja gerade das Problem, daß alles wieder zur Normalität zurückkehrt. Aber neues Salz wurde auf die alten Wunden gestreut, und der Schmerz brennt wieder stärker. Mit dem, was jetzt passiert, hat niemand etwas zu tun außer den Kämpfern.

Wer würde denn ernsthaft einen Straßenkrieg in Erwägung ziehen, eine Krise heraufbeschwören und meinen, daß sich damit irgend etwas erreichen läßt?

Ich dachte, was außerhalb der vier Wände meines Zimmers geschieht, geht mich nichts mehr an. Und doch fällt mir gerade ein, wie ich durch die Bresche in der Gartenmauer heimlich das Nachbarhaus beobachtet habe, das von irgendwelchen Partisanen besetzt war, die dort ihr Quartier aufgeschlagen hatten. Es war Nacht, alles war ruhig. Von meinem Beobachtungsposten aus sah ich die Kämpfer schlafend in den Betten liegen. Ich hörte sie fast schnarchen. Da senkte ich unwillkürlich den Kopf und fragte mich, ob ich vielleicht gar nicht entführt war. Vielleicht war es ja doch ein Alptraum, aus dem ich nur noch nicht aufgewacht war. Die Menschen, die dort drüben friedlich schliefen, konnten doch unmöglich Geiselgangster sein. Aber diesen Gedanken schlug ich mir schnell aus dem Kopf, indem ich daran dachte, daß auch das Böse manchmal einfach schläft.

Aus dem Arabischen von Angela Tschorsnig

Nach dem Bürgerkrieg

Huda Barakat

Der Wasserpflüger

Heute schlürfte ich zahlreiche Vogeleier und aß köstliche
Brunnenkresse, so daß ich gestärkt war, bevor ich mich eili-
gen Schrittes auf den Weg zum Parisiana am anderen Ende
des Märtyrerplatzes machte. Ich wechselte zu Qaisar Amers
Feuerwerksparadies über, das, als es niederbrannte, am
Himmel eine Nacht lang ein Lichterfest gemacht haben
muß. Dann bog ich in die Straße bei Zains Fruchtsaftge-
schäft, aus dem ich vor einiger Zeit zwei Bleche mit nach
Hause genommen hatte. Das Café Laronda und das Schu-
schu Theater passierend, erreichte ich den Gaumont Palace.
In dem berühmten Kino war ich noch nicht, dafür aber vor
einigen Tagen im Cinema Byblos. Dort hatte ich ein paar
Kunststoffplatten für die Überdachung meiner Garten-
pflanzen gefunden, so daß ich im Winter mehr Sonnenlicht
und Wärme gewinnen konnte. Den Besuch im Lazaristen-
haus verschob ich, pflückte nur ein paar für diese Jahreszeit
ungewöhnlich früh am Gebäude wachsende Eibischblüten,
um sie auf der Terrasse zu trocknen und bei einer Erkältung
als Tee zu trinken.

Ich war bereits auf dem Weg zur Bint-Jbail-Haltestelle
und dem Laden von Abu Said, dem Süßholzmann, wie wir
den Verkäufer des köstlichen Getränks nannten, als ich beschloß, umzukehren und einen Abstecher in die Sankt-
Georg-Kirche zu machen, bevor ich mich über die Treppen
beim Eiermarkt in das Basarviertel wagte. Den Besuch der
kleinen Marktgassen hatte ich mir schon oft vorgenommen,
aber immer wieder verschoben, bis ich die nötige innere Be-
reitschaft verspürte. Ich war voller Hoffnungen, dort wert-
volle Entdeckungen und seltene Funde zu machen. Außerdem wartete ich darauf, daß das Gestrüpp unter der

Sommersonne verdorrte, damit ich es leichter mit den Wurzeln ausreißen und mir durch das Dickicht kleine Durchgänge und Wege bahnen konnte.

Als ich die Sankt-Georg-Kirche betrat, schlug mir eine Kühle entgegen, die mich schon als Kind belebt hatte, wenn mein Vater mich an der Hand hielt und sich mit der anderen den Schweiß von der Stirn wischte. Wir besuchten die Kirche eigentlich nicht, um zu beten und zu meditieren, sondern um der Sommerhitze zu entfliehen. Dann setzten wir uns aber doch auf die Holzbänke und betrachteten, eingetaucht in die Stille und den Weihrauchduft, die schönen Heiligenbilder und Ikonen. Später, nachdem mein Vater vergeblich nach dem Archemandrit mit der schönen Stimme Ausschau gehalten und eine Münze in den eisernen Spendenkasten geworfen hatte, zündeten wir noch eine Kerze an und gingen hinaus.

Die Kirche war vollkommen leer. Wie das große, in der Nähe gelegene Theater war sie restlos ausgebrannt. Sie muß in friedlichen Phasen leer geräumt und ausgefegt worden sein, denn es lagen nicht einmal mehr Schutt und Asche herum. Der leere Raum gebot keine Ehrfurcht, sondern erinnerte eher an eine Sporthalle oder ein ausgeräumtes Lagerhaus am Hafen. Ich ging zur Apsis, durch deren Fensteröffnungen, inzwischen ohne das alte Buntglas, Licht schien. Der Boden unter meinen Füßen gab leicht nach, und in den Ecken lag modriger Dreck. Die hohe, halbrunde Mauer der Apsis, an der wilde Zichorien, Pfefferminze und Lorbeersträucher wucherten, glich einem senkrecht stehenden, üppigen Garten. Ich war überrascht, daß dort weder Farn noch Brombeersträucher, noch Rhizinus wuchsen, da diese Gewächse mir meist den Zugang zu den Pflanzen erschwerten, auf die ich Appetit hatte und bei denen mir das Wasser im Munde zusammenlief. Ich legte das leinene Tragetuch ab, das ich mir an einem Ende um die Taille und am anderen um den Hals gebunden hatte, um darin meine erjagte, gesammelte und gefundene Beute nach Hause zu tragen. Ich breitete es auf dem Boden aus und legte die Zichorie und die wilde Pfefferminze darauf.

Ich weiß nicht, wie es geschah, aber plötzlich fand ich mich in einer finsteren Grube unter der Erde wieder. Das kleine Loch, durch das ich gefallen sein muß, lag mindestens zwei Meter über meinem Kopf. Angsterfüllt, weil ich nichts sehen konnte, tastete ich nach einem Gegenstand, an dem ich hätte hinaufklettern können. Dann sprang ich in die Höhe und versuchte das Loch zu erreichen, um mich am Rand festzuhalten, jedoch vergeblich. Es ist zwecklos, dachte ich. Ich muß mich beruhigen, so kann ich eher etwas erkennen und nachdenken. Als ich mich umschaute, entdeckte ich eine steinerne Treppe in meiner Nähe. Wenn es mir gelingt, die Decke darüber einzureißen, überlegte ich, bin ich gerettet. Aber der Versuch war zum Scheitern verurteilt. Schweißgebadet und vor Kälte zitternd, legte ich mein Halstuch ab, setzte mich auf den Boden und wartete, daß meine Augen sich an die Dunkelheit gewöhnten. Nach einer Weile erhob ich mich und schaute herum, in der Hoffnung, einen Gegenstand zu finden, auf den ich mich stellen könnte. Doch gab es nur die steinerne Treppe, die ich dann voller Angst Stufe um Stufe hinabstieg. Sie führt bestimmt zu den Grabkammern der Patriarchen, Bischöfe und Heiligen, deren Untaten eines Tages ans Licht kommen werden, mutmaßte ich. Ich stieg weiter hinab, und erst als mich tiefschwarze Finsternis umschloß, hielt ich inne. Hinaufzusteigen ist einfach, nützt mir aber nichts, überlegte ich. Also tastete ich mich an der bröckeligen Mauer entlang, bis ich keine Stufen mehr, sondern ebene Erde unter den Füßen spürte. Hier, redete ich mir gut zu, finde ich bestimmt einen Gegenstand, der mir dazu verhilft, aus dem Loch herauszukommen, und seien es die Grabsteine, Knochen oder Schädel der Patriarchen und Heiligen. Plötzlich schimmerte vor mir ein schwacher Lichtschein, und ich erkannte, daß ich auf einem steinernen Vorsprung stand. In den dunklen Raum starrend, sah ich, daß ein Lichtstrahl durch die Decke über einem Irrgang rechts von mir hereinschien. Ich vermutete, daß die Decke sehr hoch war und es keinen Weg nach draußen gab, hoffte aber, auf einen Gegenstand zu stoßen, den ich in das Gewölbe unter der Apsis, von dem ich mich mittlerweile wahrscheinlich ziemlich weit entfernt hatte, tragen konnte.

Also folgte ich der Lichtquelle, die ganz in der Nähe sein mußte. Als ich mich weiter vortastete, entdeckte ich in der Mauer eine Stelle, deren Oberfläche nicht bröckelte, sondern glatt und gewölbt war. Ich erkannte die Umrisse eines großen, zwischen zwei kurzen Säulen oder halbrunden Steinen stehenden Tonkruges. Etwas ratlos betrachtete ich den Krug, entschloß mich aber, ihn freizuschaufeln, herauszureißen und mitzunehmen. Falls er zu schwer gewesen wäre, hätte ich ihn zerschlagen, über den Boden gezogen oder …

Als ich mit dem Arm irgendwie gegen den vorspringenden Bauch des Kruges stieß, zerbrach er, und die Scherben fielen mir vor die Füße. Ich kniete nieder, um zu sehen, was ich angerichtet hatte, schreckte aber, der Ohnmacht nahe, mit einer plötzlichen, ruckhaften Bewegung zurück. Vor mir saß mit gekreuzten Beinen eine menschliche Gestalt von kleiner Statur, an den Teil des Kruges gelehnt, der in der Mauer verankert und heil geblieben war.

Ein Mädchen. Ich sah ihr Haar. Sah ihr Gewand, es reflektierte das Licht. Ich war wie festgenagelt, wagte mich nicht zu rühren, fürchtete, daß alles beim leisesten Lufthauch in Staub und Asche zerfiel. Durch die hauchdünne Haut sah ich das Skelett, doch Haare und Gewand ließen sie wie ein totes Mädchen aussehen.

Vor ihr kniend, war ich unfähig, mich zu rühren. Mir tränten die Augen, da ich sie unentwegt anstarrte. Ich schloß und öffnete die Lider und atmete sachte, um die stehende Luft nicht in Schwingung zu bringen. Ich weiß nicht, weshalb mich dieses Mädchen an Schamsa erinnerte. Meine geliebte Schamsa, ich habe sie lange nicht mehr gesehen und keine Ahnung, was aus ihr geworden ist. Ich weiß nicht, weshalb mich dieses Mädchen an sie erinnerte, wo sie nichts mit ihr gemein hatte. Weder die Körpergröße noch die Haarlänge, noch ... Vielleicht, weil sie in der gleichen Haltung mit gekreuzten Beinen und aufrechtem Oberkörper dasaß und mir trotz ihrer geschlossenen Augen geradewegs ins Gesicht schaute, vielleicht erinnerte sie mich deshalb an Schamsa.

Lange verharrte ich vor ihr auf den Knien. Plötzlich bemerkte ich, daß meine Glieder vor Kälte steif geworden waren und ich kaum etwas sehen konnte. Im nächsten Augenblick war mir wieder bewußt, in welcher Lage ich mich befand, und ich überlegte, wie ich schleunigst einen Weg hinaus finden könnte, bevor sich völlige Dunkelheit über den Ort legte. Ich hatte keine andere Wahl, als dem schwachen Licht zu folgen, da ich nur mit leeren Händen zum Loch in der Sankt-Georg-Kirche hätte zurückkehren können.

So schnell ich konnte, folgte ich dem Licht, stolperte und fiel unzählige Male hin. Dabei bemerkte ich, daß seltsam geformte Steine verstreut auf dem Weg herumlagen. Doch ich nahm mir nicht die Zeit, sie genauer zu betrachten, denn ich war voller Angst und Sorge, unter der Erde bleiben zu müssen. Jetzt hatte ich die Lichtquelle erreicht, sie war von Gestrüpp bedeckt. Ich konnte bequem zum Loch klettern, schob das Gestrüpp beiseite und schlüpfte hinaus.

Die Sonne war noch nicht untergegangen. Ich klopfte mir beim Gehen die Erde von der Kleidung und schaute herum, um meinen Standort festzustellen. Ich befand mich weder auf einem Platz noch auf einem freien Feld, an dem ich mich hätte orientieren können, sondern inmitten enger, verwinkelter Gassen. Nur mit Mühe konnte ich mir einen Weg durch das dichte Gestrüpp und über die vielen zwar kleinen, aber vom Regenwasser mitunter zu Schutthügeln aufgetürmten Steine bahnen. Von einer Barrikade pflückte ich köstliche, wild wachsende Tomaten. Genüßlich kauend setzte ich meinen Weg fort. Als ich den kleinen Platz vor der Nuriyya-Kirche erreichte, wußte ich, daß ich mich im Nuriyya-Markt befand. Erleichtert atmete ich auf. An das Mädchen im Krug dachte ich gar nicht mehr. Nun, sagte ich mir, bin ich in den kleinen Marktgassen, die zu besuchen und erkunden ich mich vorbereitet und gefreut hatte. Und bald komme ich wieder her. Ich ging durch den Sursuq-Markt und bog in Richtung Mansur-Assaf-Moschee. Wenn ich mich recht erinnere, sprach ich zu mir, muß ich jetzt auf die Hussein-al-Ahdab-Straße stoßen, die zum Sternplatz führt. Wenn ich sie überquere, komme ich zur Großen Moschee, zur Weygandstraße und dann endlich nach Hause.

Doch ich verlief mich.

Ich verlief mich, und die Anstrengung nahm mir die Kraft. Statt auf den Platz vor der Umar-Moschee zu gelangen, befand ich mich plötzlich wieder fast an der Treppe beim Eiermarkt und nahe des Abu-Nasr-Markts. Ich ließ mich auf den Rand einer eingestürzten Mauer nieder, um Atem zu schöpfen. Anspannung und Angst, gestand ich mir, hindern mich daran, in Ruhe nachzudenken. Wovor habe ich eigentlich Angst? Was kann der Grund für meine Angst sein? Was ist bloß der Grund für die Angst? Der Fischplatz muß hinter mir liegen, dann kommt der Goldmarkt, von dem ich zu Hallabs Süßwarengeschäft oder Azars Kaffeeladen gehe, dann passiere ich den Märtyrerplatz in Richtung Rivoli, und schließlich bin ich innerhalb weniger Minuten zu Hause. Wovor hast du also Angst, da es bis zum Einbruch der Dunkelheit noch lange hin ist?

War es instinktiv? Hatte ich Angst, bevor ich die Ursache dafür kannte? Witterte ich die Gefahr, bevor meine Ohren sie wahrnahmen?

Das, was ich plötzlich wie aus dem Nichts hörte, konnte unmöglich Hundegebell sein. Unmöglich, denn solange ich hier lebe, ist mir nicht ein einziger Hund über den Weg gelaufen.

Das Gebell, nun lauter und aggressiver, drang unter meine Schädeldecke und löste Angst und Schrecken aus. Das ist kein Hundegebell, redete ich mir auf der Suche nach einem Unterschlupf ein, wobei mir die Haare wie die Stacheln eines Igels zu Berge standen und die Haarwurzeln schmerzhaft gereizt waren.

Das ist kein Hundegebell. Ich spuckte mir in die Handfläche, um festzustellen, wie der Wind stand und ob er meinen Geruch in die Richtung der Hunde wehte. Dies war nicht leicht herauszufinden, denn ich schien von einem Labyrinth von Sackgassen umgeben zu sein. Mich zur Tarnung mit Gras einzureiben, würde nichts nützen. Also mußte ich auf ein Dach oder einen Baum steigen oder in einem Loch, dessen Eingang ich verrammeln kann, Schutz suchen.

Leicht wie der Wind kletterte ich, mich an Eisenstangen und Simsen offener Fenster entlanghangelnd, über die Steine immer weiter weg vom Erdboden, bis ich auf gleicher Höhe mit der Krone einer kleinen Palme angelangt war. Dort, auf den Ruinen eines kleinen Balkons über der Kreuzung enger Gassen, vermutlich dem Fischmarktplatz, legte ich mich flach auf den Boden. Mit vorgestrecktem Kopf linste ich zwischen dem Farn hindurch und erblickte das Rudel.

Ich konnte nicht feststellen, wie viele Hunde es waren, denn sie rannten durcheinander, verschwanden in den Gassen und tauchten wieder auf. Kurz darauf rotteten sie sich auf dem kleinen Platz zusammen und gerieten in einen erbitterten Kampf, der damit endete, daß zwei von ihnen niedergestreckt wurden und regungslos am Boden liegenblieben. Allmählich verwandelte sich das Gebell in ein Brüllen wie von Stieren. Dann sah ich, wie das Leittier einen

Körper im Maul über den Boden schleifte, ihn zu zerfleischen begann und die anderen daraufhin ebenfalls zubissen. Soweit ich von meinem Platz aus erkennen konnte, waren es nicht mehr als zehn.

Das sind Wölfe, sagte ich mir, in dem Glauben, sie zerfleischten einen ihrer Artgenossen, der im Kampf gefallen war. Plötzlich rollte ein Kopf in meine Richtung – es war kein Hundekopf, sondern der eines Menschen.

Ein Menschenkopf, ein Menschenkopf, stammelte ich leise. Mein Gott! Woher haben sie die Leiche?

Es regnete in Strömen, als ich ins Haus robbte und mich auf den Boden fallen ließ. Ich weiß nicht, wie lange ich regungslos, fast ohnmächtig dort gelegen habe. Ich verbringe die Nacht hier, überlegte ich, denn morgen bin ich ohnehin ein toter Mann. Entweder durch die Hunde oder die Menschen. Oder ich bleibe hier liegen, bis ich verhungere.

Die ganze Nacht über grübelte ich. Nicht einen Augenblick schlief ich. Naß bis auf die Knochen und mit glühendem Kopf hockte ich auf dem Boden. Ich nahm mir vor, mich beim Morgengrauen auf dem kürzesten Weg zu den Barrikaden am Rand der Innenstadt zu begeben und die Menschen dahinter laut schreiend auf mich aufmerksam zu machen. Schafft mich fort von hier, brülle ich ihnen entgegen. Sie bahnen mir einen Weg hinaus. Vielleicht eröffnen sie aber auch das Feuer auf mich, weil sie, bevor sie meine Stimme hören, die Bewegung bemerken. Wie mir zu Ohren gekommen ist, werden sprengstoffbeladene Hunde in der Innenstadt ausgesetzt, damit sie von Scharfschützen auf der anderen Seite beschossen werden und explodieren. Das sind alte Methoden, die bestimmt nicht mehr angewendet werden, zumal ich in der näheren Umgebung bisher keine einzige Explosion gehört habe. Ich kann mich morgen unmöglich in die Nähe der Barrikaden begeben, denn nach dem gewaltigen Dröhnen zu urteilen, das seit ein paar Tagen zu mir dringt, toben zur Zeit Gefechte.

Geschwätz! Alles nur Geschwätz! Ich werde überhaupt nichts wagen, sondern in diesem Raum hier oben bleiben, bis ich krepiere. Nie mehr werde ich zu meinem glücklichen Leben, zu meinem Paradies zurückkehren. Mein Garten wird eingehen, und weder meine Stoffe noch mein Haus werde ich verabschieden.

Bei Morgengrauen schlich ich auf den Balkon und wagte einen Blick über die Kante. Um mich herum war alles friedlich. Ich hörte das Gezwitscher der Vögel. Trotz des bewölkten Himmels konnte ich deutlich erkennen, daß auf dem Platz und in den Gassen unten jede Spur von den Hunden und ihrem gestrigen Kampf fehlte. Weder die beiden Hundekadaver noch die Leiche waren zu sehen.

Ist das gestrige Erlebnis, fragte ich mich, vielleicht nur das Produkt wirrer Träume oder meines fieberglühenden Kopfes? Bestimmt bin ich krank und habe mir im Delirium Dinge eingebildet, die jeder Grundlage entbehren. Wieso bin ich aber auf dieses eingestürzte Haus geklettert? Vermutlich hat mich das Fieber noch vor Sonnenuntergang erfaßt, mich geistig und körperlich benebelt und im Wahn so hoch hinaufgetrieben.

Als ich von meinem Unterschlupf hinunterstieg, hatte ich den Geschmack von rostigem Eisen im Mund. Mir fielen die Tomaten ein, die ich am Tag zuvor gegessen hatte. Vielleicht waren sie vergiftet, mutmaßte ich. Aber woher sollte das Gift stammen, wo doch ausschließlich Regen die Pflanze bewässert?

Ohne mir Gedanken über die Richtung zu machen, lief ich los und gelangte mühelos auf die Omar-Moschee-Straße. Dort setzte ich mich hin und gönnte meinen Beinen eine kleine Pause. Ich versicherte mir selbst, krank zu sein und mich aufgrund des Fiebers, das mit Gewißheit wieder steigen würde, so schwach zu fühlen. Plötzlich schüttelte mich wieder ein Kälteschauer. Ich muß essen, stellte ich fest und sammelte die Schnecken um mich herum. Ich beabsichtigte, sie erst in Meerwasser zu legen, dann zu essen und anschließend einen Eibischtee zu trinken. Mir fiel das Tragetuch samt Inhalt ein, das ich in der Sankt-Georg-Kirche zurückgelassen hatte. Und mir fiel das Mädchen im Krug ein.

An der Usa'i-Ecke beschleunigte ich meine Schritte, bevor es in Strömen zu regnen begann. Beim Laufen machte ich mir Gedanken über Leinen. Ich dachte an die Kraft des Leinens, das mich zu Hause erwartete. Dachte, wie ich mich in Leinen und keinen anderen Stoff hüllen und wie es mich heilen würde. Wie ich mich wärmen und genesen würde. Und ich dachte an Schamsas Leinen.

Gehört das ganze Gebiet, dieses verschanzte Herz einer Stadt, mir? Ich allein bin ihr Herr! Beherrsche alles über und unter der Erde. Ich fühle mich unangreifbar wie keiner ihrer Herrscher je zuvor. Ich baue und zerstöre, schalte und walte, wie es mir beliebt, und wann immer ich will, ziehe ich mich in meinen Palast zurück und suche unter den Stoffen die Geliebte aus, nach der mir zumute ist: die Zärtliche, Gütige; die Lüsterne, Verruchte; die Verblendete, Müßige; die Törichte, Eitle; die Feine, Rechtschaffene oder die Verträumte, die mich nicht beachtet.

Dies ist meine Welt, Vater, verkündete ich laut singend und ließ meinen Beinen die Freiheit, in die Richtung ihrer Wahl zu rennen.

Mit Tragetuch und Spazierstock ausgerüstet, wanderte ich wie ein Prophet nach Belieben überallhin, sei es zum Vergnügen, sei es aus Entdeckungslust oder um die Weisheit der Tage und Nächte frei von Angst zu erkunden, denn die Herrschaft über dieses Fleckchen Erde war mir sicher, für lange Zeit.

Nachdem ich etliche Tage mein Fieber mit Eibisch- und Salbeitee in einem Kokon aus Leinen auskuriert hatte, beschloß ich eines Morgens, die kleinen, parallel zum Märtyrerplatz verlaufenden Marktgassen aufzusuchen. Diesmal, versicherte ich mir, werde ich mich nicht verlaufen, denn ich werde meine Route markieren und den Straßen und Marktgassen, die ich nicht wiedererkenne, neue Namen geben. Ich werde mir im Geist einen neuen Plan von den Orten zeichnen, die sich von Grund auf verändert und ihre früheren Merkmale eingebüßt haben.

Ich ging in den Goldmarkt. Von dort hatte ich schon einmal Steine für den Bau einer niedrigen Mauer, die meinen Garten vor den Sturzbächen des Regens schützen sollte, eingesammelt, denn im letzten Winter war ein Teil des Gartens von den Wasserströmen fortgespült worden. Als ich plötzlich vor den Ruinen des Gewürz- und Kräuterhandels Dabbus stand, stieß ich auf einen wahren Schatz. Die Sache, beschloß ich, wird nicht auf den Heimweg verschoben, da ich möglicherweise eine andere Route nach Hause wähle. Ich band das Tragetuch ab und breitete es, laut lachend und in die Hände klatschend, auf dem Boden aus.

Einige Pflanzen- und Blumensamen hatten gekeimt, so daß aus dem porösen Stein prächtige Pflanzen wuchsen. Ich zog sie samt Wurzeln heraus, legte sie sorgfältig auf das Tuch und gelobte mir, in diesem wunderbaren Sommer Garten und Terrasse in ein wahres Paradies zu verwandeln. Ich räumte ein wenig Schutt ab und entdeckte eine große Flasche Olivenöl, öffnete sie sogleich und trank laut schmatzend. Jetzt war alles so weit vorbereitet, daß ich abends Licht machen konnte. Ich glaubte aber nicht daran, Streichhölzer zu finden, um den Docht anzuzünden. Die Enttäuschung verflog, als ich an der breiten Eingangsfront jungen Mais aus alten Kolben wachsen sah, die in der letzten Saison reif geworden sein mußten. Während ich die zahlreichen Pflänzchen herauszog, ging mir durch den Kopf, daß ich mit ihnen mühelos mein Haus und die Terrasse einfrieden und einen Weg vom Haus zum Meer einsäumen könnte, wenn ich ihm eine kleine Kurve vor der Madgidiyya-Moschee verpaßte.

Ich nahm mir vor, das Dabbus-Geschäft noch einmal aufzusuchen. Mit dem Tragetuch auf dem Rücken markierte ich meine Route, indem ich mit dem Stock kräftig auf das verdorrte Gras einschlug. Ich kam an den Platz, an dem ich Schutz vor den Hunden gesucht hatte, die ich mir vielleicht auch nur im Fieberwahn eingebildet hatte – ich taufte ihn Hundeplatz. Später erreichte ich den Schneidermarkt, den ich erst erkannte, als ich die katholische Kirche passierte. In der Annahme, mich am Sternplatz zu befinden, schaute ich hinauf, und tatsächlich erblickte ich die Turmspitze, die nicht mehr die Uhr, sondern ein rostiges Loch krönte. Ich bog in die Ma'rad-Straße ein und überlegte, über die Weygandstraße nach Hause zu gehen und die Setzlinge einzupflanzen, bevor sie verwelkten, entschied mich aber für den Weg über die Amir-Mundhir-Moschee zur Usa'i-Ecke, um auf der noch unbekannten Route neue Entdeckungen und Funde zu machen.

Vor der Kreuzung zur Riad-Solh-Straße stieß ich hinter dem Parlamentsgebäude auf Schilf. Als ich näher herantrat, entdeckte ich ein Becken mit klarem Wasser, das von einer kleinen Quelle gespeist wurde. Ich löschte meinen Durst, band mir das Tragetuch vom Rücken ab und besprizte es mit Wasser, um die Wurzeln der Pflanzen frisch und am Leben zu erhalten. Anschließend wusch ich mir Gesicht und Hände mit Glaskraut. Mit dieser Pflanze putzte meine Tante, trotz des Spotts meiner Mutter, ihren gläsernen Wasserkrug von innen, so daß er wieder blitzte. Ich spielte mit dem Gedanken, ins Becken zu steigen und zu baden, bevor mein Körper sich abkühlte, wenn ich mich erst hinsetzte und ausruhte. Doch ehe ich zur Tat schritt, erblickte ich einen langen weißen Knochen. Ich ging näher heran und drehte ihn ängstlich mit dem Fuß um. Sofort wurde mir klar, daß es sich dabei um den Oberschenkelknochen eines Menschen handelte.

Kein Zweifel! stellte ich fest, während ich mir das Tragetuch um die Taille schnürte. Kein Zweifel, wiederholte ich immer wieder, während ich in Richtung Sursuq-Markt davonrannte. Kaum dort angelangt, bereute ich es und schimpfte auf mich und den unglückseligen Tag, weil ich nicht über die Usa'i-Ecke nach Hause geflüchtet war. Warum bin ich nicht in das Viertel gerannt, in dem ich mich gut auskenne und sicher bin, sondern in die entgegengesetzte Richtung? Etwa weil ich befürchtete, keine Vorstellung zu haben, welche Straßenzüge ich in dieser Gegend noch nicht durchschritten hatte?

Zum Hundeplatz kehrte ich nicht zurück, denn der Menschenknochen war ein eindeutiger Beweis dafür, daß ich mir die Ereignisse jener Nacht keineswegs im Fieberwahn oder Delirium eingebildet hatte.

Ich hörte fernes Bellen. Sofort rannte ich zu dem Loch, aus dem ich nach meinem Fall in die Kellergewölbe der Sankt-Georg-Kirche gekrochen war. Gestützt auf meinen Stock, sprang ich.

Diesmal lasse ich mein Tragetuch nicht liegen, gelobte ich mir und ruhte mich in der Gewißheit aus, vor den Hunden sicher zu sein. Ich brauche nur durch das Labyrinth zu den steinernen Stufen zu gehen, und schon bin ich bei dem Mädchen im Krug. Von dort taste ich mich dann zum Kellergewölbe der Sankt-Georg-Kirche vor, klettere mit Hilfe meines Stockes hinauf und gelange dann in die Gegend, in der ich mich gut auskenne und noch keine Hunde gesehen habe. Vorbei am Azar-Kaffeegeschäft gehe ich entlang dem Märtyrerplatz zum Rivoli, weiter in die Fochstraße und geradewegs in Richtung Meer nach Hause.

Wieso habe ich das Gebell über solch einen langen Zeitraum nicht bemerkt? Wieso habe ich es nicht gehört? Wieso haben mich die Hunde nicht gewittert, wo ich doch immer unterwegs bin? Habe ich etwa angenommen, daß das Gebell aus dem Gebiet jenseits der Mauern und Barrikaden stammt? Bewegen sich die Hunde vielleicht innerhalb eines bestimmten, abgesteckten Reviers oder Territoriums, das sie niemals verlassen? Woher hatten sie dann den Menschen? Gehört der Knochen derselben Person, die in jener unglückseligen Nacht zerfleischt wurde, oder jemand anderem? Haben die Hunde die Person gerissen oder die Leiche irgendwo am Rand der Innenstadt gefunden und hierhergezerrt?

O mein Gott, mein Gott, stöhnte ich und konnte das Echo meiner Worte in der kalten, trockenen Luft unter der Erde hören. O mein Gott, heiliger Georg, Mutter, rief ich immer wieder, während ich mich mit dem Stock an Mauer und Boden eilig vorwärts tastete.

Der Weg zu dem Mädchen im Krug war weiter, als ich gedacht hatte. Mir kam es vor, als wäre ich vom Weg abgekommen. Plötzlich stieß ich an eine bröckelige Mauer, und um nicht umkehren zu müssen, tastete ich sie nach einem Durchgang ab. Ich fand eine Öffnung, so groß wie mein Körper oder ein wenig größer. Nur zögerlich begab ich mich hinein und wagte mich langsam vorwärts, um ja in kein tiefes Loch zu fallen, aus dem ich nicht mehr herauskäme. Der enge Gang verlief abschüssig. Keine Sorge, beruhigte ich mich, ich habe die Situation unter Kontrolle, ich kann jederzeit in die andere Richtung zurück. Nach wenigen Minuten kam ich in eine kleine Halle. Sie war nicht völlig dunkel. Oder lag es daran, daß ich inzwischen schon in der Lage war, wie ein Maulwurf im Dunkeln zu sehen? Nein, nicht ganz. Wo ich mich befand, merkte ich an der Konsistenz der Luft und an dem Widerhall jedes Geräusches, das ich verursachte. Und da sich das Gehirn unmöglich einem völligen Schwarz anpassen oder es für lange Zeit aushalten kann, schafft es sich eigene Bilder, die es auch tatsächlich sieht.

So sah ich eine Halle mit weißen Marmorwänden, in der kleine und große Sarkophage standen. Ich tastete nach der Wand und bewegte mich an ihr entlang. Auf diese Weise kam ich in eine ähnliche, tiefer in der Erde liegende Halle. Durch das Echo der Geräusche oder meine Einbildungskraft nahm ich nicht Sarkophage, sondern aufrecht stehende Gestalten wahr. Vielleicht handelte es sich um Statuen oder kleine Obelisken, die in den harten Boden eingelassen waren.

Ich folgte dem Zauber tiefster Dunkelheit und den Erscheinungen, die ich durch das Licht meiner Phantasie, des weißen Marmors oder durch das Licht der Welt oben, das auf unbekannte Weise hierherdrang, sah. Ich setzte meinen Weg fort, gefangen von den Worten, die mein Großvater an meinen Vater gerichtet hatte: Es ist eine Stadt, die sich nicht mit der Zeit weiterentwickelt, sondern sich vervielfältigt, auftürmt, und je höher die Häuser werden, desto tiefer sinkt sie ins Erdreich.

Wie viele Städte verbergen sich unter der Stadt, Vater, Großvater? Wie viele Städte sind dem Vergessen geweiht?

Steige ich in die Schichten der Stadt hinab, oder tauche ich in die Schichten meiner Phantasie? O Großvater, von dem ich die Absurdität der Weisheit erbte, begeisterten dich die Stoffe, weil sie zerfallen sein werden, wenn die Archäologen nach den Spuren unseres Verschwindens forschen? Weil Stoff weder Ton noch Knochen, weder Metall noch Stein ist, sondern nur ein Häufchen Staub und Asche wie die Überreste eines Herzmuskels. Weil Stoff ebenso leicht vergänglich ist wie das Leben solcher Städte, obgleich die unachtsamen Archäologen von ihnen keine Reste in den Sedimenten und Schichten der Erde finden werden, wenn sie nach den Spuren unseres Verschwindens suchen. Unwichtig, Großvater, unsere Kurzsichtigkeit, zuweilen auch tiefste Finsternis, ist eine göttliche Gnade.

Ich wunderte mich, überhaupt keine Angst zu verspüren. Ohne Furcht begab ich mich immer weiter und tiefer hinein. Da ich durch den nassen Stoff am Rücken fror, schnürte ich das Tragetuch ab und schulterte es. Mir fielen die Hunde wieder ein, ohne aber daran zu denken, daß ich auf der Flucht vor ihnen war. Es kümmerte mich nicht.

Ich setzte mich, um mich von dem anstrengenden, strapazierenden Marsch durch die tiefe Finsternis auszuruhen. Kaum hatte ich die Augen geschlossen, wurde mir der Kopf matt und schwer. Ich streckte mich aus, legte mir den Arm unter den Kopf und sank in einen tiefen Schlaf.

Als ich erwachte, knurrte mir der Magen vor Hunger. Ich trank einen Schluck Olivenöl und verschloß die Flasche mit dem festen Vorsatz, nichts von meiner heutigen Beute zurückzulassen, ganz gleich, in welche Situation ich geraten sollte. Um sie besser tragen zu können, zog ich ein Ende des Tragetuchs durch den Flaschengriff, bevor ich es mir fest um den Körper schnürte und mich aufrichtete. Und nun, trieb ich mich an, da ich nicht wußte, wie lange ich geschlafen hatte, muß ich einen Weg hinaus finden und nach Hause kommen, bevor es dunkel wird.

Mit ausgestrecktem Arm an der Wand entlangtastend, bewegte ich mich bedächtig vorwärts. Einige Schritte weit folgte ich einer Kurve, dann war der Boden wieder abschüssig. O nein, ich steige also immer noch tiefer ins Erdreich ab, stellte ich fest. Zum Ausgang muß ich nach oben, also genau in die entgegengesetzte Richtung. Ich kehrte um, stieß jedoch auf eine Mauer. Das kann doch nicht sein! Das Loch, durch das ich hereingekommen war, muß doch zu finden sein! Habe ich vielleicht zu lange geschlafen und die Orientierung verloren? Ich hörte mit der sinnlosen Suche auf, um nachzudenken und logisch handeln zu können. Plötzlich vernahm ich ferne Stimmen. Stimmen von Menschen! Waren es wirklich Menschen?

Entgegen meinem Willen ging ich dem Geräusch auf die Spur. Die inzwischen nicht mehr allzuweit entfernten Stimmen lockten mich an, obwohl ich große Angst hatte. Ich werde ihnen rasch folgen, um einen Weg zu finden, der mich hinausführt, nahm ich mir vor. Doch ich werde nicht sofort hinausklettern. Ich werde erst einmal dicht unter der Erdoberfläche abwarten und dann entscheiden, was ich tue.

Ohne jede Anstrengung folgte ich den Stimmen. Vielleicht fiel es mir so leicht, weil meine Nerven angespannt waren und ich mich auf mein Gehör verließ?

Daß ich mich dicht unter der Erdoberfläche befand, erkannte ich an der Luft, die warm war und durch mich leicht in Bewegung geriet. Schon sah ich in einiger Entfernung ein schwaches Licht auf den niedrigen Mauern. Ich beschleunigte mein Tempo und atmete durch den Mund, damit das schnelle Atmen durch die Nase mein Gehör nicht behinderte.

Ich hielt inne und lauschte. Regungslos wie ein Stein. Ich konnte die Brandung deutlich hören. Bin ich etwa schon beim Strand angelangt, fragte ich mich. Nein, wahrscheinlich wird das Tosen der Wellen vom Wind hierhergetragen. Es bedeutet also nicht, daß ich mich am Strand befinde, sondern daß heute, obwohl noch Sommer ist, ein starker Wind weht und das Meer stürmisch ist.

Plötzlich hörte ich ein ohrenbetäubendes Donnern, daß die Erde über mir bebte und Sand auf mich herabrieselte. Ich rührte mich nicht. Regungslos wie ein Stein verharrte ich. Nie zuvor hatte ich solch einen Lärm gehört. Bin ich etwa auf unterirdischen Wegen ins Gebiet jenseits der Barrikaden gelangt? Befinde ich mich etwa, ohne es zu wissen, im Kriegsgebiet?

Die Licht- und Lärmquelle konnte nicht mehr weit sein. Das Beben wanderte mit dem Lärm. Es muß sich um einen Panzer oder Panzerwagen handeln. Demnach befinde ich mich außerhalb meines Gebiets. Ich muß auf der Stelle umkehren. Auf der Stelle, bevor die Menschen oben das Loch in meiner Nähe und den doppelten Boden entdecken.

Ich verharrte regungslos wie ein Stein. Unter dem Loch in meiner Nähe steckte eine große Rakete. Sie lag auf der Seite wie ein toter Delphin. Unversehrt, glatt und schwerfällig.

Darüber der Erdboden, und auf der Erdoberfläche donnerte es.

Wieviel Zeit mag wohl vergangen sein? Die Sonne scheint, sie ist noch nicht untergegangen. Das Donnern war nicht mehr zu hören, nachdem sich das Fahrzeug entfernt hatte. Es wird kein Schutt mehr auf die Rakete fallen, also wird sie nicht explodieren, atmete ich auf.

Dann vernahm ich die Stimmen wieder. Ein Surren. Die Stimmen von Menschen und ein ruckartiges Surren von Geräten. Blecherne Stimmen. Überlagert von Piepen und Rauschen. Unverständliche Worte.

Luzazel. Lihischa ir. Kis Ikhta.

Befinde ich mich etwa wieder im Fieberwahn? Überkommt mich, sobald mir der Schrecken in die Glieder fährt, der Fieberwahn?

Zihirut. Zihirut. Laulazuz. Laulazuz. Mokschim. Bin zina lihischa ir*.

Was höre ich da? Welche Sprache? Wer redet dort oben? Welche Teufel? Welche Strecke habe ich unter der Erde zurückgelegt, daß ich mich jetzt in einem anderen Land befinde? Welches Volk besiedelt das Land jenseits der Barrikaden und fährt diese donnernden Panzerwagen?

Ich verharrte regungslos wie ein Stein, bis die Menschen fort, die Stimmen, das Donnern und das blecherne Surren verschwunden waren. Nun drang wieder das eintönige Rauschen der Wellen an mein Ohr. Es hörte sich anders an, als die Brandung vor meinem Haus, wenn zwischendurch Ruhe in dieses Kriegsland einkehrte.

Ich werde hier nicht hinausklettern. Weder das Licht noch die eingekehrte Stille werden mich verlocken.

Ich kniff die Augen einige Minuten zusammen, um mich besser in der Dunkelheit zurechtfinden zu können. Mich an der Mauer zurücktastend, machte ich mir über die seltsa-

---

* Hebräisch klingende Phantasiewörter

men Stimmen Gedanken. Kurze Zeit später merkte ich, daß ich in einen anderen Gang geraten sein mußte.

Als ich durch ein Mauerloch kroch, hatte ich das Gefühl, mich doch nicht verirrt zu haben. Ich sah das schwache Licht, das mir den Weg zu dem Mädchen im Krug wies. Gut, überlegte ich, sobald ich mich ausgeruht habe, klettere ich hinauf in die Sankt-Georg-Kirche.

Ich band mir das Tragetuch vom Rücken und stellte beruhigt fest, daß es noch feucht war. Ich setzte mich dem Mädchen gegenüber hin und atmete tief ein und aus.

Weshalb hat es eine beruhigende Wirkung auf mich, das Mädchen im Krug anzuschauen? Weshalb weichen Sorgen und Angst von mir? Allmählich wurde mein Atem gleichmäßig, mein Körper entspannte sich, und ein leichter, angenehmer Rausch stieg mir in den Kopf.

Bei genauer Betrachtung stellte ich fest, daß ich ihr Alter beim ersten Besuch falsch eingeschätzt hatte. Sie war kein Mädchen, sondern eine junge Frau. Eine Frau, die während meiner Abwesenheit gewachsen zu sein schien und mit ihrer kleinen Gestalt aufrecht und mit gekreuzten Beinen sitzen geblieben war, damit ich sie mit einem Blick vollkommen erfassen konnte. Nur für mich. Sie wandelte sich vom Dunkel ihres Daseins als Kind zum Licht des Daseins als Frau und forderte mit der Enthüllung die Zeit, die ihr mißgönnt, und den Körper, der geschrumpft war, zurück. So auch die Zeit. In der kurzen Zeitspanne zwischen meinem ersten und meinem jetzigen Besuch durchfloß der Lebenssaft der Zeit ihren Körper, so daß sie, wie meinen Augen schien, ihr zartes Fleisch zurückgewann. Ich betrachtete sie. Atmete tief ein und aus, doch das Verlangen schlug mein Herz an wie eine große Trommel, das Blut pulsierte mir in den Schläfen und pochte heftig in der tiefen Stille. Ich sah Schamsa. Sah Schamsa, die reife Frau. Schamsa war herangereift und hatte ihr Leinen abgelegt.

Aus dem Arabischen von Laila Chammaa

Rabi Djabir

Das letzte Haus

Alles begann vor dem Spiegel. K. ließ gerade seine Haare im
Salon von Ilyas Josef Safar schneiden, der sich in der Rue
Bliss im Viertel Ras Beirut befand. Wie immer, wenn er einen Laden in diesem Viertel betrat, log er dem Friseur etwas
vor, indem er sagte, er käme aus dem Dorf Kafr Millat, sein
Name sei Unsi und sein Vater, Iskander, wohnte in den siebziger Jahren in dieser Straße.

Aber dieses Mal wartete der Wahnsinn auf ihn. Der Fri-
seur trat sofort nach hinten zurück, die Hand mit dem
Kamm weiter in die Höhe haltend, während K. im Spiegel
die Verblüffung des Friseurs sah. Er trug eine Brille, die die
Größe seiner Augen vervielfachte, hatte einen Schnurrbart,
der so dünn war, als wäre er unter seiner Nase mit einem
Bleistift gezeichnet, und er schien ungefähr im sechzigsten
Lebensjahr zu stehen. (Vor wenigen Minuten, kurz bevor er
seine Lüge zum besten gab, hatte er auf einem eingerahmten
Zeugnis, das oberhalb des Spiegels befestigt war, gelesen,
daß das französische Vogue-Institut für Haarkunst Herrn
Ilyas Josef Safar im Jahr 1963 ein Diplom mit Auszeichnung
verliehen hatte.)

Dies alles geschah am 7. Oktober 1993. K. war auf der
Flucht vor dem Regen in den Friseursalon geraten, und auf
einmal saß er in einem großen Stuhl und beschloß, sich die
Haare schneiden und sich rasieren zu lassen. Seit rund fünf
Monaten hatte sein Haar keinen Kamm mehr gesehen, und
sein Bart bedeckte mittlerweile sein ganzes Gesicht. Der Friseursalon war leer, und der Friseur stand in einer Ecke und
wischte den Staub von einem alten Sonnenschirm.

Der Friseur fragte, ob K. wünsche, daß zuerst seine Haare
gewaschen werden, und er verneinte.

Der Friseur benutzte einen Zerstäuber aus Plastik, um das Haar von K. mit einem Sprühregen zu befeuchten, dann griff er zur Schere. K. begann zu sprechen. Er sagte, daß er während der letzten drei Monate krank gewesen sei und daß der Arzt ihm verboten hätte, sich die Haare schneiden zu lassen. Sofort fragte ihn der Friseur: Ob er wünsche, rasiert zu werden, und K. entgegnete, daß er das nicht wüßte und darüber nachdenken wolle.

Der Laden war in grelles weißes Licht getaucht, ähnlich dem Licht in Krankenhäusern, und der Friseur begann, sich schweigend um K. herumzubewegen. Die Schere gab in kleinen Intervallen ein schnappendes Geräusch von sich, das den kleinen Laden erfüllte. K. betrachtete die drei hölzernen Kommoden, auf denen eine lange Marmorplatte lag, und dachte darüber nach, daß die hier nun wohl schon seit 40 Jahren lag, und stellte fest, daß er sie mochte.

Es gab Flakons mit Parfum, Haarbürsten, Kämme, Rasierapparate, verstreut auf der Marmorplatte herumliegende Scheren. K. betrachtete sie und sah, wie sie sich im Wandspiegel spiegelten. Wie auch seine Spiegelung und die des Friseurs, wiederholte sie sich wegen eines anderen Spiegels an der Wand gegenüber unendlich oft.

K. saß auf dem Stuhl, der der Glastür am nächsten war. Der andere Stuhl zu seiner Rechten war frei. Dahinter stand eine Couch, auf der die Kunden warten konnten. An der Mitte der Wand ebenfalls zu seiner Rechten war ein mit zwei hellblau gestrichenen Eisenstäben versehenes Fenster. Es war dasselbe Blau wie an den hölzernen Fensterrahmen und das der drei Kommoden. K. erinnerte sich an eine Art Süßigkeit, die seine Großmutter vor ungefähr 35 Jahren zubereitet hatte (damals war er acht Jahre alt), und ihn überkam das flüchtige Gefühl, er sei eine Zeichnung in einem nicht vollendeten Ölbild, während er dem Friseur eine Lüge erzählte, die seinen Namen, seinen Heimatort und seinen Vater umfaßte. (In seinen Tagebüchern nennt K. diese Lüge die dreifaltige Lüge oder den Vater, den Sohn und die heilige Ortschaft. Und mit Hilfe ebendieser Tagebücher entdeckte Maroun später, daß diese Lüge zum ersten Mal im August des Jahres 1992 zur Anwendung kam).

K. hatte die Lüge zu Ende gesprochen, und Stille machte sich im Friseursalon breit. Nur die Geräusche der an der Glasfront vorbeifahrenden Autos waren zu hören. Der Anblick im Spiegel war seltsam: An der Schädeldecke war sein Haar zerzaust, an den Schläfen abgeschnitten (er hatte den Friseur um einen sehr kurzen Schnitt gebeten), schließlich der dichte Bart, der immer noch sein Kinn und seine Wangen bedeckte, seine beiden in den Spiegel starrenden Augen. Im Hintergrund: der Friseur mit seiner altmodischen Brille, der Kamm, der von den Fingern herabhing, als wollte er jeden Augenblick zu Boden fallen, und sein blaßblauer Kittel. Das alles wurde nun von dem herrschenden Schweigen umhüllt, das der Friseur mit keinem Wort zerstörte, bevor unsere Geschichte begann.

Der Friseur sagte, daß er sich immer noch an Iskander erinnere und daß er stets in diesem Salon seine Haare schneiden und sich rasieren ließ. Jedoch er, der Friseur, habe nicht geahnt, daß Iskander Vater war. Der Friseur sagte, daß er sich noch gut an ihn erinnern könne, mit seinem feisten Leib und seinen blauen Augen und seinem ruhigen Blick. Und er fügte hinzu, daß er sich auch an ihn erinnere wegen des seltsamen Namens seines Heimatortes, Kafr Millat.

K. sah in den Spiegel und stellte fest, daß seine Augen sich mit Tränen füllten. Der Friseur hingegen, der zu einem Punkt hinzublicken schien, der ferner lag als der Spiegel und die Wand hinter ihm, fuhr in seiner Rede fort, als spräche er zu sich selbst: Seine Wohnung lag in der ersten Straße bei Manara.

K. sagte: Richtig, in der Nähe des Goethe-Instituts.

Der Friseur fuhr fort: Vor dem Dawuq-Haus, wenn ich nicht irre.

K: Genau.

Friseur: Aber ich wußte nicht, daß er Kinder hat.

K: Keine Kinder. Einen Sohn nur.

Friseur: Bist du das?

K: Ich bin es.

Friseur: Merkwürdig!

K: …

Friseur: Dein Vater?

K: Er starb im vergangenen Jahr. Er kehrte mit dem Taxi von seiner Arbeit in Duman zurück und erlitt einen Herzschlag. Das Taxi gelangte gerade bis zu den ersten Beiruter Vororten.

Weil der Friseur schwieg, fügte K. an: Es geschah tatsächlich im letzten Jahr. Der Friseur wußte nicht, was er sagen sollte. Schließlich stammelte er, er habe nicht gewußt, daß der Verstorbene in Duman arbeitete.

K. entgegnet, sein Vater habe sein gesamtes Vermögen im Bürgerkrieg verloren und daß, nachdem dies geschehen war, ein Freund ihm eine Anstellung bei der Sozialkasse in Duman verschafft habe und daß er also bei Null wieder anfangen mußte.

Der Friseur sagte darauf: »Du ähnelst ihm aber nicht sehr«, und K. schwieg.

Die Minuten vergingen langsam. Es hatte aufgehört zu regnen. Die Sonnenstrahlen drangen kräftig in den Friseursalon ein. K. bat den Friseur, ihn auch zu rasieren. Eine Gruppe von Schülern ging lärmend vorüber.

K. schloß seine Augen und ließ seinen Kopf nach hinten sinken. Er war jetzt in der Lage, die Sofas und Statuen im Haus von Iskander al-Hummani zu sehen, wie sie mit weißen Bettlaken zugedeckt waren und das Tageslicht über sie strich, als zöge es anderswohin fort. Er sah Iskander ausgestreckt auf einem verzierten Teppich, und er sah Unsi, wie er pfeifend sagte: »Fürchterliche Masken, sie entstellen alles, als wären wir in einer Kühlhalle für die Toten.«

Jetzt strich das Rasiermesser glatt über sein Kinn. Er spürte ein leichtes Erzittern in seinen Knien. Er stellte sich das Haus Iskanders vor dem Krieg vor, seine breite marmorne Freitreppe, deren Seiten mit einem Geländer aus Gußeisen verziert waren, er sah den Garten, dessen Ende nicht zu erkennen war und in dem Beete mit mehrfarbigen Rosen angeordnet waren. Am Eingang sah er das saubere weiße Gartenhaus mit seinen Fenstern in Holzrahmen, die wie Baklawa-Stücke unterteilt waren. Er sah Nassar, den Gartenaufseher mit seinem gezwirbelten Schnurrbart, wie er Tee trank und das Gartengerät reinigte. Dann hörte er eine Stimme, die sagte: Ich gratuliere!

K. öffnete seine Augen und beugte sich ein wenig vornüber. Er betrachtete sein Gesicht im Spiegel. Da erst sah er, wie der Friseur zurücktrat und freudig lächelnd und zugleich überrascht in den Spiegel blickte, um zu erklären, der Bart habe das Gesicht K.s entstellt und jetzt erkenne man erst die verblüffende Ähnlichkeit zwischen K. und seinem Vater Iskander.

K. geht im Regen, eine Zigarette nach der anderen rauchend. Einen flüchtigen Moment lang erwägt er, bis zum Ende der Rue Bliss zu gehen und vor dem verlassenen Haus und dem Garten, den die Dornen aufgefressen haben, stehenzubleiben. Doch er tut es nicht.

Er geht im Regen, raucht eine Zigarette nach der anderen und schlägt einen Weg ein, der ihn von Al-Manara und der Rue Bliss wegführt. Er zittert vor Kälte und dem Frost, der seinen Kopf und sein Gesicht durchströmt. Er weiß, daß er so weiterlaufen wird, bis ihn die Müdigkeit übermannt, denn sein Körper fließt über vor Energie, als würde ihn ein inneres Feuer verbrennen.

Alles zerfällt, sagte er sich, alles.

Dann lächelte er und sagte zu sich selbst: Nein, im Gegenteil.

Es war Donnerstagabend, der 5. Oktober 1993. Und K., der wie ein Verirrter herumstreunt, weiß nicht, wohin er geht.

K. wurde in Kafr Nabradj geboren, im Regierungsbezirk Chouf, Distrikt Mont Liban, am 10. März 1951, als Sohn eines libanesischen Vaters und einer französischen Mutter. Als sein Vater starb, war er gerade sieben Jahre alt. Fünf Jahre nach dem Tod seines Vaters heiratete seine Mutter einen Franzosen, der in der französischen Botschaft in Beirut arbeitete.

Zwei Jahre und einige Monate nach der Heirat seiner Mutter fand sich K. vor die Wahl gestellt: entweder unter der Obhut seiner Großmutter im Libanon zu bleiben und darauf zu warten, sich an der St. Josephs-Universität einschreiben zu können, oder mit der Mutter und ihrem Mann in ihre französische Heimat zurückzukehren.

K. geriet darüber in Verwirrung, denn der Entschluß seiner Mutter und ihres Mannes hatte ihn überrascht. Doch der Ehemann, Michel, hatte eine Entschuldigung, da das Außenministerium ihn kurzfristig nach Paris berufen hatte, und er mußte diesem Beschluß nachgeben, wenn er seine diplomatische Karriere nicht gefährden wollte.

Die Mutter sagte, daß sie nicht noch einmal allein bleiben könne, seufzte, und Michel sagte: Natürlich. K. blieb verwirrt zurück und wußte nicht, was er sagen sollte. Er fühlte sich wie jemand, der in einem Schlauchboot ohne Ruder sitzt.

Ganz spontan schaute er zur Zimmertür, als suchte er nach einem Ausweg, und sah seine Großmutter Um Shauqi. Sie war traurig und fragte ihn, ob er bei ihr und dem Großvater Abu Shauqi bleiben wolle, und da er in dem Haus aufwuchs, in dem auch der Großvater aufgewachsen war, übermannte ihn die Sehnsucht. Seine Mutter sagte, er habe die Wahl, und wandte sich zu Michel.

K. träumte davon, Rechtsanwalt zu werden, denn sein Vater hatte sich dies selbst sehr gewünscht. Michel hatte vor der Heirat der Mutter versprochen, sich darum zu bemühen, daß dem Sohn nach dem Abitur ein Stipendium für die St. Josephs-Universität in Beirut oder eine andere Universität in Paris gewährt würde. Die Mutter sah ihn an, und Michel sagte, das Versprechen mit dem Stipendium gelte natürlich noch.

Dieser Moment blieb K. sein ganzes Leben lang im Gedächtnis eingeprägt: die Großmutter, die ihn mit traurigen Augen ansah. Die Mutter, die an der Tür bereitstand und auf seine Antwort wartete, und Michel mit einem Lächeln, das sagen wollte: Du kannst dir aussuchen, was du willst, und dein Entschluß freut uns, wie auch immer er ausfällt. K. sagte darauf, daß er bleiben werde, und die Mutter ging ins Schlafzimmer, um die Koffer zu packen. Michel trat an ihn heran und gab ihm ein kleines Heft, ein Sparbuch bei der libanesisch-französischen Bank, wie er erklärte, ein Geschenk von ihm als Vater und Freund.

Diese Szene hatte er sich später oft in Erinnerung zurückgerufen, und die Atmosphäre darin wurde vom Duft des Blutes beherrscht, das in einer Abflußrinne vor dem offenen Fenster vorbeifloß, da der Großvater gerade den Hammel für das Fest schlachtete.

Später erzählte K. seinem Freund Maroun in dem Haus nahe dem Industriepark, das sie seit 1968 bewohnten, als sie zusammen an der Université de St. Joseph Jura studierten, von dieser Sache. Maroun brach dabei in schallendes Gelächter aus, als K. beschrieb, wie sein Großvater bei dem geschlachteten Hammel kniete und gespannt zur Großmutter hinblickte, um ihren Segnungsspruch zu hören. Als bräuchte der Großvater den Ruf der Großmutter zur Entschuldigung dafür, daß er das Blut aus der Kehle des fetten Hammels hervorschießen ließ.

Die Großmutter sagte, daß K. bei ihnen bleiben werde.

Da sprang der Großvater auf und umarmte K., wobei er dessen Hemd mit Blut vollschmierte. Dann kam die Mutter heraus und sah ihren blutbefleckten Sohn, schrie und fiel in Ohnmacht, so daß auch ihr Mann hinterherkam und dachte, sie sei traurig, weil ihr Sohn nicht mitfahren würde. Er verfluchte Jesus und die Kindlein, die nicht zu ihm kommen wollten. Die Großmutter und der Großvater verstanden nichts davon, doch K., der das Evangelium auf französisch gelesen hatte, verstand genau und beschloß, das Geschenk dem »Vater und Freund« zurückzugeben.

Ist das alles wirklich so vorgefallen? Was die Details mit dem Geruch des Bluts, der Ohnmacht und dem Sparbuch betrifft, hielt Maroun die Geschichte nicht für sehr wahrheitsgetreu, doch er wußte, daß sie abgesehen von diesen Einzelheiten sich tatsächlich so zugetragen hatte, denn er hörte sie im Jahr 1971 im Montparnasse in Paris ein zweites Mal – von der Mutter.

Aber jetzt ist der 7. Oktober des Jahres 1993. Wir haben K. allein gelassen, als er gerade aus dem Friseursalon heraustrat und anfing, herumzuwandern und zu rauchen. Es regnet. K. geht in Richtung Rue Hamra und biegt dann links ab und geht auf dem Bürgersteig, der von den Reklameschildern der Bekleidungsläden beleuchtet wird – Reklame in grellem Neonlicht, das ihn in die Atmosphäre des Friseursalons zurückversetzt. Er weiß nicht, wie die Dunkelheit mit einer solchen Schnelligkeit einbrechen konnte. Er geht bis zur italienischen Botschaft, läuft eilig um sie herum und überquert dann rennend eine breite Straße. Er geht an dem Gedränge an der großen Bushaltestelle vorbei und zündet sich, ohne stehenzubleiben, eine weitere Zigarette an. Er verbrennt sich die Finger am Feuerzeug, aber es ist ihm egal.

Er biegt rechts ab, beschleunigt seinen Schritt, geht am Hotel Bristol vorbei und dann weiter auf der Rue Madame Khoury. Die Nacht ist feucht und kühl, er geht und wendet sich wieder hinab zum Meer. Hochhäuser umgeben ihn von beiden Seiten, die Straße dehnt sich finster vor seinen Füßen, er sieht das Meer und läuft darauf zu. Am Meer angekommen, geht er nach rechts, setzt sich für eine Sekunde auf den Bordstein, nimmt einen Atemzug und zündet sich eine Zigarette an. Dann steht er wieder auf.

Er rennt und blickt nur nach vorne. Als er sich dem Leuchtturm nähert, pocht sein Herz schneller. Einen Moment blickt er sich um und sieht die Arkaden des großen Hauses über der Küstenstraße. Dann wendet er sich wieder ab. Lichter orangefarbener Säulen strahlen über dem Meer, wie um einen Weg zu zeichnen, von dem niemand weiß, wohin er führt.

Der Bürgersteig wird sehr breit. Zu seiner Linken stehen die Fischer unter ihren ausgespannten Sonnenschirmen mit den über das Geländer gelehnten Angeln, während die Wellen die Angelhaken verschlingen und wieder ausspucken, wobei der Ring am Kopf der Angeln jeweils zum Klingen kommt. K. hört diesen Klang und lauscht auf das Pochen seines Herzens. Er nimmt einen schweren Atemzug, und der herbe Geruch Beiruts steigt in seine Nase.

Er überquert die Küstenstraße auf die andere Seite und geht die Querstraße nach Ain Mreisse hinauf. Er gelangt zu einer dunklen Gasse. Nach der Kurve, an der das Standbild Gamal Abd el-Nassers steht, geht er auf die Mauer der Amerikanischen Universität zu, dann dreht er sich um und geht einen schmalen Weg hinauf, der zum Djifinor führt. Dort, inmitten einer Fläche, die in weißes Licht getaucht ist, bleibt K. keuchend stehen und begreift zum ersten Mal nach 36 Jahren voller Desinteresse, daß er nichts über seinen Vater weiß.

Er war beinah völlig durchnäßt, sein Haar, seine Kleider, seine Haut, seine Zigaretten. Er achtete auf den Schmerz in seinen Augen. Der Ort war verlassen, aber die Scheinwerfer der vorbeifahrenden Autos durchbohrten in seiner Vorstellung die Pupillen.

Er hatte eine große Runde gedreht, deren Zentrum ein Punkt war, der mitten auf der Rue Commodore lag, und jetzt mußte er so schnell wie möglich an diesen Punkt gelangen: K. blickte auf seine Schuhe und eilte dann auf das Como-Garden-Gebäude zu, wo er seit fünfzehn Jahren allein lebte.

Er verschloß die Tür. Schaltete die drei Lampen an. Die Badezimmerlampe, dann die Wohnzimmerlampe, dann die Küchenlampe. Öffnete die Tür des kleinen Kühlschranks in der Ecke, holte eine Flasche Wodka heraus. Zog seinen Mantel aus und warf ihn auf den Stuhl. Durchsuchte Schrank und Kommode, bis er eine Schachtel Zigaretten fand. Er saß am Rand des Bettes, dem Bücherregal gegenüber. Er setzte die Flasche an den Mund. Nahm einen tiefen Zug von der Zigarette. Seine feuchten Kleider klebten an seinem Körper.

Er blickte nach links und sah, daß die Vorhänge geöffnet waren. Fett war hinter der Glasscheibe die Nacht. Das helle Licht verwandelte die Scheibe in einen großen Spiegel. Er starrte auf sein Antlitz und fand es entstellt. Er mochte nicht glauben, daß er der Schmutz auf der Scheibe war, und bildete sich ein, er falle und schlage irgendwo auf. Er schloß seine Augen, streckte seinen Arm so weit wie möglich aus und griff nach einem Buch im vierten Regalboden. Als er die Augen öffnete, sah er nicht auf den Buchtitel. Dieses Spiel bringt nichts mehr, sagte er zu sich selbst.

Das Buch war »Don Quichotte«. Er stellte es zurück, ohne darauf zu schauen. So oder so, er erkannte seine Bücher an ihrem Gewicht und daran, wie sich der Umschlag anfühlte.

K. starrte auf die Scheibe. Er sah sein Gesicht, sah, wie der Friseur zurücktrat, und hörte folgende Worte: Doch, jetzt erkenne ich die starke Ähnlichkeit zwischen dir und deinem Vater Iskander. War es das, was der Friseur gesagt hatte? Ja, ungefähr.

In dem verriegelten Zimmer wiederholten sich die Worte unendlich oft. K., gleichsam umzingelt, dachte nach, er dachte, daß er sich selbst verliere, daß sein Körper ihn verlasse und sein Verstand ebenso. Er dachte an Maroun und an seine Großeltern in jenen Momenten, und er dachte an das Buch, das er damals schreiben wollte, und an seine Mutter. Das Zimmer drehte sich um ihn. Der Schrank drehte sich, das Bücherregal voller Romane drehte sich, die mit Kork verkleideten Wände drehten sich, die Glastür drehte sich, und das Dach drehte sich ebenfalls.

K. stürzte, als fiele er in einen Boden ohne Grund. Und er lachte. Sein Körper schmerzte ihn, doch ein Hase sprang aus seinem Kopf heraus und begann, vor ihm herzulaufen. K. dachte, es sei der Hase, der den Abstieg von Alice ins Wunderland bewirkt habe, vergaß, daß er stürzte, und brach in Gelächter aus.

Innerhalb dieses einen Augenblicks erkannte K., daß er kein Held in einem Roman war und daß dies wirklich das Ende war. Dennoch hörte er nicht auf zu lachen. Alles in ihm zitterte, die leere Flasche und selbst die Zigarette fielen ihm aus der Hand.

Bestimmte Bilder blieben in seinem Gesicht haften: das Bild Marouns, das Bild Yussuf al-Habschi Aschqars, das Bild Iskanders, wie es auf dem Buchrücken des Romans »Wurzeln wachsen nicht im Himmel« zu sehen war, das Bild seines Vaters in Schwarzweiß, wie er mit seinem Großvater Abu Shauqi vor der Bischara-Barudi-Apotheke auf dem Burj-Platz steht, das Bild seiner Mutter zusammen mit Michel im Garten ihres Hauses in Paris, sein Bild im Appartement der Sinaiya, wie er mit Marouns Decke zugedeckt daliegt, das Bild der von Damour aufsteigenden Feuersbrünste, das Bild der Windmühlen nördlich von Madrid.

K. versteht auf einmal, daß er völlig verlassen ist. Er gelangt noch zur Tür und fällt dann zu Boden. Alles verliert sich: die Jahre, das Zimmer, die Liebe, die schon lange tot

ist, das Leben, das hinter den korkverkleideten Wänden verschwunden ist, der Vater, den es für ihn nicht gab, die
Träume, die ihm gestohlen wurden, die Mutter, die nicht
seine Mutter war, Iskander, der nur auftauchte, um wieder
zu gehen, Maroun, der verstorben ist, und all jene, über die
er in Büchern las, all das vermengt sich miteinander. K. fällt
zu Boden, und die Gesichter lösen sich vor seinen Augen
auf.

Alle, bis auf das Antlitz Iskanders, als hätten sie ihn nicht
am Eingang zum Friedhof getötet. K. steht auf und öffnet
die Tür. In großen Sprüngen eilt er die Treppe hinab und
tritt auf die Straße hinaus. Er rennt und rennt und rennt. Die
Straßen sind finster. Wieder gießt es in Strömen. Er läuft
hinab zum Meer und kehrt nicht mehr zurück.

Aus dem Arabischen von Stefan Weidner

Najwa Barakat

O Salam

Salam war nervös.

Es entsprach gar nicht der Gewohnheit des Direktors, sie in sein Büro zu bitten. Gewöhnlich bestellte er die anderen Mitarbeiterinnen der Zentrale zu sich, besonders die jungen und hübschen, ganz gleich, ob ledig oder verheiratet. Sobald die Auserkorene bei ihm verschwand, stoppten ihre Kolleginnen die Zeit, und dann ging ein einziges Getuschel, Gezwinker und Getratsche los. Und wenn sie wieder herauskam, scharten sich alle kichernd und witzelnd um sie.

Salam strich sich den Rock glatt, stolzierte wichtigtuerisch zum Büro des Direktors und warf dabei ihren Kolleginnen vielsagende Blicke zu, so als hätte nach langem Harren und Leiden endlich ihre Stunde geschlagen. Sie klopfte an die Tür und wurde hereingebeten. Sie trat ein und blieb stehen. Da erhob sich der Direktor, ging auf sie zu, begrüßte sie überschwenglich und bat sie, Platz zu nehmen. Er selbst ließ sich auf einem Sitz ihr gegenüber nieder und wünschte, auf Formalitäten zu verzichten.

Salam setzte sich.

Der Direktor bot ihr eine Zigarette und etwas Kaltes oder Warmes zu trinken an und betrachtete mit vor Wollust und obszönen Phantasien feucht glänzenden Augen ihre Knie, die beim Sitzen unter dem Rock zum Vorschein kamen. Doch Salam wollte partout nichts annehmen. Lächelnd lehnte sich der Direktor zurück und sprach: »Fräulein Salam, Sie sind unsere dienstälteste Mitarbeiterin. Wir schätzen uns glücklich, Sie bei uns zu haben, und hoffen, daß auch Sie gerne bei uns beschäftigt sind.«

Was führt er im Schilde? fragte sich Salam. Hat er an sie gedacht, nachdem alle jungen Frauen sein Büro durchlaufen haben und er ihrer überdrüssig geworden ist? Oder hat er etwas anderes vor? Auf jeden Fall ist diese unerwartete Visite, welchem Zweck sie auch dienen mag, von Nutzen für sie. Wenn sie sein Büro verläßt, wird sie sich genauso gebärden wie die anderen. Sie wird gemächlich und affektiert einherschreiten, den Kopf kokett zur Seite neigen und die Haare nach hinten werfen. Ihr fehlen die entsprechenden Haare, um sie nach hinten werfen zu können. Kein Problem. Ihr wird schon eine andere, nicht minder doppeldeutige und phantasieanregende Geste einfallen, die sie mit einer Mischung aus Stöhnen und Miauen begleiten wird.

Nach einer höflichen Plauderei über dies und jenes sprach der Direktor: »Fräulein Salam, Sie sind unsere bei weitem fähigste und erfahrenste Mitarbeiterin. Deshalb habe ich nach reiflicher Überlegung und gewissenhafter Prüfung beschlossen, Ihnen die Leitung des Teams zu übertragen. Natürlich beinhaltet dies ein höheres Einkommen, eine bessere Position und mehr Ansehen, aber auch zusätzliche Verantwortung und Pflichten ...«

Salam war verärgert.

Sie wunderte sich, wieso sie keinen Freudensprung machte, sondern ihr Blut in Wallung geriet und sich in Kopf und Ohren staute. Was denn mit der anderen Leiterin sei, fragte sie leicht gereizt, wohlwissend, daß die Nachfrage nicht einer Besorgnis oder Gewissensqualen entsprang, sondern dem dringenden Bedürfnis, nach dem rettenden Strohhalm zu greifen, bevor sie vollends in übler Laune versank.

»Die Ärmste!« erwiderte der Direktor. »Mir ist unbegreiflich, was sie sich dabei gedacht hat, mit ungedeckten Schecks zu bezahlen. Erst heute habe ich erfahren, daß sie der Staatsanwaltschaft übergeben wurde und auf das Ermittlungsverfahren wartet. Mir ist unbegreiflich, was plötzlich mit allen los ist. Letzte Woche erschien die Polizei frühmorgens bei uns und verhaftete meinen Nachbarn, einen Bankangestellten. Veruntreuung! Keiner begnügt sich mehr, mit dem, was er hat. Was hat ihr denn als Angestellte im Staatsdienst mit beachtlichem Gehalt und einer Stelle auf Lebenszeit noch gefehlt? Glauben Sie etwa, daß sie ihre Garderobe und ihre Unkosten ausschließlich von ihrem Gehalt bestritten hat? Ich will damit nichts Schlechtes sagen. Ich meine nur, daß ich hinsichtlich ihrer zusätzlichen Einnahmen in Form von Geschenken und Bestechungsgeldern ein Auge zugedrückt habe.«

Salam verstand.

Der Direktor unterbreitete ihr folgendes: Sie sollte ihre Kolleginnen bespitzeln, die Gesprächstarife manipulieren und zusätzliche Gebühren zwecks Erleichterung der Arbeitsvorgänge verlangen. Und der Ertrag? Der wird natürlich, der Position und dem Rang angemessen, mit dem Direktor geteilt.

»Nur Cleverness macht mich schwach!« bezirzte der Direktor sie mit einem Lächeln. Er reichte ihr zum Abschied die Hand, beglückwünschte und ermutigte sie zu engerer Kooperation und Erfolg.

In der Bürotür drehte sich Salam um und sagte: »Die Mutter meines verstorbenen Verlobten, Gott hab' ihn selig, hat niemanden außer mir und ...«

»Ich verstehe«, erwiderte der Direktor. »Sie dürfen am frühen Nachmittag gehen. Heute arbeiten Sie nur den halben Tag. Das ist mein Geschenk an Sie und soll meine große Zuversicht bezüglich unserer Partnerschaft zum Ausdruck bringen, die gewinnbringend und auf Loyalität basierend sein sollte.«

Salam hielt am Sandwichladen. »Ein Shawarma, ein Falafel und ein Hähnchensandwich, mit viel Knoblauch bitte!« bestellte sie.

Aus lauter Wut wird sie futtern. Beißen, mampfen, schlingen, trinken und ... bis sie vollgefressen ist. Vielleicht beruhigt sie sich ja durch das Essen. Diese Schweine! Die

Männer sind Schweine, allesamt! Idioten und obendrein noch eingebildet, ekelhaft sind sie, und hirnlos wie Gockel stolzieren sie herum. Sie brauchen nur einen Hintern, ein Bein oder ein Stück nacktes Fleisch zu sehen, und schon steht ihnen der Mund offen, die Zunge hängt heraus, und sie hecheln wie hungrige, angriffslustige Hunde, die sich auf alles stürzen.

Und die Frauen? Flittchen! Alle, ohne Ausnahme! Und sie selbst, was hat sie in dieser verkommenen, gemeinen Welt verloren? Eine Frau wie sie verdient den besten Mann, weiß Gott, den besten! Zum Teufel mit dir, du Ekel! Mußtest du denn unbedingt sterben? Du hättest mich vorher wenigstens heiraten und mir den Ehering anlegen können, und danach hättest du von mir aus in den siebten Himmel aufsteigen dürfen. Es ist immer noch besser, eine einsame Witwe zu sein, als eine alte Jungfer, nach der sich kein Mann umschaut. Und dieser miese Luqman, so ein Schmarotzer und materialistischer Prolet! Und dann noch der Direktor, der hat mir gerade noch gefehlt, um mir noch mehr Freude an Mannsbildern zu bescheren. Von mir aus könnt ihr alle krepieren, ich werde euch ganz bestimmt Krokodilstränen nachweinen und auf ewig um euch trauern.

Salam erreichte das Beerdigungsinstitut.

Der Alte war nicht allein, deshalb wartete sie lieber draußen und hoffte, daß es mit dem Kunden nicht allzu lange dauerte. Sie lehnte sich an ein parkendes Auto vor dem Laden, so daß sie den Alten und seinen Kunden durch die Scheibe sehen konnte.

Sie beobachtete, wie die beiden debattierten, langsam zwischen den Särgen umherwandelten, ein paar Sekunden stehenblieben und ihren Rundgang dann fortsetzten. Der Gesichtsausdruck des Alten ließ seine zunehmende Verstimmung und Entrüstung erkennen. Salam lächelte. Zweifellos stritt der Kunde mit ihm über die Preise. Jetzt gingen sie in den hinteren Bereich des Geschäfts und kamen zu den Produkten minderer Qualität und unterer Preisklasse. Die erstklassigen und qualitativ hochwertigen Modelle standen im Schaufenster neben der Ladentür. Modelle älteren Datums und niederer Preiskategorie hingegen waren im hinteren Bereich aufgereiht.

Schwitzend kratzte sich der Kunde am Kopf. Es war ihm anzusehen, daß er sich in einer schwierigen Lage befand. Er schien bedrängt, gleichzeitig irritiert und beschämt zu sein, vielleicht wies ihn der Alte gerade voller Verachtung und mit aller Schärfe zurecht und beleidigte ihn mit den übelsten Attributen.

Eine Hupe dröhnte hinter Salams Rücken. Sie fuhr erschrocken zusammen, schaute sich nach dem Auto um, das so schnell wie eine Rakete vorbeischoß, und ließ eine Lawine von Flüchen gegen den Fahrer los. Als sie wieder zum Laden schaute, war der Alte allein und schimpfte vor sich hin, wahrscheinlich in seiner Muttersprache.

»Kommen Sie herein, Madame Salam«, sagte er. »Was für Zeiten! Manche Kunden wollen Sarg kaufen, aber keine Geld dafür bezahlen! Aber nicht bei mir! Ich bin keine wohltätige Verein! Letzte Woche war eine Kundin hier, sie wollte Sarg mieten. Sie sagte: Ich brauche ihn vierundzwanzig Stunden, wenn Zeremonie zu Ende, bringe ich zurück. Wo gibt denn so was? Hat man in diese Land keine Respekt mehr vor Tod? Werden die Tote jetzt in Särge gelegt, aus Holz von Gemüsekisten, und dann hopp in Grube? Keine richtige Beerdigung, keine Trauerfeier, keine Trauergäste? Was kann man von eine Volk erwarten, die nicht mehr um ihre Tote trauert, he? Was kann man von eine Land erwarten, die so viel Geld für Quatsch ausgibt, aber nix zahlen will, damit Trauer würdevoll und prächtig aussieht? Verzeihung, Madame Salam, bitte, nehmen Sie Platz. Möchten Sie Tee oder Kaffee?«

Salam dankte dem alten Armenier für die Tasse Kaffee,

bezahlte die Kupfertafel, die sie bei ihm bestellt hatte, und machte Anstalten zu gehen. »Wenn Sie möchten«, bot er ihr an, »hänge ich gerne Aushang von ihre Firma in meine Schaufenster.«

Salam bedankte sich und ging hinaus. Er folgte ihr auf die Straße. »Ich habe Schrauben in eine Stück Papier gewickelt und an Rückseite von Tafel festgeklebt. Vorsicht, daß sie nicht abfallen, Madame«, warnte er sie.

»Der Strom ist ausgefallen, und der Generator ist defekt. Luqman ist oben. Und sein Kollege, Gott, wie heißt er doch gleich ... ist gerade gekommen«, berichtete der Portier mit seinem seltsamen Sprachfehler.

O Gott, dachte Salam, sieben Etagen! Und im Treppenhaus ist es finster und voller Ratten!

Der Portier sah sie an, und als hätte er ihre Gedanken gelesen, befahl er seinem Sohn: »Adnan, nimm die Taschenlampe und begleite die Dame nach oben.«

Salam bedankte sich nicht, obwohl er sie eine »Dame« genannt hatte – er, der die Hausbewohner sonst immer beim Vornamen ansprach, ohne ein Herr oder Monsieur hinzuzufügen. Sie bedankte sich nicht bei dem Portier namens Abu Adnan, denn sie wußte, daß sein Sohn Adnan für die Begleitung zu Luqmans Wohnung wie der Chauffeur eines öffentlichen Verkehrsmittels für die Beförderung seiner Fahrgäste Geld erwartete.

Keuchend, daß ihr die Brust fast zersprang, schlug sie mit der Faust an die Tür. Sie wartete ein paar Sekunden, bekam aber keine Antwort und trat mit aller Wucht gegen die Tür.

Wutentbrannt öffnete Luqman die Tür und wollte gerade loswettern, als ihm Salams Anblick die Sprache verschlug. Vor Hitze und Anstrengung ermattet, hatte sich ihr Gesicht lila-grünlich verfärbt. Durch den Schweiß wirkte ihr äußeres Erscheinungsbild noch unansehnlicher und abstoßender.

»Verzeihung, ich habe dich nicht gehört«, entschuldigte er sich. Er ließ sie eintreten und schaute auf das Päckchen unter ihrem Arm. »Was ist das?« wollte er wissen. Sie überreichte ihm die Tafel. »Ein Geschenk!« sagte sie. Hastig durchtrennte Luqman die Schnur und zerriß das Papier, doch als die Kupfertafel zum Vorschein kam, war er enttäuscht. Um seine Reaktion vor ihrem bohrenden Blick zu verbergen, drehte er sich um. »Nagib!« rief er. »Komm her und schau mal, was uns Salam mitgebracht hat.«

Mit müdem Gesichtsausdruck und verdreckter Kleidung trat Nagib aus dem Büro. In solch einem Zustand hatte Salam ihn nie zuvor gesehen. Verwundert schaute sie ihn an. »Arbeitskleidung!« erklärte er. »Ich komme gerade von der Arbeit im Warenlager eines Großhandels.«

»Dann läuft die Arbeit, wie es scheint, ganz gut«, erkundigte sie sich. »Keine voreiligen Schlüsse, Salam. Gerade mal ein Auftrag nach wochenlangem Warten«, erwiderte Luqman.

»Keine Sorge, es rufen schon noch Leute an. In diesem Land gibt es mehr Ratten als Menschen, du wirst sehen!« sagte sie.

Nagib nahm Luqman die Kupfertafel aus der Hand und las:

Firma
S. L. N.
Rattenvernichtung

»Was bedeutet dieser Name?« erkundigte er sich.

»Das sind die Anfangsbuchstaben unserer drei Namen«, erwiderte Salam.

»Und warum hast du ausländische Buchstaben gewählt?« wollte Nagib wissen.

»Weil das seriöser klingt«, entgegnete Salam.

»Und wieso hast du der Firma nicht beispielsweise den Namen L. S. N. gegeben?« hakte Luqman nach.

»Mann, sei doch kein Kindskopf!« mischte sich Nagib ein.

»Was ist denn mit euch los? Könnt ihr Ernst und Spaß nicht mehr auseinanderhalten?« beklagte sich Luqman.

»Ich wette bei meiner Ehre, daß das kein Spaß war und du sauer auf mich bist, weil dein Name nicht an erster Stelle steht!« zeterte Salam.

»Erstens«, befahl Luqman, »schrei nicht so!«

»Und zweitens?«

»Und zweitens: Treib ja nicht dein Spielchen mit mir. Deine Absichten sind nämlich sonnenklar!«

»Meine Absichten? Was habe ich denn für Absichten?«

»Wir haben es beide kapiert, du bist die Chefin und wir deine Angestellten! Denk mal nach, woher das Kapital stammt, und zwinge mich nicht, die Papiere offenzulegen!«

»Das ist also der Dank für alles, was ich deinetwegen getan habe und jetzt noch tue, Luqman!«

»Spiel jetzt bloß nicht die Unterdrückte, nur weil er dabei ist! Wenn du dabei nicht eigene Interessen hättest, wäre es dir doch völlig egal, ob mich Hunde bei lebendigem Leib zerfleischen. Glaubst du etwa, daß dein Gerede über Ehre, Prinzipien und Moral bei mir zieht?«

»Du hast völlig recht. Das habe ich ganz bestimmt verdient. Aber eins sollst du wissen, Luqman: Salam hat sich verändert, und die Zeiten haben sich auch geändert.«

»Komm mir bloß nicht mit Einschüchterungen und Drohungen. Wir sind fertig miteinander. Betrachte die Firma ab sofort als aufgelöst!«

»Hältst du mich für dämlich oder blöde? Glaubst du, ich verstehe dein Spiel nicht? Plötzlich willst du die Firma auflösen! Ausgerechnet jetzt! Nachdem du das Geld einkassiert hast, nachdem wir Unsummen für die Zulassung, Ausrüstung und die Renovierung deiner Wohnung ausgegeben haben, nachdem wir deine Miete und deine seit über einem

Jahr fälligen Rechnungen bezahlt haben? Hast du vergessen, daß du monatelang im Kerzenlicht gehaust hast? Hast du vergessen, daß du fast aus der Wohnung geflogen wärst? Hast du ...«

»Herrgott noch mal, Salam! Laß den Tag friedlich zu Ende gegen, sonst ...«

»Sonst was, Luqman? He? Sprich's aus, was ist sonst?«

Das Telefon läutete, Luqman ergriff die Gelegenheit, um dem Streit zu entrinnen, und ging ins Büro.

»Laß doch, gute Salam«, lenkte Nagib ein. »Wir sind alle überarbeitet.«

»Ja, du und ich, wir sind überarbeitet. Und er, wovon ist er wohl überarbeitet? Kannst du mir vielleicht erklären, was Meister Luqman den ganzen Tag treibt? Am Schreibtisch hocken und auf Anrufe warten? Wenn das Büro nur dazu da ist, Telefonate entgegenzunehmen, wieso mußte dann all das Geld für die Wohnungsrenovierung und eine neue Einrichtung ausgegeben werden? In Wirklichkeit hält er dich und mich zum Narren. Er sitzt gemütlich im klimatisierten Raum, bestellt sich fertige Mahlzeiten und spielt Karten. Ja, das ist wirklich sehr anstrengend, so sehr, daß es einen regelrecht umhaut!«

Mit finsterer Miene erschien Luqman wieder im Empfangsraum. Er hielt einen kleinen Zettel in der Hand, auf dem er eine Adresse notiert hatte. »Das war ein Kunde«, erklärte er an Nagib gerichtet. »Wir sollen seine Wohnung mal inspizieren.«

»Jetzt?« beklagte sich Nagib. »Ich bin doch gerade erst zurückgekommen und ...«

»Ich geh' hin. Ich schau' mir das Problem genau an, checke ab, wie man am besten vorgeht, mache einen Kostenvoranschlag, und dann komme ich zurück. Wenn er mit dem Preis einverstanden ist, gehen wir morgen zusammen hin«, bestimmte Luqman.

»Und wer bleibt im Büro?« fragte Nagib.

»Mach dir keine Sorgen. Darüber reden wir morgen. Die Lösung wäre ein Handy, das könnten wir auf unsere Touren mitnehmen«, sprach Luqman.

»Weißt du eigentlich, wieviel so etwas kostet? Um die tausend Dollar, Meister Luqman!« mischte sich Salam ein.

Er gab ihr keine Antwort. Würdigte sie nicht einmal eines Blickes. Als wäre sie ein Insekt. Ein Stuhl. Ein Gegenstand. Er sagte etwas zu Nagib, ging in den Flur, nahm sein Jackett vom Kleiderhaken, warf es sich über und verließ die Wohnung mit einem lauten Türenknallen.

Nagib verharrte mitten im Zimmer und schaute zu Salam, die wutentbrannt mit den Armen vor ihrem rot angelaufenen Gesicht herumfuchtelte. Man müsse auf die Klimaanlage verzichten, solange der Strom tagsüber abgestellt sei und nur nachts fließe. Die Lösung bestünde vielleicht im Kauf eines eigenen Generators, murmelte er. Und als er sah, wie aufgebracht sie war, fuhr er fort: »Wenn das Wetter so unfreundlich und bewölkt bleibt, wird es noch mörderisch heiß werden.«

Als sei ihr plötzlich eingefallen, daß er auch anwesend war, schaute sie ihn an. »Wann kommt Luqman zurück?« fragte sie. Darauf antwortete er, daß Luqman sich viel Zeit lasse, wenn er, Nagib also, im Büro sei. Salam zog die Augenbrauen hoch. Also gut, dachte sie, er gibt mir damit indirekt zu verstehen, daß er sich in meinem Krieg mit Luqman auf meine Seite schlägt. »Wird er sehr spät zurückkommen?« erkundigte sie sich.

»Das hängt ganz davon ab, ob er Marina besucht oder nicht!«

»Marina?« kreischte Salam wie von einer Schlange gebissen. »Wer ist Marina?«

Verunsichert redete sich Nagib heraus: »Ich habe keine Ahnung ... Ich habe nichts gesagt ... Wenn Luqman erfährt, daß ich dir gegenüber ihren Namen erwähnt habe, bringt er mich um ... Angenommen, ich verrate dir, wer sie ist, versprichst du mir dann, das Geheimnis für dich zu behalten?«

Nachdem er ihr berichtet hatte, was es mit Luqman und Marina auf sich hat, erhob sich Salam und ging ans Fenster. Sie brauchte dringend Sauerstoff. Nagib betrachtete ihren Rücken und verzog einen Mundwinkel zu einem Grinsen, setzte aber sofort ein ernstes, nachdenkliches Gesicht auf, als sie sich umdrehte und ihn anstarrte. Salam schien wohl zufällig auf eine Spur gestoßen zu sein, die sie zu einem wertvollen Schatz führen würde.

Salam brauchte keine Erklärungen. Sie hatte begriffen, daß es weder um Luqman noch um besagte Marina ging, sondern daß Nagib einen gewissen Gedanken oder Plan im Sinn hatte. Und Nagib brauchte kein weiteres Wort zu verlieren, um sich Gewißheit zu verschaffen. Er wußte bereits, daß er seine Angel zielsicher ausgeworfen hatte und nur noch ein wenig hin und her bewegen mußte, damit die dollarschwere Jungfer anbiß. Denn nichts ist einfacher, als eine verliebte Frau zur Strecke zu bringen, wenn die Kugel nur mit weiblicher Eifersucht vergiftet ist. Und nichts ist einfacher, als Salam zu verführen, denn ihre Begierde zappelt wie ein an Land gespülter Fisch.

Nagib knöpfte langsam sein Hemd auf und kraulte sich die dicht gewachsenen, krausen Brusthaare. »Entschuldige mich, ich gehe ein Bad nehmen«, sagte er.

Salam schluckte den Speichel, der sich beim Anblick der nackten Brust plötzlich in ihrem Mund gesammelt hatte, und tat, als wolle sie gehen. Da packte er sie am Handgelenk, riß sie an sich und bohrte ihr einen beschwörenden Blick in die Augen. Er ergriff ihre Hand, legte sie sich auf die Brust und spritzte ihr ein geheimes Gift in die Gelenke, so daß sie zuckte und flatterte wie ein geschlachteter Vogel.

Er zog sie ins Badezimmer, setzte sich in die Wanne und verlangte, daß sie ihm den ganzen Körper einseifte. Salam gehorchte. Ergeben massierte sie ihn mit dem Schaum von

Kopf bis Fuß, gemächlich, bedächtig und äußerst sorgfältig, sie nahm sich die Zeit, seinen Körper Stück für Stück zu betrachten, zu erkunden und kennenzulernen.

Als sie sich dann ins Zimmer stellen mußte und er ihr mit seinem Ledergürtel Rücken, Hintern, Arme, Beine, Brüste und Gesicht auspeitschte, schrie sie nicht. Sie ächzte nicht einmal. Sie wand sich nur ein wenig, als würde sie von einer sanften Hand zärtlich liebkost. Selbst der Anblick der rot-violetten Striemen, die sich auf ihrem Körper abzeichneten, schreckte sie nicht. Sie fuhr auch nicht erschrocken zusammen, als seine Hand sie bei den Haaren packte, ihr den Kopf hinunterdrückte und sie in die Knie zwang.

Je unterwürfiger sie sich zeigte, desto wilder wurde Nagib in seiner Erregung. Er lohnte es ihr, indem er sie zu Boden stieß, sich auf sie warf, ihren Kopf gegen den Boden schlug, sie bespuckte und seine Lust mit Beschimpfungen steigerte.

»Salam!« brüllte er, ließ sich auf den Rücken fallen und japste nach Luft, dabei hob und senkte sich seine Brust so rasend schnell wie bei einem Tier, das vor einer Jagdflinte flüchtet. Salam öffnete die Augen. Am liebsten hätte sie laut geschrien, einen Freudentriller von sich gegeben und ge-jauchzt: Glückwünsche, Salam! Nach langem Warten bist du endlich befriedigt und belohnt worden! Doch sie unter-drückte ihr Bedürfnis und griff sich etwas, um sich das Blut von Nase, Mund, Brust und Bauch zu wischen. Mit Stolz und Bewunderung betrachtete sie den starken Mann, der ausgestreckt neben ihr auf dem Boden lag.

»Ich hoffe«, sagte sie kokett, »daß du deinen Spaß hat-test. Vergiß aber nicht, beim nächsten Mal durch den Vor-dereingang hereinzukommen. Du wirst es vielleicht nicht wissen, aber ich bin noch mit dem roten Wachs der Jung-fräulichkeit versiegelt.«

Dieser Portier hatte keinen seltsamen Sprachfehler und auch sonst nichts mit dem anderen Portier gemein.

Äußerst zuvorkommend bat er Luqman auf einem der Ledersessel in der Eingangshalle des Hauses Platz zu nehmen, nicht ohne sich vorher höflich erkundigt zu haben, wie er heiße und zu wem er wolle. Er griff zum Telefonhörer. »Fräulein Schirin«, sprach er hinein, »Herr Luqman ist hier.« Er schwieg zwei, drei Sekunden und verkündete dann: »Herr Luqman! Fräulein Schirin erwartet Sie. Im dritten Stock, es ist die Wohnung auf der linken Seite.«

Luqman erhob sich und wartete auf den Fahrstuhl. Er hätte auch zu Fuß hinaufgehen können, dachte sich aber, daß Leute mit Rang und Namen den Fahrstuhl benutzen und geduldig warten.

Eine Frau mit einem Jungen an der Hand kam ins Haus. »Good morning«, begrüßte sie Luqman und stieg in den Fahrstuhl. Er ging nach ihr hinein. Den Finger nach dem Knopf mit der Fünf gestreckt, sagte sie etwas, das er nicht verstand. Seine Verlegenheit hinter einem Lächeln verbergend, schüttelte er den Kopf. Sie drückte auf den Knopf. Der Fahrstuhl fuhr aufwärts. Der blonde, gepflegte Junge lächelte Luqman an und streckte ihm die Hand mit einem Spielzeug entgegen. Der Fahrstuhl hielt im fünften Stock, die Frau bedankte sich und stieg aus. Um vorzutäuschen, daß er sie verstanden hatte und in ein höheres Stockwerk fahren wolle, drückte Luqman auf die Sieben.

Im siebten Stock angelangt, stieß er weder die Tür auf, noch drückte er auf die Drei. Das Fahrstuhllicht erlosch, Luqman schloß die Augen und fühlte sein Herz ungewöhnlich heftig schlagen. Was hast du bloß? fragte er sich. Das liegt bestimmt an diesem Duft, an diesem Parfum, das mich unverhofft überwältigte. Es war kein durchdringender oder verschwenderischer, aber auch kein würziger oder blumiger Duft. Vielmehr war es ein leichter, diskreter Duft, keineswegs aufdringlich und überladen. Etwas Dezentes, das besonnen säuselt, und wenn man es bemerkt, hat es sich bereits in einem ausgebreitet und eingenistet.

Luqman öffnete die Augen. Was erwartete ihn wohl im dritten Stock? Fräulein Schirin! Er hatte Nagib und Salam nicht verraten, daß es sich bei dem Kunden um eine Frau mit einem eigenartigen Akzent und einer schönen Stimme handelte. Kaum hatte er sie durch das Telefon sprechen hören, war die Wut von ihm gewichen, als hätte Wasser sie innerhalb weniger Sekunden von seiner Haut gespült.

Luqman stieß die Fahrstuhltür kurz auf, so daß sich das Licht anschaltete. Er drehte sich um und schaute in den großen Spiegel an der Rückwand des Fahrstuhls. Hätte er doch bloß vorher gebadet oder wenigstens etwas Parfüm aufgetragen. Er leckte die Fingerspitzen und strich sich damit die Haare nach hinten. Dann zupfte er sich den Jackettkragen zurecht, zog eine Augenbraue hoch und setzte eine strenge Miene auf. Nein! Es wirkt besser, den ernsten Gesichtsausdruck mit einem leichten Lächeln zu untermalen. Gar nicht übel, Herr Luqman! stellte er fest. Dann betrachtete er seine behaarte Brust, auf die eine Kette herabhing. Er atmete tief ein, und beim Ausatmen zog er den Bauch ein, so daß sein kleiner, kugelförmig vorspringender Wanst verschwand. Ein wenig Sport, dachte er bei sich, wäre angebracht, um gegen die Deformierung anzukämpfen, die sich mit seinen achtunddreißig Jahren bemerkbar machte.

»Hallo, Fräulein Schirin!« sagte er hörbar und mit einem unbeirrbaren Selbstvertrauen. Doch er beschloß, daß das Hemd zu weit geöffnet sei, um eine Frau mit solch einem Namen zu verlocken. Wie alt mag sie wohl sein? Ist sie blond oder dunkelhaarig? Bestimmt blond! Sie ist groß und verführerisch, aber auf keinen Fall ordinär. Das verrät schon ihre Stimme. He? Was meinst du, Kumpel? Wenn sie meinen Vorstellungen und Erwartungen entspricht, also tatsächlich hübsch und aus gutem Hause sein sollte, mußt du mir versprechen, brav zu sein. Beweis' mir, daß du wohlerzogen und anständig bist.

Plötzlich fuhr der Fahrstuhl abwärts. Luqman verstand, offenbar hatte jemand in einem unteren Geschoß den Fahrstuhl gerufen. Er drückte auf Stop, dann auf die Drei, knöpfte sich derweil hastig das Hemd zu und ließ die Kette im Hemd verschwinden. Den obersten Knopf ließ er offen. Doch wie das Schicksal so spielt, riß auf einmal der Knopf genau oberhalb des Magens ab, sprang an den Spiegel und fiel in die Spalte zwischen Fahrstuhlboden und Tür.

Und nun stand Luqman vor ihrer Tür, bekleidet mit einem Hemd, das am Bauch offenstand. Das hatte ihm gerade noch gefehlt. Und was sollte er jetzt tun? Auf dem Absatz kehrtmachen und sich dorthin scheren, wo er hergekommen war?

Luqman betrachtete das kleine, weiße, viereckige Schild neben der Tür und las ihren vollständigen Namen. Ach Gott, er konnte doch nicht einfach einer Frau mit solch einem Namen den Rücken kehren, ohne sie gesehen zu haben! Zum Teufel mit ihr! Wer ist sie denn schon? Und seit wann läßt er – Luqman – sich von den Blicken einer solchen Frau einschüchtern? Wer sagt ihm denn, daß sie keine alte Vettel ist, die nur noch dem Namen nach aristokratisch ist?

Er drückte auf den Klingelknopf und wartete. Weil er keine Antwort erhielt, läutete er noch einmal, diesmal hartnäckig, bis er einen Schatten bemerkte, der den Spion verdunkelte. Dann wurde die Tür geöffnet.

Eilig bat sie ihn herein und hastete mit der Entschuldigung, sie telefoniere gerade, davon. Luqman schloß die Tür und schritt, ihrer Stimme folgend, durch den Flur. Das Klackern seiner Absätze auf dem weißen Marmor störte ihn, deshalb ging er auf Zehenspitzen weiter.

Als er das Wohnzimmer betrat, wurde er von einer Lichtflut überwältigt, die durch eine riesige, zum Meer und Himmel offene Fensterfront drang. Die wenigen Möbel, die vereinzelt da und dort standen, waren in Gelb und Weiß gehalten. Luqman schaute auf Pflanzen, ein Arrangement von Ebenen unterschiedlicher Höhe, Sitzkissen auf dem Fußboden und eine Holztruhe mit Intarsienarbeit. Aus einem Kassettenrekorder erklang zarte Musik, Zeitschriften und Zeitungen lagen auf der Erde herum, und auf einem großen Tisch stapelten sich Ordner und Papierstöße neben einem Computer, der gerade in Betrieb war. Bilder mit ungewöhnlichen Figuren und Farben und eine Vase mit einem riesigen Blumenstrauß schmückten den Raum.

Luqman nahm auf der erstbesten Sitzgelegenheit Platz, sie war ziemlich niedrig. Er schlug ein Bein über das andere, wodurch aber sein kleiner Wanst noch mehr hervortrat und das Fehlen des Knopfes erst recht auffiel. Das Problem löste er, indem er trotz der großen Hitze sein Jackett zuknöpfte. Doch in dieser Position fühlte er sich einfach nicht wohl. Er stellte das übergeschlagene Bein wieder auf den Boden, wußte dann aber nicht so recht, wohin mit den Händen. Ihm kam der Gedanke, auf den Stuhl neben dem Tisch umzuziehen, verwarf ihn aber wieder, als er an seine Absätze denken mußte und sich die Entfernung zum Stuhl vergegenwärtigte.

Wie schrecklich beengt und unbehaglich ihm zumute war! Wäre er doch gar nicht erst gekommen! Wäre er bloß bei Nagib und Salam geblieben! An allem bist nur du Schuld, Kumpel. Immer bringst du mich in die Bredouille und hälst mir irgendwelche Geschichten und Probleme auf. Schau sie dir genau an, glaubst du etwa, daß eine Frau wie sie sich nach dir umschauen oder auch nur im geringsten für dich interessieren würde?

Sie kniete neben dem Fenster, telefonierte auf französisch und warf ab und zu ein paar arabische Vokabeln ein. Im dunklen Flur war ihr Gesicht nicht gut zu erkennen gewesen, und jetzt konnte er nur ihren Rücken sehen. Sie war nicht groß. Sie war barfuß, trug Jeans und ein weißes, sehr weites Hemd am schmalen Körper.

Das volle rote Haar war zu einem Knoten auf dem Kopf zusammengedreht und wurde von einem Bleistift gehalten. Sie hob die Hand an den Hinterkopf und schob eine lose Strähne zu den anderen Haaren, so daß ihr strahlend weißer Nacken sichtbar wurde. Im Sonnenlicht schimmerte darauf ein blonder Flaum, so zart wie von einem Vogel. Sie legte die Hand an den Nacken und wiegte den Kopf hin und her. Ihre Hand war so klein wie die eines Kindes. Die Finger waren nicht zu dick und nicht zu dünn, gerade richtig, die Fingernägel kurz und unlackiert.

Plötzlich drehte sie sich nach ihm um und lächelte, sie sprach weiter in den Hörer.

Sie trug eine Brille! Eine kleine, runde Brille mit dünnem Metallrahmen auf der feinen Nase! Luqman traute seinen Augen nicht. Eine kleine Frau mit einer Brille, wie niedlich! So etwas hatte er nie zuvor gesehen. Und sollte ihm so etwas doch begegnet sein, dann war es mit diesem Anblick bestimmt nicht zu vergleichen.

Als ihr die Haltung unbequem wurde, drehte sie den Kopf ein wenig und setzte sich im Schneidersitz auf den Boden. Nun sah er sie im Viertelprofil. Den Mund konnte er nicht sehen, denn sie hielt die Hand davor. Sie kaute an den Fingernägeln und schaute ernst drein. Sie hatte keine Ohrlöcher und trug keinen Schmuck, weder an der Hand noch um den Hals, nur eine kleine runde Uhr, gehalten von einem dünnen schwarzen Lederband. Wie alt mag sie sein? Anfang Dreißig. Oder Ende Zwanzig. So in etwa, ganz bestimmt.

So eine Frau, dachte Luqman, möchte man nicht bumsen, sondern vernaschen. Wie ein Bonbon. Wie Konfekt. Wie Zuckerwatte. Man nimmt sie in den Mund und läßt sie, ohne zu kauen, auf der Zunge zergehen, so daß sie ihren Geschmack allmählich entfaltet. Marina schmeckt nach Pfefferminze, und Fräulein Schirin? Nach Erdbeeren vielleicht oder Orangen. Nein, es ist kein Geschmack, sondern ein Duft. Jasmin. Ja. Sie duftet beim leisesten Windhauch.

Der Duft strömt langsam und lautlos wie Brisen, die sanften Wellen gleich ineinanderfließen und sich gegenseitig vorwärts schieben. Alles an ihr ist anders und ungewöhnlich. Die Straße, der Portier, die Nachbarn, der Fahrstuhl, der Name, die Wohnung, der Akzent, alles …

»Verzeihung, ich habe Sie warten lassen. Es war ein berufliches Gespräch.«

Luqman gab ihr keine Antwort. Er starrte sie nur sekundenlang an. Doch als sie, die Hand ausgestreckt, auf ihn zuging, sprang er auf und begrüßte sie überschwenglich und voller Begeisterung. Sie entschuldigte sich ein weiteres Mal, weil sie den Computer ausschalten müsse, und danach wäre sie ganz für ihn da. Die Redewendung »sie wäre ganz für ihn da« gefiel ihm.

Sie ging an den Schreibtisch. Und während er so herumstand, fühlte er sich plötzlich befangen. Er steckte eine Hand in die Hosentasche, drehte sich um und betrachtete ein Bild an der Wand. Um ein Gespräch anzufangen, sagte er:

»Das ist ein wunderschönes Bild, haben Sie es gemalt?«

»C'est une reproduction de van Gogh, elle vous plaît?« entgegnete Schirin auf den Bildschirm starrend. Luqman überlegte, was er darauf sagen sollte, denn er hatte nicht ein einziges Wort verstanden. Der Klang ihrer Stimme verriet ihm, daß sie eine Frage gestellt hatte. Seine Vermutung bewahrheitete sich dann auch, denn sie sah ihn vom Schreibtisch aus an, als wartete sie auf eine Antwort oder einen Kommentar. Er schaute sie an, nickte lächelnd und zog dabei die Augenbrauen hoch. Sie lächelte zurück, denn sie begriff, daß er kein Französisch sprach. Um dieser Situation ein Ende zu bereiten und ihm die Unsicherheit zu nehmen, sagte sie zum Bildschirm gewandt: »Sie machen sich wohl über mich lustig!«

Die Prüfung unversehrt überstanden, atmete Luqman erleichtert auf und ging zum Angriff über, um einer verminten Frage ihrerseits zuvorzukommen.

»Entschuldigen Sie die Frage, aber was machen sie beruf-
lich?« erkundigte er sich.

»Möchten Sie einen Nescafé trinken?« fragte Schirin
beim Aufstehen, nachdem sie den Computer ausgeschaltet
hatte. Er nahm dankend an. Sie forderte ihn auf, ihr zu folgen, damit sie ihm gleich zeigen könne, wo sie die Mäuse
gesehen hatte. Ihm durch den Flur zur Küche vorangehend,
erzählte sie:

»Ich bin Archäologin. Ich bin mit einer französischen Ex-
pedition im Rahmen eines gemeinsamen Programms der
UNESCO und der Generaldirektion für Archäologie hergekommen.«

»Sind Sie Französin?«

»So ungefähr. Ich bin hier geboren und als Kind kurz
nach Kriegsausbruch mit meinen Eltern fortgezogen. Nach
zwanzig Jahren bin ich das erste Mal wieder im Land.«

»Sie sprechen gut Arabisch!«

»Ja. Mein Vater, Gott hab' ihn selig, bestand darauf, Arabisch mit mir zu sprechen.«

»Sind Sie glücklich, wieder hier zu sein?«

Mit traurigem Gesicht wandte sie sich ihm zu. Und während sie den Wasserkessel auf den Herd stellte, sagte sie
nachdenklich:

»Ich weiß nicht, was ich darauf antworten soll, obwohl
ich schon seit mehreren Monaten hier bin. Mein Vater hat
mich zur Rückkehr bewogen. Ich will damit sagen, daß ich
irgendwie seinetwegen hierhergekommen bin. Sein Leben
lang hat er davon geträumt, zurückzukommen, doch ein
Jahr vor Kriegsende erkrankte er und starb.«

Ihre Stimme zitterte, und Tränen stiegen ihr in die Augen,
sie überspielte dies aber, indem sie an den Küchenschrank
ging und Tassen herausholte. »Und Sie?« erkundigte sich
Schirin. »Was ist mit Ihnen?«

Luqman verfiel in ein Schweigen, ein langes, tiefgründi-
ges Schweigen. Er senkte den Kopf und starrte auf den

Boden. Schirin geriet in Verlegenheit. Das habe sie nicht gewollt, erklärte sie, drehte das Gesicht zum Fenster und trank ihren Nescafé.

Was hatte sie wohl für eine Vorstellung von ihm, daß sie derartige Schuldgefühle entwickelte? fragte sich Luqman. Sie hielt ihn bestimmt für ein Opfer des Krieges. Ja, sicher. Ein Opfer! Ich? Wenn du nur wüßtest! Er überlegte, wie er am besten an sie herankäme, nachdem er ihr soeben den Eindruck vermittelt hatte, eine uneinnehmbare, mit tausend Mauern bewachte Festung zu sein. Wie gut, daß er die Hoffnung nicht so schnell aufgab. Denn so würde er ohne viel Mühe und Anstrengung erreichen, daß sie ihm das Herz ausschüttet und den Schlüssel aushändigt.

Viele Augenblicke verstrichen, bevor Luqman den Blick vom Boden hob. »Würden Sie mir jetzt bitte zeigen, was das Problem ist, Fräulein Schirin«, bat er ernst.

Als Luqman von ihr wegging, war er ein völlig anderer Mann. Von seinem früheren Leben war nur noch der Name übriggeblieben. Nun war Luqman das einzige Kind seiner Eltern. Diese waren im Krieg gestorben. Sie kamen um, als in der Nähe ihres Hauses ein vermintes Auto explodierte. Zu dem Zeitpunkt besuchte er einen Freund.

Er ging von der Schule ab und wurde Milizionär. Jahrelang kämpfte er. Als ihm aber klar wurde, daß im Krieg ausschließlich Profitgier, Schmarotzer und Verbrecher regierten, verließ er die Miliz. Viele Male versuchte er, sich das Leben zu nehmen, doch das Glück ließ ihn im Stich. Schließlich fing er sich wieder und beschloß, um sein Überleben zu kämpfen. Er nahm etliche kleine Jobs an. Und als der Krieg zu Ende war, gründete er gemeinsam mit Freunden eine Firma zur Rattenvernichtung.

Luqman ließ sich über Politik, Prinzipien, die Ethik des Kampfes aus und endete mit einem langen Monolog über das Fehlen der Moral und die Dekadenz. Da biß der Fisch namens Schirin an und schluckte den Köder.

Sie wird ihn schon liebgewinnen. Immerhin ist er ein Opfer des Krieges, dem ihr Vater gewissermaßen auch zum Opfer gefallen ist! Jawohl. Sie wird ihn liebgewinnen, notfalls auch gegen ihren Willen. Und er wird alles tun, damit sie sich in ihn verliebt und ihn nicht mehr entbehren kann. Schirin ist die Hand, die mit einem Pinselstrich seine Vergangenheit wegwischen und ihm das Tor in die Zukunft weit öffnen wird. Sie hängt an ihm, und er braucht sie. Er braucht einen guten Namen, Rang und gesellschaftliches Ansehen. Vielleicht kann sie ihm sogar eine neue Nationalität und das Aufenthaltsrecht in einem anderen Land beschaffen. Sie hat doch erzählt, daß sie, sobald ihr Auftrag hier zu Ende geführt ist, abreisen und ihre Arbeit in Paris wiederaufnehmen würde. Paris! O, welch ein wunderbarer, herrlicher und vielversprechender Tag, dachte Luqman. Paris! Hörst du, Kumpel? Sie hat von Paris gesprochen!

Sie erzählte ihm von den Schwierigkeiten und Bedrohungen, denen ihre Ausgrabungsmission ausgesetzt war, von dem archäologischen Reichtum des Libanon, den Betrügereien der Verantwortlichen und ihrem mangelnden Pflichtbewußtsein. Derweil überlegte Luqman, wie die Mine beschaffen sein müsse, damit er sie mit einem einzigen schnellen Schlag vernichtend ins Herz traf und sich weitere Anläufe erübrigten. Er hatte keine Zeit zu verlieren. In wenigen Monaten würde sie abreisen. Er redete sich selbst gut zu und gelobte, in ein paar Monaten zusammen mit ihr das Land zu verlassen.

»Würden Sie mir jetzt bitte zeigen, was das Problem ist, Fräulein Schirin«, bat er sie.

Sie bückte sich, öffnete den Vorratsschrank und zeigte ihm die zerfetzten Lebensmitteldosen und -tüten, die zu Pulver zermahlenen Überreste und den Kot, der überall herumlag. Er trat näher, bückte sich ebenfalls und untersuchte die Größe und Beschaffenheit des Mäusekots.

Als er sich aufrichtete, richtete auch sie sich auf. Dabei fiel der Stift von ihrem Kopf, so daß sich ihr die rote Haarpracht über Gesicht und Schultern breitete und einen Duft verströmte, der Luqman in die Nase stieg. Er schaute sie an. Sie stand dicht neben ihm, und die grünen Augen hinter den Brillengläsern sahen ihn scheu an, wie die eines kleinen Kindes. Luqman riß den Blick von ihren Augen und tat, als sei er verlegen und nervös. Er hob den Stift auf und gab ihn ihr. Mit hochrotem Kopf bedankte sie sich und ordnete die wilden Locken. Er ließ sie allein und ging ins Wohnzimmer.

Sie bat ihn, die Mäuse nicht zu töten, sondern, wenn es ihm möglich sei, nur fortzuschaffen. Wie niedlich! dachte Luqman. Diese Frau, selbst so ein Mäuschen, sorgt sich um die Mäuse! »Man muß erst ausschließen, daß es Ratten sind«, sprach er ernst.

Er verlangte ein Blatt Papier und einen Stift, setzte sich an den Tisch und befragte sie wie ein Arzt. Sie antwortete, während er sich Notizen machte, bis es an der Zeit für eine Diagnose war. Es seien kleine Ratten, die sie rein zufällig heimgesucht hätten, stellte er fest. Dies bedeute aber, daß eine ganze Sippe nachziehen würde, sobald sie von der Entdeckung der reichen Futterstelle erfahre. So gingen Ratten vor, sie schickten eine Vorhut zum Auskundschaften, und wenn diese auf fette Beute stieß, folgten die anderen.

Schirin war entsetzt. Und die Lösung?

»Wir legen für einige Tage leicht zugängliche Köder aus, so daß die Ratten unvorsichtig werden und zahlreiche Gefährtinnen mitbringen. Sobald sie sich aber gewöhnt haben und sich in Sicherheit wähnen, mischen wir Gift in die Köder. Auf diese Weise töten wir die meisten von ihnen. Wenn die Überlebenden die vielen Toten sehen, bekommen sie es mit der Angst zu tun und flüchten.«

Ein paar Wochen. Soviel Zeit gab sich Luqman, um Schirin zu ködern und in die Falle zu locken. Er würde sie täglich unter dem Vorwand aufsuchen, einen speziellen Köder zu präparieren, der spätestens alle vierundzwanzig Stunden erneuert werden müsse. So verhindere man, daß sich die Ratten ekeln, denn sie liebten nur frische und verschmähten angegammelte Nahrung. Und vielleicht würde er eines Tages eine oder zwei Ratten in der Tasche mitbringen und in der Wohnung aussetzen, damit Schirin ihm auch glaubt. Auf diese Weise würden seine Ratten ihre kleine Maus fressen, und er hätte einen Zustand geschaffen, in dem sie ihn braucht und sich an ihn klammert.

Aus dem Arabischen von Laila Chammaa

Nachwort

Von Stefan Weidner

Wollte man die Themen der modernen arabischen Erzählkunst in zwei Stichworten zusammenfassen, sie müßten
lauten: Sexualität und Gewalt. Das gilt zumal für die Literatur, die mit Beirut verbunden ist; und diese ist freilich nichts
anderes als ein möglicher Querschnitt, eine mögliche
Quintessenz der gesamten Erzählliteratur aus der arabischen Welt. Ohne daß der Herausgeber ein gesteigertes
Faible für diese Themen hätte, begegnen dem Leser Gewalt
und Sexualität in der vorliegenden Anthologie auf Schritt
und Tritt. Die Sammlung beginnt mit Geschichten, in denen
das Opfer der Gewalt zum rächenden Täter wird und ein
Priester seinen sexuellen Phantasien erliegt. Die Frauen
hingegen, aus deren Perspektive, dank des hohen Anteils
von Schriftstellerinnen, auch erzählt wird, haben andere
Sorgen: In einer von Traditionen und männlicher Gewalt
bestimmten Gesellschaft geht es den Frauen erst einmal
darum, zu überleben – die Zeiten zwischen den Weltkriegen
sind hart in Beirut. In den fünfziger, sechziger Jahren versuchen sie, sofern sie einer wohlhabenderen Schicht ent-
stammen, jedoch bereits, sich zu emanzipieren. Nur in
Beirut kann ihnen das gelingen, doch auch hier gelingt es
nur unvollkommen. Aber wer in seiner Heimat verfolgt
wird, findet in Beirut Schutz. In den anderen arabischen
Ländern sind Gewalt und Willkür ja um vieles präsenter.
Das gilt bis zum Bürgerkrieg, der 1975 ausbricht. Jetzt flieht
man Beirut und versteckt sich in den Bergen. Aber die Nach-
richten verfolgen einen, lassen einen nicht mehr los, man
versinkt in Untätigkeit. Oder man ist ein Intellektueller,
träumt von der Revolution oder kämpft sogar mit, auf daß
der Krieg die gerechte Gesellschaft bringe. Bis die Israelis in

Beirut einmarschieren und die Träume zerstieben. Katerstimmung; der Syrer Adonis dichtet: »Die Fetzen der Geschichte in meiner Kehle / Und auf meinem Antlitz die Zeichen des Opfers«. Man sammelt die Trümmer des Selbst ein. Im Bombenhagel sich einen Kaffee zu kochen ist die letzte Möglichkeit, seine Menschenwürde unter Beweis zu stellen. Wer ist man überhaupt noch, und wie kann man erzählen? Plötzlich kehrt sie wieder, die Sexualität, in der Anonymität des abgedunkelten Luftschutzbunkers, enthemmt durch die Todesangst. Und entführt zu sein, wie so viele, nicht nur die Ausländer, wird zur Metapher für das Ausharren in der Stadt. Jedoch selbst wer ausreisen kann, kommt nirgendwo an. Wer nicht kann, der wird geblieben sein. Nach dem Krieg sind Realität, Traum und Trauma kaum mehr zu unterscheiden. Der Vergangenheit nachhängend irrt man als Clochard durch den Schutt des einstmaligen Niemandslandes im Stadtzentrum, oder man geht zum Barbier und gibt sich als jemand aus, der man nicht ist, weil man ohnedies nicht weiß, wer man ist. Dann aber wird man als ebender, der man nicht ist, erkannt. Wie da nicht verschwinden wollen? Rücksichtslosigkeit und Profitgier sind die Zeichen der neuen Zeit, und was der Krieg nicht vernichtet hat, vernichtet der Nachkrieg. Nur die Ratten kommen davon.

So ließe sich die Geschichte, die in diesem Buch erzählt wird, zusammenfassen. Aber Beirut ist ja nicht nur die Literaturhauptstadt der arabischen Welt, sondern verkörpert zugleich die zeitgenössische Ausprägung des großen Babels, das Inbild der kriegszerrissenen und belagerten Stadt, das Muster für Sarajewo, Grosni, Kinshasa, Prishtina, Jerusalem, Kabul und wer weiß für welche Stadt demnächst. Die Geschichte strahlt daher weit über Beirut hinweg aus, obschon sie in ihrer spezifischen Form nur hier geschrieben werden konnte.

Beirut war für sein Schicksal auf besondere Weise prädestiniert. Der Libanon ist mit seinen ca. drei Millionen Einwohnern, zu denen noch einmal mehrere Hunderttausend Gastarbeiter und palästinensische Flüchtlinge hinzuzunehmen sind, ein kleines Land. Es verdankt sein Entstehen allein dem Eingriff europäischer Mächte. Bevor die Franzosen ihr Mandatsgebiet, das die heutigen Staaten Syrien und Libanon umfaßte, aufteilten, war der Libanon nur das Gebirge, das sich unmittelbar an der Küste des östlichen Mittelmeers bis auf 3000 Meter erhebt und von dessen atemberaubender Schönheit schon die Bibel schwärmt. Als nach dem Ersten Weltkrieg das Osmanische Reich, in dessen Herrschaftsgebiet auch Libanon, Syrien und Palästina fielen, zerbrach, wurde der Nahe Osten vom Völkerbund in englische und französische Mandatszonen aufgeteilt. Die Mandate waren als Übergangslösung vor einer endgültigen Unabhängigkeit der nahöstlichen Staaten gedacht, dienten jedoch de facto der Aufteilung in Einflußzonen für die Großmächte. 1920 wurde der Libanon in seinen heutigen Grenzen von der Mandatsmacht Frankreich festgelegt – und damit von Syrien künstlich abgetrennt. Der sogenannte »Grand Liban« (groß wird er genannt, weil er Gebiete umfaßt, die über den eigentlichen »Mont Liban« hinausgehen) ist von den Franzosen vor allem als Staat der Maroniten konzipiert worden. Die Maroniten, seit Mitte des ersten Jahrtausends im Libanon ansässig, sind anders als die übrigen, meist orthodoxen nahöstlichen Christen dem Papst ergeben. Frankreich galt seit dem Mittelalter als ihre Schutzmacht. In der ersten Hälfte des 20. Jahrhunderts machten die Maroniten zusammen mit anderen libanesischen Christen (Orthodoxe, Protestanten und andere) knapp die Bevölkerungsmehrheit aus und wurden von der Verfassung mit vielen Vorrechten ausgestattet. In dieser Ungleichbehandlung war einer der Gründe für den Bürgerkrieg schon angelegt. Die muslimische Bevölkerung des Libanon, die ihrerseits in Sunniten, Schiiten und Drusen zerfiel und sich nicht als homogenen Block begriff, mußte sich auf lange Sicht benachteiligt fühlen, zumal sie wesentlich schneller wuchs als die christliche Bevölkerung. Bereits unter osmanischer Herrschaft war es 1860 zu Massakern zwischen Christen und Drusen gekommen, die noch über hundert Jahre später im Bürgerkrieg nachwirkten und von manchen als das Schlüsselereignis der libanesischen Geschichte gewertet werden.

Im Zuge des Zweiten Weltkriegs und des Ausfalls von Frankreich als funktionierender Mandatsmacht wird der Libanon 1941 für unabhängig erklärt. Die in der libanesischen Verfassung und Bevölkerungsstruktur angelegten Probleme verstärken sich, als im Gefolge des ersten arabisch-israelischen Krieges 1948 mehr als 100000 Palästinenser in den Libanon flüchten oder vertrieben werden. Da die Israelis sich gegen deren Rückkehr in die Heimat wehren (nur wenigen gelingt es, wie etwa dem Autor Mahmud Darwish, sich nach dem Krieg wieder über die Grenze zu schmuggeln), entstehen palästinensische Flüchtlingslager im Libanon. Die Lager, zunächst nur als Provisorien konzipiert, werden zu eigenen, unterentwickelten Stadtteilen. Weil weder von den Libanesen selbst noch von den Palästinensern, die nach wie vor auf eine Rückkehr hoffen, die Integration angestrebt wird, erwächst dem Land im Laufe der Zeit ein weiterer destabilisierender Faktor. Dieser wird durch die folgenden arabisch-israelischen Konflikte, besonders den Sechs-Tage-Krieg im Juni 1967 mit der verheerenden arabischen Niederlage, verstärkt, wiewohl der Libanon, anders als etwa Syrien und Ägypten, nicht direkt in die Kämpfe eingreift. Hingegen wird der bewaffnete Widerstand der Palästinenser gegen Israel seit Mitte der sechziger Jahre zunehmend vom Libanon aus organisiert. Entlang der südlibanesischen Grenze zu Israel kommt es regelmäßig zu Kampfhandlungen, die sich der Kontrolle durch die schwachen staatlichen Institutionen des Landes entziehen. Auch die libanesische Bevölkerung ist in ihrer Haltung gegenüber den Palästinensern gespalten. Linksorientierte und muslimische Bevölkerungsteile sympathisieren mit den Palästinensern und begreifen den Libanon als Teil des arabischen Blocks. Die Mehrheit der Christen jedoch versteht den Libanon als ein eigenständiges, eher mediterranes als arabisches Land. Die Palästinenser erscheinen ihnen als bedrohliche Störenfriede. Zudem haben viele libanesische Christen, anders als die Muslime, eine französische Bildung und orientieren sich nach Westeuropa, nicht in die arabische Welt.

Aber trotz der Instabilität des Landes und der zunehmenden Präsenz bewaffneter Gruppen auf den Straßen galt der Libanon mit seinen liberalen Gesetzen und einem florierenden Bankgewerbe in den sechziger Jahren als prosperierendes Land. Dieser Zeit verdankt Beirut seine überragende Stellung als Literaturstadt in der arabischen Welt. Auch als 1975 nach bewaffneten Auseinandersetzungen zwischen christlichen und palästinensischen Milizen der Bürgerkrieg ausbricht und Beirut sofort in einen muslimischen Westteil und den christlichen Ostteil zerfällt, ist die Stadt unvermindert attraktiv für Intellektuelle – gerade auch für diejenigen, die die arabische Welt (notfalls mit der Waffe in der Hand) revolutionieren wollen. Erst der Einmarsch der Israelis in den Libanon 1982 und die folgende Vertreibung der Palästinenser aus Beirut setzt den gesellschaftspolitischen Träumereien ein Ende. Der Krieg wird zunehmend zu einer innerlibanesischen Angelegenheit, immer häufiger kommt es vor, daß Christen gegen Christen und Muslime gegen Muslime kämpfen. Obwohl immer noch zahlreiche Verlage ihren Sitz in Beirut haben, geht kaum noch jemand freiwillig in die Stadt, die nicht mehr zur Ruhe zu kommen scheint. Aber trotz der Raketen suchen politische Flüchtlinge aus anderen arabischen Staaten immer noch in Beirut Schutz vor

der Verfolgung in ihrer Heimat. Nach einem letzten Kampf
zwischen dem maronitischen General Aoun und syrischen
Truppen, der an zerstörerischer Gewalt selbst die israelische
Invasion übertraf, endet 1990 der Bürgerkrieg. Über
150000 Menschen haben ihr Leben verloren, mehr als
200000 sind verwundet worden, rund 17000 gelten als
verschollen. Ein Drittel der libanesischen Bevölkerung hat
seine Heimat verloren.

Die Entwicklung und die Stilvielfalt der modernen arabischen Prosa an einem konkreten Ort, der Stadt Beirut, sinn-
lich erfahrbar machen – dies ist das Anliegen dieser Anthologie. Auf diese Weise wird nicht nur Literatur dargeboten,
wie in herkömmlichen Sammlungen moderner arabischer
Prosa, wo Kontexte, Kontinuitäten und Brüche kaum je so
transparent werden wie hier, sondern zugleich Geschichte
geschrieben: die einer Literaturstadt und die der arabischen
Literatur selbst, Beirut von den dreißiger bis in die neunziger Jahre, die arabische Prosa vom frühen, sozialkritischen
Realismus (Taufik Jussuf Awwad, Bilqis al-Humani) bis zu
den Autoren einer jungen Generation (Najwa Barakat,
Rabi Djabir), die ebenso unbekümmert um literarische und
sprachliche Konventionen erzählt wie ihre gleichaltrigen
deutschen oder amerikanischen Kollegen. Die Texte sind
auf drei Blöcke – vor dem Bürgerkrieg, währenddessen und
danach – chronologisch verteilt, denn nicht nur für die
Stadtgeschichte sind entscheidende Einschnitte durch den
Bürgerkrieg markiert, sondern ebenso für die Literatur und
deren thematische und stilistische Entwicklung. Die Erzählungen sind dabei nicht nach der Zeit ihres Entstehens oder
dem Geburtsdatum der Autoren angeordnet, sondern ent-
sprechend der Epoche, in der sie spielen und die sie reprä-
sentieren. Für die Vorkriegszeit kommen dabei die Autoren
zu Wort, die zwischen 1911 und 1940 geboren wurden, für
die Kriegszeit diejenigen, die zwischen 1929 und 1948 ge-

boren wurden, und über die Nachkriegszeit schreiben hier Autoren, deren Geburtsdatum zwischen 1952 und 1972 liegt.

Es mag verwundern, daß die gesamte arabische Literatur am Beispiel nur einer Stadt repräsentiert werden kann. Dies gilt um so mehr, als Begriffe wie »arabisch« und »moderne arabische Literatur« äußerst heterogene Phänomene umfassen. Der Sprachraum, der mit »arabisch« bezeichnet ist, erstreckt sich von Marokko und Mauretanien im Westen über die gesamte südliche Mittelmeerküste, grenzt mit dem Sudan an Zaire und Kenia, umfaßt die Wüsten und Stammestraditionen der arabischen Halbinsel, ebenso wie, weiter nordöstlich, Mesopotamien, die Wiege der Kulturen; ferner die Geburtsstätte von Judentum und Christentum in Palästina, schließlich mit Syrien und den levantinischen Häfen die ältesten Handelswege. Trotz aller Unterschiede handelt es sich jedoch um ein Gebiet mit einer über weite Strecken gemeinsamen Geschichte, einem engen sprachlichen und kulturellen Zusammenhang und oftmals ähnlichen Problemen. Dies ist der eine Grund, warum eine Anthologie über Beirut für die arabische Welt im weiteren Sinne sprechen kann.

Der andere liegt in der Geschichte der modernen arabischen Literatur begründet. Deren Aufkommen ist untrennbar mit der Entstehung moderner städtischer Zentren im Vorderen Orient verbunden. Diese waren – und sind – vor allem zwei: Kairo und Beirut. Noch heute finden hier die wichtigsten und größten Buchmessen der gesamten arabischen Welt statt. Beide Städte waren kosmopolitisch, polyglott und offen für fremde Einflüsse und neue Gedanken. Für die Zeit vor dem Ersten Weltkrieg, die Kindheit und Jugend der modernen arabischen Literatur, darf sicherlich Kairo – mit der Zweigstelle Alexandria – die Vorreiterrolle beanspruchen. Beirut hingegen war vor dem Krieg eher provinziell und zu sehr von französischen Einflüssen geprägt, um eine eigenständige arabische Literatur hervorzubringen. Viele libanesische Literaten gingen daher, besonders infolge der christlich-drusischen Auseinandersetzungen von 1860, nach Kairo oder nach Übersee ins Exil und waren dort an der Begründung der modernen arabischen Prosa wesentlich beteiligt. Weil es sich um die Frühphase der modernen arabischen Literatur handelt, sind nur wenige der vor und zwischen den beiden Weltkriegen entstandenen Texte noch heute von allgemeinem literarischem Interesse. Mit der Autobiographie des blinden ägyptischen Literaten Taha Hussein (1889-1973), »Die Tage« (erster Band 1929), ist der Höhepunkt der frühen arabischen Prosa bereits markiert. Djibran Khalil Djibran, der Libanese, der im New Yorker Exil wirkte und der einzige arabische Literat jener Zeit ist, der eine breite Anerkennung auch im Westen gefunden hat, verdankt seinen Ruhm primär seinen auf englisch verfaßten Werken. Auch die ersten international bekannten Romane von Nagib Machfus (geb. 1911) stammen erst aus den vierziger Jahren. Außerdem gab es eine bedeutende literarische Strömung in französischer Sprache. Aus dem Umfeld der Surrealisten in Kairo stammen beispielsweise Edmond Jabès und Georges Heinein; unter den französischsprachigen Erzählern ägyptischer Herkunft ragen Albert Cossery und Andrée Chedid heraus, die beide in den vierziger Jahren zu publizieren begannen. Die Literatur, die vor dem Krieg in Beirut entstanden ist, ist im Vergleich dazu beinahe in Vergessenheit geraten. Allein Georges Schehadé (1905-1989) fand ein internationales Echo als Theaterautor und Dichter. Während die Zeit des Kosmopolitismus in Ägypten mit dem Machtantritt Nassers endete, begann mit der libanesischen Unabhängigkeit von der Mandatsmacht Frankreich 1941 die große Zeit Beiruts als Drehscheibe für Wirtschaft, Politik und schließlich auch Kultur. Bereits 1936 erschien Taufik Jussuf Awwads Erzählungsband »Der lahme Junge«, dessen Titelgeschichte die vorliegende Anthologie eröffnet. Die fruchtbarste Zeit für Beirut beginnt in den fünfziger Jahren, als Nasser das materielle und das geistige Kapital aus Ägypten vertrieb und der Rolle Kairos als kultureller Drehscheibe ein Ende setzte. Die politische und wirtschaftliche Unsicherheit der anderen neu in die Unabhängigkeit entlassenen arabischen Länder tat ein übriges. Aus Syrien, aus dem Irak, aus Palästina, das seit der Gründung des Staates Israel nicht mehr existierte, und vereinzelt auch aus Ägypten und Nordafrika strömten die Intellektuellen in die libanesische Hauptstadt. In Beirut fanden sie dank vergleichsweise liberaler Pressegesetze nicht nur Publikationsmöglichkeiten, sondern auch Arbeit: als Lehrer, bei den Verlagen oder bei den zahlreichen Zeitschriften und Zeitungen, die nun entstanden. Eine große Sogwirkung übten auch die Literaturzeitschriften aus. Die bekanntesten waren »Shir« (»Dichtung«, herausgegeben von Adonis) und die heute noch existierende »al-Adab« (»Literaturen«). Wer nicht nach Beirut übersiedelte oder dorthin floh, kam doch um Beirut nicht herum, hatte dort zu tun, publizierte dort, las dort. Daher hinterließ die Stadt schon in den fünfziger und sechziger Jahren zahlreiche Spuren in den Werken arabischer Schriftsteller auch nichtlibanesischer Herkunft.

Die ersten drei ausgewählten Texte sind noch realistische, sozialkritische Milieuschilderungen, wie sie in der Zwischenkriegszeit aufkamen und bis weit in die sechziger Jahre die arabische Erzählkunst prägten. Beschränkt sich in ihnen der Erzähler auch auf die Perspektive der Figuren, so ist er ihnen doch fern – so fern, daß sich der Pater in der Erzählung von Fuad Kanaan beschwert, der Autor mache sich über die Geistlichen lustig. Ganz anders sieht es bei den folgenden Texten vom Ende der fünfziger, Anfang der sechziger Jahre aus. Wo sie nicht, wie bei Laila Baalabaki, aus der Ich-Perspektive erzählt werden, rückt der Erzähler so nah an die Figuren heran, daß eine Distanz gar nicht mehr zu erkennen ist. Auch dies ist kein willkürlicher Aspekt der

Textauswahl, sondern eindeutig ein Phänomen der Entwicklung der arabischen Prosa. Man traute sich in den sechziger Jahren, subjektiv zu erzählen. Daran läßt sich eine Aufwertung der Individualität konstatieren, es ist aber auch ein Begleitphänomen des neuen Wohlstandes, der im Libanon schneller wuchs als in allen anderen arabischen Ländern. Die Texte von Baalabaki und Samman haben keine Protagonistinnen aus dem Milieu sozial Schwacher. Ihr emanzipatorischer Elan wäre in Bilqis al-Humanis Lidjdja-Viertel undenkbar. In dem Text von Hanna Mina hingegen artikuliert sich aus ähnlich subjektiver Erzählperspektive das ebenfalls in den sechziger Jahren verstärkt aufkommende politische Bewußtsein und die Rolle Beiruts nicht nur als Spielwiese für Emanzipation und sexuelle Befreiung, sondern auch als Zufluchtsort für politisch Verfolgte oder politische Abenteurer wie bei Haidar Haidar. Wer nicht verfolgt ist, sucht in Beirut einen Job oder einen Verlag, wie der Protagonist von Sonallah Ibrahims Roman über Beirut. Was die Verlagssuche angeht, wird er schnell desillusioniert. Die Käuflichkeit der Verlage wirkt wie eine Parodie, ist aber Realität: Noch heute zahlt ein Großteil der arabischen Autoren für die Publikation der eigenen Werke. Der dokumentarische Stil Ibrahims und auch al-Daifs, der sich u. a. auf den *nouveau roman* beruft, steht wiederum für die Abkehr vom subjektiven Stil zu Beginn der achtziger Jahre.

Nach dem Sechs-Tage-Krieg 1967 und vollends nach dem sogenannten Schwarzen September, der Vertreibung der Palästinenser aus Jordanien 1970, wurde Beirut zum Brennpunkt der politischen Konflikte des gesamten Nahen Ostens, zum politischen Experimentallabor, zum Symbol für utopische Hoffnungen und für Verzweiflung gleichermaßen. In Beirut schienen für die Dauer von zwei Jahrzehnten gesellschaftliche Umwälzungen möglich, die, so das Konzept der intellektuellen Visionäre, auf die gesamte arabische Welt übergreifen sollten und deren Ziel nicht nur die freie und gerechte Gesellschaft, sondern auch die Befreiung Palästinas und das Ende der Vorherrschaft des Westens gewesen wäre. In dieser Anthologie legt der Text von Haidar Haidar ironisch Zeugnis für das heutzutage schier unglaubliche politische Pathos der siebziger Jahre ab. Ebenso eindrucksvoll erzählt Mahmud Darwish in »Ein Gedächtnis für das Vergessen«, was Beirut für die Palästinenser, aber keineswegs nur für diese, bedeutete:

»Beirut ist der Geburtsort Tausender Palästinenser, die sich keinen anderen Geburtsort vorstellen können. Beirut ist die Insel, auf der einst arabische Emigranten landeten, die von einer besseren Welt träumten. Beirut ist die legendäre Amme von Helden, die den Arabern andere Verheißungen zu bieten haben, als es der Junikrieg vermochte. Jeder hielt fest an dem, was der Name Beirut für ihn bedeutete – ein so faszinierender Name, daß niemand vor Irrtümern gefeit war, eine Faszination, die niemand auch nur annähernd erklären kann. So wurde Beirut zu einer Sucht, und die metaphorische Sprache brachte es sogar fertig, eine Staatsbürgerschaft hervorzuzaubern, denn einen richtigen Staat, der so wie andernorts seine Bürger regiert, gab es ja nicht. Man annektierte also irgendeinen der Staaten im Staate und verschaffte sich damit eine der vielen arabischen Möglichkeiten, eine imaginäre Demokratie zu praktizieren. Jeder, der von irgendeinem anderen System in einer anderen Welt träumte, stürzte sich auf Beirut. Das entstehende Chaos wurde zum gewohnten Bild, und die Fremden fühlten sich nicht mehr fremd.«

Aber es waren in erster Linie freilich nicht die Literaten, die Beirut zu einem Brennpunkt machten, sondern die politischen Entwicklungen. Der libanesische Bürgerkrieg war immer auch ein Stellvertreterkrieg. Wer Beirut gewann, so schien es lange Zeit, zu dessen Gunsten würde sich die politische Waagschale auch im weiteren arabischen Umfeld neigen. Fiele es in die Hände der Linken und revolutionären

Kräfte, so hätten sich dieser Dynamik viele, gerade auch sozialistische Staaten nicht entziehen können. Da jedoch keine Seite stark genug war, den Sieg davonzutragen, konnte es immer nur darum gehen, den der anderen zu verhindern.

Zur Soziologie der Beiruter Literatur gehört es, daß viele ihrer Autoren besonders in der Anfangszeit des Krieges selbst mit der Waffe in der Hand und voller Idealismus daran teilnahmen. Dies gilt für Elias Khoury, ebenso wie für Raschid al-Daif, der in dem Roman »Lieber Herr Kawabata« mit seiner revolutionären Vergangenheit abrechnet. Der Wendepunkt im Krieg und die Zerschlagung der mit dem ›Experiment Beirut‹ verbundenen Hoffnungen ist dann durch die israelische Invasion 1982 markiert, von der in der vorliegenden Anthologie die Texte Elias Khourys und Mahmud Darwishs Zeugnis ablegen.

Khoury macht zugleich klar, wie problematisch das Erzählen mittlerweile geworden ist. Kann die Wirklichkeit, die des Bürgerkriegs zumal, noch schlüssig und geschlossen erzählt und beschrieben werden? Nur noch Annäherungen und Fragmente scheinen möglich, bei Ibrahim in dem Kommentar zu dem Dokumentarfilm über Beirut, bei Khoury durch das Puzzle aus den Aussagen von Zeugen, bei Ashqar in dem ziellosen Durcheinander von Informationen und Eindrücken, die der einzelne nicht mehr verarbeiten kann, ebenso wie er seinen Appetit nicht stillen kann, soviel er auch essen mag.

Nachkriegsliteratur ist erst einmal Kriegsliteratur. Nur wenige finden noch während der Ereignisse den nötigen Abstand, um darüber schreiben zu können. Erst seit der zweiten Hälfte der neunziger Jahre erscheinen Texte, die sich vorrangig mit der Nachkriegssituation im Libanon auseinandersetzen. In ihnen allen hallt der Krieg nach, gewiß, doch in ihrem Zentrum steht nicht mehr die Frage »was war?«, sondern »was nun?«. Von einer Verdrängung der Vergangenheit, wie sie die libanesische Nachkriegspolitik pflegt, kann in der Literatur keine Rede sein. Der blinde Blick nach vorn, der die Politik auszeichnet, erfährt in der Literatur ein Korrektiv. Vergangenheitsbewältigung ist im Libanon Sache der Literaten. Wiederaufbau ›auf Teufel komm raus‹, ohne Rücksichten auf soziale Belange und historische Gegebenheiten, bestimmt das Klima im Libanon der Gegenwart. Die Schnelligkeit des Wiederaufbaus ist beeindruckend, ebenso die Schuldenlast. Seine zentrale Position für die arabische Wirtschaft, Politik und Kultur hat der Libanon verloren. Im Zeitalter der Globalisierung und des Internets sind geographische Standorte ohnedies nachrangig geworden. Gleichwohl ist auch heute noch – oder wieder – der Libanon attraktiv. Kein arabisches Volk weist ein höheres Bildungsniveau auf und ist polyglotter als das libanesische, nach wie vor finden Schriftsteller hier die günstigsten Publikationsbedingungen. Es wundert daher nicht, daß die libanesische Literatur innerhalb der arabischen wieder an erster Stelle steht, jedenfalls in der Prosa. Wie schon in den sechziger Jahren sind auch heute wieder die Texte, die in Beirut spielen, diejenigen, die stilistisch und thematisch wegweisend sind. Diese eigentliche Nachkriegsprosa wirkt postmodern und abgeklärt. Man kann wieder erzählen, man tut es ›frei Schnauze‹, hat alle modernen erzählerischen Mittel zur freien Verfügung und benutzt sie, wie es gerade paßt, ohne allzuviel darüber nachzudenken. Damit wäre die moderne arabische Literatur in der Gleichzeitigkeit mit der deutschen oder amerikanischen angekommen, falls das je ihr Ziel gewesen sein sollte. Bemerkenswert ist im übrigen, daß mehr als ein Drittel der hier vorgelegten Texte von Frauen stammt. Allerdings steht die Beiruter Literatur damit nur an der Spitze einer allgemeinen Entwicklung: Auch in der übrigen arabischen Welt ist die Literatur längst nicht mehr nur Männersache.

Schließlich repräsentiert diese Anthologie nicht nur eine

Stadt und eine Literatur, sondern die Übersetzungskunst aus dem Arabischen. Praktisch alle namhaften, derzeit tätigen Literaturübersetzerinnen und -übersetzer aus dem Arabischen konnten für die Teilnahme an der Anthologie gewonnen werden. Ohne sie gäbe es nicht nur diese Anthologie nicht, sondern gar keine arabische Literatur auf deutsch. Welch ein Verlust das wäre, auch davon möge dieses Buch zeugen.

Anhang

Die Autorinnen und Autoren

Yusuf Habshi al-Ashqar wurde 1929 in der Ortschaft Beit Shabab in eine christliche Familie geboren. Sein Vater war selbst Literat und Herausgeber einer Literaturzeitschrift. Nach dem Besuch des Gymnasiums in Beirut studierte er an der St. Josephs Universität von 1948 bis 1951 Jura. In Fuad Kanaans Literaturzeitschrift »al-Hikma« wurden seine ersten Erzählungen publiziert. Von ihm sind drei Romane und sechs Erzählungsbände erschienen. Er starb 1992. Seine Werke sind auf die jüngere Generation von libanesischen Schriftstellern von beträchtlichem Einfluß (vgl. den Text von Rabi Djabir).
Textnachweis: Al-Mazillah wa-l-malik wa-hadjis al-maut. Beirut (Dar an-Nahar) 1980.
© Rechtsnachfolger Y. H. al-Ashqar

Taufik Jussuf Awwad wurde 1911 in einem christlichen Dorf im Libanon geboren. Er besuchte das Gymnasium der St. Josephs Universität in Beirut und ging 1928 nach Damaskus, um Jura zu studieren. 1934 schloß er das Studium ab und arbeitete danach als Journalist für verschiedene libanesische Zeitungen. Nach der Unabhängigkeit des Libanon 1946 wurde Awwad Diplomat und war als Botschafter in zahlreichen Ländern, u. a. in Japan und Australien, tätig. Er starb in der Endphase des Bürgerkriegs 1989 durch einen Raketenangriff.
Berühmt wurde Awwad durch »Das Brot« (1939), einen der ersten realistischen Romane der arabischen Literatur. Während seiner Tätigkeit als Diplomat schrieb er zunächst nicht mehr. Mit »Die Mühlen von Beirut« (dt. Titel: »Tamima«), einem fulminanten Gesellschaftsroman über die Stimmung im Vorkriegslibanon, hatte er 1972 ein großartiges Comeback als Romancier. Auf deutsch liegt von ihm vor: »Tamima«. Unionsverlag, Zürich 1984.
Textnachweis: Al-muallafat al-kamilah. Beirut (Maktabat al-Lubnan) 1987.
© Rechtsnachfolger T. J. Awwad

Laila Baalabaki wurde 1936 geboren und entstammt einer Familie südlibanesischer Schiiten. Sie wuchs in Beirut auf und studierte dort Philosophie. Nach dem Abbruch ihres Studiums arbeitete sie als Sekretärin im libanesischen Parlament. 1960 ging sie zur Fortsetzung ihres Studiums für kurze Zeit nach Paris. Ihr erster Roman, »Ich lebe«, erschien 1958 und sorgte für großes Aufsehen. In den folgenden Jahren publizierte sie einen weiteren Roman und eine Erzählungssammlung, aus welcher der vorliegende Text stammt. Nachdem sie für diese Erzählungen beinahe wegen »Verstoßes gegen die öffentliche Moral« verurteilt worden wäre, wandte sie sich vom Schreiben ab und war nur noch als Journalistin tätig. Laila Baalabaki lebt heute in London und Beirut. Auf deutsch erschien von ihr: »Ich lebe«. Lenos, Basel 1994.
Textnachweis: Safinat Hanan ila l-qamar. Beirut (Dar al-Adab) 1964.
© Laila Baalabaki

Huda Barakat wurde 1952 in Beirut geboren. Sie studierte französische Literatur an der Libanesischen Universität und arbeitete bis zum Ausbruch des Krieges als Lehrerin im Südlibanon. 1976 ging sie nach Paris, um zu promovieren, kehrte jedoch bald wieder nach Beirut zurück und arbeitete erneut als Lehrerin sowie als Journalistin und Übersetzerin. 1989 ging sie wieder nach Paris, wo sie heute lebt und für einen arabischsprachigen Radiosender arbeitet. Von ihr liegen drei Romane und ein Band mit Erzählungen vor. Der ausgewählte Text stammt aus dem Roman »Der Wasserpflüger«. Der Erzähler, Sohn eines Stoffhändlers, haust in einer undefinierbaren Zeit in dem zerstörten Stoffladen im Niemandsland zwischen Ost- und West-Beirut.
Textnachweis: Harith al-miyah. Beirut (Dar an-Nahar) 1998.
© Huda Barakat

Najwa Barakat wurde 1960 als Kind einer maronitischen Familie in Beirut geboren und absolvierte ein Studium der Theater- und Filmwissenschaften an der Libanesischen Universität. 1984 ging sie nach Paris und beendete ihr Studium an der dortigen Filmhochschule 1987 mit einem Diplom. 1986 erschien ihr erster Roman. Für ihren dritten Roman »Bas al-Awadin« (1996) erhielt sie breite Anerkennung. Ihr folgender Roman erschien auf französisch unter dem Titel »La locataire du Pot de Fer« (Paris 1997).

Textnachweis: Ya Salam. Beirut (Dar al-Adab) 1999.
© Najwa Barakat

Raschid al-Daif wurde 1945 in einer christlichen Familie in der nordlibanesischen Kleinstadt Zgharta geboren. Er ging nach Beirut, um Medizin zu studieren. Da die Familie das teure Medizinstudium jedoch nicht bezahlen konnte, schrieb er sich für arabische Literatur ein. Er engagierte sich bei den Kommunisten und ging 1972 nach Paris, wo er an der Sorbonne eine literaturwissenschaftliche Doktorarbeit schrieb. In der ersten Zeit des Bürgerkriegs kämpfte er auf der Seite der libanesischen Linken und wurde bei einer Explosion schwer verletzt. Später distanzierte er sich von den Kommunisten. Raschid al-Daif lebt in Beirut und arbeitet als Dozent für arabische Literatur an der Libanesischen Universität. Der ausgewählte Text ist das Anfangskapitel des Romans »al-Mustabidd« (»Der Eigenmächtige«) von 1983.

Auf deutsch liegt von ihm vor: »Lieber Herr Kawabata«. Roman. Lenos, Basel 1998.

Textnachweis: Al-Mustabidd. Beirut (Dar Ab'ad) 1983.
© Raschid al-Daif

Mahmud Darwish wurde 1941 in einem Dorf in Palästina geboren. Im ersten arabisch-israelischen Krieg 1948 flüchtete er mit seiner Familie in den Libanon und kehrte nach Ende des Krieges in seine Heimat zurück – nach israelischem Gesetz illegal. Mit seinem zweiten, 1964 erschienenen Gedichtband »Ölbaumblätter« wurde er schlagartig berühmt. Seitdem gilt er als der bedeutendste palästinensische Dichter der Gegenwart. Darwish arbeitete als Redakteur für arabischsprachige Zeitungen und war Mitglied der israelischen KP. Wegen seiner schriftstellerischen Tätigkeit wurde er in Israel mehrfach verhaftet. Aufgrund der zunehmenden Repressalien verließ er 1970 das Land und ließ sich in Beirut nieder, wo er auch nach Ausbruch des libane-

sischen Bürgerkriegs blieb, bis die PLO 1982 durch die israelische Belagerung zum Auszug gezwungen wurde. Der vorliegende Text schildert den Beginn eines Tages während der Belagerung. Derzeit lebt Darwish in Amman und Ramallah. Auf deutsch liegt von Darwish vor: »Ausgewählte Gedichte 1985-2000«. Ammann, Zürich 2002. »Ein Gedächtnis für das Vergessen«. Lenos, Basel 2001.
Textnachweis: Dhakirah li-n-nisyan. Beirut (Dar al-Auda) 1994.
© Haus der Kulturen der Welt

Rabi Djabir wurde 1972 in einem drusischen Dorf im Schuf-Gebirge geboren. Er besuchte die Schule in Beirut und studierte zunächst an der Amerikanischen Universität Architektur, bevor er 1993 in Physik graduierte. Für seinen ersten Roman »Herr der Dunkelheit« erhielt er 1992 einen Kritikerpreis. Seither zählt er zu den aktivsten libanesischen Autoren und gilt als einer der anerkanntesten Schriftsteller seiner Generation. Von Djabir, der auch unter Pseudonymen publiziert, liegen bereits mehr als zehn Werke vor. Er lebt in Beirut. Der Text ist der Beginn des Romans »Das Haus am Ende«, in dem Djabir eine Figur mit Namen Iskander aus einem Roman von Yusuf Habshi al-Ashqar wiederaufleben läßt. Djabir lebt in Beirut und ist neben seiner schriftstellerischen Tätigkeit als Literaturkritiker tätig.
Textnachweis: Al-bayt al-akhir. Beirut (Dar al-Adab) 1996.
© Rabi Djabir

Haidar Haidar wurde 1936 in der Nähe der syrischen Hafenstadt Tartus geboren. Nach seinem Studium war er als Lehrer in Algerien tätig. Er ist einer der bekanntesten syrischen Erzähler und galt unter arabischen Intellektuellen zeitweise als Kultschriftsteller. Die Neuauflage seines Romans »Festmahl für die Wasserpflanzen« in einer vom ägyptischen Staat geförderten Buchreihe führte in Ägypten im Jahr 2000 zu heftigen Protesten von Islamisten und zu einer Regierungskrise.
Textnachweis: Al-Fayadan. Beirut (Al-Muassasat al-arabiyah) 1980.
© Haidar Haidar

Zu *Bilqis al-Humani* liegen keine biographischen Informationen vor. Bei dem ausgewählten Text handelt es sich um den Beginn von al-Humanis erstem und einzigem Roman, einer Milieu-schilderung aus den Mietskasernen im Beirut zwischen den Weltkriegen. Das Buch erschien erstmals als Fortsetzungsro-man 1964 in der libanesischen Zeitung »Diyar«. Weitere Buch-veröffentlichungen al-Humanis sind nicht bekannt. Das Werk und seine Autorin sind jedoch zweifellos zu Unrecht vergessen. Es ist einer der frühesten sozialkritischen Romane aus Frauen-perspektive in der arabischen Literatur.
Textnachweis: Hayy al-Lidjdja. Beirut (Sharikat al-alamiyyah li-l-Kitab) 1996.
© Bilqis al-Humani

Sonallah Ibrahim wurde 1937 geboren. Ab 1952 besuchte er in Kairo die Universität, um Rechtswissenschaften zu studieren, wandte sich jedoch dem Journalismus und der Politik zu. 1959 wurde er bei Nassers Kampagne gegen die linke Opposition verhaftet und zu sieben Jahren Gefängnis verurteilt. 1964 wurde er entlassen. Im Gefängnis begann er, seinen ersten Ro-man zu schreiben, der 1966 veröffentlicht wurde und ihn auf einen Schlag bekannt machte. 1968 siedelte Ibrahim nach Bei-rut über und bald darauf nach Ost-Berlin, wo er drei Jahre für die arabische Abteilung von ADN tätig war. Ab 1971 studierte er noch einmal für drei Jahre in Moskau Kinematographie, be-vor er nach Kairo zurückkehrte und sich ganz der Schriftstelle-rei widmete. Bei dem Text handelt es sich um einen Auszug aus Ibrahims Roman »Beirut, Beirut«, der mit dokumentarischer Sachlichkeit und ohne zu werten die Stimmung im Beirut der Bürgerkriegszeit festhält.
Textnachweis: Beirut Beirut. Kairo (Dar al-Mustaqbal al-arabi) 1988.
Von Sonallah Ibrahim liegt auf deutsch vor: »Der Prüfungsaus-schuß«. Lenos, Basel 1988.
© Sonallah Ibrahim

Fuad Kanaan wurde 1920 im Libanongebirge als Sohn einer christ-lichen Familie geboren. Seine Grundschulbildung erhielt er in einer Priesterschule und wechselte dann in die »al-Hikma«-Privatschule. Ab 1939 studierte er am französischen Institut für Recht und arbeitete als Arabischlehrer. 1942 schlug er die Beamtenlaufbahn ein, 1984 wurde er pensioniert. Zwischenzeitlich war er als Kulturjournalist tätig und gab von 1951 bis 1958 die Literaturzeitschrift »al-Hikma« heraus. Er förderte viele junge libanesische Schriftsteller und druckte in seiner Zeitschrift u. a. erstmals Texte von Yusuf Habshi al-Ashqar ab. Fuad Kanaan ist der große Unbekannte der libanesischen Literatur und zugleich einer der wenigen bedeutenden arabischen Schriftsteller, die humorvolle Texte schrieben. Von ihm liegen vier Buchveröffentlichungen auf arabisch vor. Zuletzt erschien »Kan lam yakun«, Dar al-Djadid, Beirut 1992. Fuad Kanaan starb 2001.

Textnachweis: Awwalan … wa-akhiran wa-bain bain. Beirut (Manshurat Dar Lahad Khatir) 1987.

© Fuad Kanaan

Elias Khoury wurde 1948 in einer christlich-orthodoxen Familie in Beirut geboren. Nach dem Schulbesuch studierte er Soziologie an der Libanesischen Universität von Beirut und ging 1970 nach Paris zum Studium an der École Pratique des Hautes Études. 1973 kehrte er in den Libanon zurück und arbeitete am palästinensischen Forschungszentrum, ab 1979 als Journalist u. a. für die linksgerichtete Zeitung »as-Safir«. Seit 1992 ist er Chefredakteur der Kulturbeilage der Zeitung »al-Nahar«. In der Anfangszeit des libanesischen Bürgerkriegs kämpfte er auf seiten der Palästinenser. Er hat zahlreiche Romane publiziert und gilt als der bekannteste libanesische Schriftsteller seiner Generation. Der ausgewählte Text stammt aus dem Roman »Die Reise des kleinen Gandhi«. Der Roman setzt sich gleich einem Puzzle aus ähnlichen Geschichten zusammen, die dem Erzähler von verschiedenen Personen nach Art eines Gerüchtes über das Schicksal des kleinen Gandhi erzählt werden und stets lückenhaft bleiben. Auf deutsch erschien zuletzt von ihm: »Der geheimnisvolle Brief«. C. H. Beck, München 2000.

Textnachweis: Rihlat Ghandi as-saghir. Beirut (Dar al-Adab), 1989.

© Elias Khoury

Hanna Mina wurde 1924 in der Nähe der syrischen Hafenstadt Lattakia geboren. Er entstammt ärmlichen Verhältnissen und lebte zunächst als einfacher Arbeiter, bevor er als Journalist und Schriftsteller tätig wurde. Mit dem sozialrealistischen Roman »Blaue Lampen« in der Tradition Gorkis wurde er berühmt. Ende der fünfziger Jahre verließ er Syrien und lebte für mehrere Jahre im Libanon, der Schweiz, Frankreich, China und Ungarn. Er gilt als einer der namhaftesten syrischen Erzähler. Der vorliegende Text ist der Beginn des Romans »Der Schnee kommt zum Fenster herein«. Auf deutsch liegt von ihm ein autobiographisches Werk vor: »Bilderreste«. Lenos, Basel 1994.
Textnachweis: Ath-thaldj ya'ti min an-nafidhah. Beirut (Dar al-Adab) 1997.
© Hanna Mina

Ghada Samman wurde 1940 in Damaskus geboren und studierte Anglistik in Damaskus, Beirut und London. Sie arbeitete als Dozentin an der Universität von Damaskus sowie als Redakteurin für Presse und Rundfunk. Ab 1964 lebte sie als freie Schriftstellerin in Beirut und gründete 1967 ihren eigenen Verlag, in dem vor allem ihre eigenen Bücher erscheinen. Ihr Werk umfaßt mittlerweile über dreißig Bände. Samman zählt zu den bedeutendsten und international anerkanntesten Erzählerinnen der arabischen Welt. Heute lebt sie in Paris. Auf deutsch erschienen: »Alptraum in Beirut«. dtv, München 1992, und »Mit dem Taxi nach Beirut«. Edition Orient, Berlin 1990.
Textnachweis: La Bahr fi Beirut (Manshurat Ghada Samman) 1993 (Erstausgabe: 1963).
© Ghada Samman

Hanan al-Scheich wurde 1945 als Tochter südlibanesischer Schiiten geboren. Sie wuchs in Beirut auf und ging mit siebzehn nach Kairo, um ihre Schulausbildung im dortigen American College for Girls fortzusetzen. Bis 1967 blieb sie in Kairo. Danach war sie zunächst als Journalistin tätig und ging Anfang der siebziger Jahre nach Saudi-Arabien. Seit 1975 lebt sie vorwiegend in London. Ihr erster Roman »Selbstmord eines toten Mannes« erschien 1970. Mit »Sahras Geschichte« (dt. Lenos, Basel 1989),

der auf arabisch zunächst nur im Selbstverlag erschien, gelang
ihr der internationale Durchbruch. Auf deutsch erschien außer-
dem von ihr: »Im Bann des High-Tech-Harems«. Rowohlt,
Reinbek 1991.
Textnachweis: Barid Beirut. Beirut (Dar al-Adab) 1996.
© Hanan al-Scheich

Hinweise zu Umschrift und Aussprache

Die Autorennamen wurden in der Fassung dargeboten, die in den bisherigen deutschen oder englischen und französischen Publikationen verwendet wurde. Wichtiger als die Einheitlichkeit der Transkription erschien es, daß die Leser die Möglichkeit bekommen, sich mit Hilfe der gängigen Schreibweisen der Namen über weitere Publikationen der Autorinnen und Autoren zu informieren. Beiruter Ortsnamen wurden in ihrer französischen Fassung, resp. Umschrift, wiedergegeben, so wie sie sich auf den Stadtplänen finden, mit Ausnahme einschlägiger, leicht zu identifizierender Lokalitäten wie »Märtyrerplatz«, St. Josephs-Universität o. ä. Sonstige arabische Namen oder Wörter wurden in einer die Aussprache erleichternden Umschrift transkribiert.

Karten